kosmos NaturReiseführer

Donatus Fuchs · Martin Baehr

Australien

Reisen und erleben

Tiere und Pflanzen entdecken

Kosmos

Inhalt

Australien

Der rote Kontinent

Australien war die letzte große Landmasse, die von den Europäern entdeckt wurde. Lange bevor die Briten den Kontinent in Besitz nahmen, hatten europäische Forscher und Kaufleute von den Reichtümern des unbekannten Südlandes geträumt. Man nahm an, es bilde ein Gegengewicht zu den Landmassen nördlich des Äquators. Der Kontinent, den sie schließlich fanden, war schon seit Zehntausenden von Jahren bewohnt.

Geschichte

Vom Gefängnis zur Nation

Im Januar 1788 erreichte Kapitän Arthur Phillip mit der sogenannten „Ersten Flotte“, der First Fleet – beladen mit über 1.000 englischen Sträflingen, Seeleuten und Soldaten –, Sydney Cove, eine Seitenbucht des Port Jackson nördlich der Botany Bay. Hier gründete er eine Strafkolonie, die die Keimzelle der heutigen Millionenstadt Sydney bilden sollte. Weitere Strafkolonien folgten.

1868 stellte England dann die Deportation von Häftlingen nach Australien ein. Sie bildeten zusammen mit ihren Nachkommen, begnadigten Sträflingen und freiwilligen Aussiedlern den Grundstock der heutigen Gesellschaft Australiens.

Mit dem Zustrom freier Immigranten und der Gründung neuer Siedlungen entlang der Küsten wuchs auch das politische Selbstbewußtsein. Australien begann, sich von einem Gefängnis zu einer Nation zu entwickeln. Ein wichtiger Schritt in dieser Entwicklung bedeutete der Australian Colonies Government Act im Jahr 1850: For-

Geschichtliche Daten im Überblick

1602	Willem Janszoon entdeckt Australien
1788	Die First Fleet erreicht Sydney Cove
1815	Erste Goldfunde bei Bathurst in New South Wales
1850	Der Australian Colonies Government Act wird geschlossen
1901	Gründung des Commonwealth of Australia
1929	Die Weltwirtschaftskrise ist auch in Australien zu spüren
1973	Premierminister Gough Whitlam wird vom Generalgouverneur entlassen
1975	Malcolm Fraser, der Parteivorsitzende der oppositionellen Liberal Party, gewinnt die Neuwahlen
1983	Bob Hawke von der Australien Labor Party wird Premierminister
1991	Bob Hawke tritt zurück, Paul Keating übernimmt die Führung
1996	John Howard wird Premierminister, die Ära der Labor Party geht zu Ende

Die Entdeckung Australiens

Welcher Nation nun die Ehre gebührt, das sagenhafte Südland für Europa entdeckt zu haben, wird wohl nie eindeutig geklärt werden. Das älteste europäische Relikt jedenfalls, das auf australischem Boden gefunden wurde, ist ein plattgehämmerter Teller mit der holländischen Inschrift: „1616. Das Schiff den Eendraght von Amsterdam kam hier am 25. Oktober an." Mit „hier" war das trostlose, nach dem Kapitän des Schiffes benannte Dirk Hartog Island vor der Küste Westaustraliens gemeint. Aber war er wirklich der erste? Da behauptete etwa ein Franzose namens Paulmier de Conneville, Australien als erster gesichtet und sogar betreten zu haben – ein Anspruch, der sich nicht lange halten ließ. Heiße Anwärter auf den Platz des Entdeckers sind auch die Portugiesen und Spanier. Es mangelt jedoch an eindeutigen Beweisen.

Die nachweislich erste Landung und damit die offizielle Entdeckung Australiens gelang dem niederländischen Seefahrer Willem Janszoon, der 1602 die Westküste der Cape York Halbinsel erreichte. Im Reigen der holländischen Entdecker kommt man noch an einem anderen Namen nicht vorbei: Abel Tasman. Er entdeckte 1642 die Insel Tasmanien, die er Van Diemen's Land taufte.

Ende des 17. Jahrhunderts dann begann die Ära der britischen Seefahrer. 1688 landete der Abenteurer William Dampier an der australischen Nordküste, elf Jahre später erreichte er auch die Nordwestküste. Im Jahr 1770 verschlug es auch Captain James Cook nach Australien. Auf der Suche nach einem geeigneten Hafen entdeckte er die Botany Bay.

mell wurde den Kolonien New South Wales, Tasmanien, Victoria und Südaustralien eine weitgehende Autonomie zugesprochen. Queensland, Westaustralien und das Nordterritorium folgten wenig später. Alle Kolonien bekamen eine eigene Verfassung und ein eigenes Parlament. Allerdings lag die Außen-, Verteidigungs- und Handelspolitik weiterhin in den Händen Englands. Am 1. Januar 1901 wurde schließlich – nach zähen Verhandlungen und Volksentscheiden – das Commonwealth of Australia gegründet.

Die Jahre zwischen den Weltkriegen waren vor allem geprägt von der Weltwirtschaftskrise. Im Zweiten Weltkrieg sah sich Australien durch die bevorstehende Invasion Japans erstmals direkt bedroht. Die Erkenntnis, daß England als Schutzmacht nicht in Frage kam, führte dazu, daß der damalige Premierminister John Joseph Curtin in einer historischen Erklärung Amerika um Hilfe bat.

Die Zeit nach dem Ende des Zweiten Weltkriegs bescherte Australien ein Wirtschaftswunder, und eine Phase der innerpolitischen Umorientierung brach an.

Der berühmte Weltumsegler James Cook entdeckte 1770 die Botany Bay südlich von Sydney.

Das politische System Australiens

Australien ist eine parlamentarisch-demokratische Monarchie nach dem Vorbild Englands. Das bedeutet, daß die Queen das Staatsoberhaupt des Landes ist – vertreten durch einen Generalgouverneur, den die australische Regierung vorschlägt. Obwohl der Generalgouverneur über Rechte von großer politischer Tragweite verfügt – er kann z.B. den Premierminister absetzen oder das Parlament auflösen –, tritt er meist nur bei gesellschaftlichen Anlässen in Erscheinung.

Das Federal Parliament, bei dem die gesetzgebende Gewalt liegt, hat seinen Sitz in Canberra und besteht aus dem House of Representatives und dem Senat. Im Gegensatz zum englischen System ist die Vorrangstellung des Parlaments durch die Verfassung begrenzt. Zusätzlich kann die Autorität des Repräsentantenhauses durch den Senat gezügelt werden.

Die Mitglieder des House of Representatives werden alle drei Jahre neu gewählt. Im Repräsentantenhaus finden die wichtigsten politischen Debatten und Auseinandersetzungen statt, hier werden auch die Gesetze gemacht. Diese müssen dann vom Senat gebilligt werden.

Der Senat setzt sich aus jeweils zwölf Senatoren aus den sechs Bundesstaaten zusammen, das Nordterritorium und das Australian Capital Territory (ACT) stellen je zwei Senatoren. In Australien herrscht Wahlpflicht ab dem 18. Lebensjahr.

Jeder der sechs Bundesstaaten hat eine eigene Regierung und einen eigenen Gouverneur. Das gilt seit 1978 auch für das Nordterritorium. Nur das ACT wird von der Zentralregierung selbst verwaltet. Zudem hat jedes Bundesland eine eigene – wenn auch mit der Bundesverfassung abgestimmte – Verfassung. Die einzelnen Regierungen lenken die Geschicke der Bundesstaaten und sind z.B. für das Schul- und Gesundheitswesen, die Polizei, Justiz oder Landwirtschaft zuständig. Belange von nationaler Bedeutung wie die Verteidigungs-, Außen-, Handels- oder Einwanderungspolitik unterstehen der Zentralregierung.

Der Südwesten Westaustraliens gilt als die Kornkammer des Kontinents.

Wirtschaft

Vom Agrarstaat zur Industrienation

Bis auf den heutigen Tag krankt die wirtschaftliche Entwicklung Australiens an zwei Problemen: Das Land ist vom Export landwirtschaftlicher Produkte und Bodenschätze abhängig und damit auch vom Weltmarkt mit seinen stark schwankenden Preisen – eine Tatsache, die Australien schmerzhaft zu spüren bekommen sollte. Außerdem ist die Bevölkerungszahl von zur Zeit etwa 18 Mio. Menschen sehr gering und der Binnenmarkt demzufolge nur klein. Deshalb war und ist Australien gezwungen, ausländische Märkte zu erschließen.

Die wirtschaftliche Entwicklung im 19. Jahrhundert zeigt deutlich, daß wirtschaftliche Spezialisierung – Australien war damals noch ein reiner Agrarstaat – und die Abhängigkeit von speziellen Märkten kein solides Fundament für die Wirtschaft eines Landes sein können: Gegen Ende des Jahrhunderts erlebte Australien einen schweren wirtschaftlichen Absturz, und zusammen mit einer anhaltenden Dürrekatastrophe und einer Finanzkrise sank der Lebensstandard beträchtlich.

Das Problem der Überspezialisierung schlug sich abermals in der großen Depression in den 30er Jahren des 20. Jahrhunderts nieder. Immer noch bildeten Wolle, Weizen und Bodenschätze die Hauptexportartikel. Zusätzlich geschwächt wurde die wirtschaftliche Position Australiens durch die enormen Auslandsschulden, die sich seit dem Ersten Weltkrieg angehäuft hatten.

Mitte des 20. Jahrhunderts begann eine zaghafte Industrialisierung – behindert allerdings durch ein hohes Lohnniveau und starke Gewerkschaften. Man hatte inzwischen erkannt, daß der Ausbau und die Modernisierung der weiterverarbeitenden Industrie sowie die Ausweitung der Produktpalette, vor allem auch im Dienstleistungsbereich, vorrangige Ziele sein mußten.

In den 80er Jahren dann begann Australien die Konkurrenz aus Asien zu spüren. Neu erwachte Industriegiganten wie Japan, Korea oder Taiwan wurden zur Bedrohung. Die konjunkturellen Schwankungen in dieser Zeit bescherten Australien eine Arbeitslosenquote von über 11 %, die Kluft zwischen arm und reich wurde immer größer. Das führte dazu, daß Australien endlich aus seinem Dornröschenschlaf erwachte und erkannte, daß die wirtschaftliche Zukunft des Landes nicht allein in Europa oder Amerika, sondern vor allem im benachbarten Asien zu suchen ist. Angesichts der Wirtschaftskrise in Asien 1998 bleibt die ökonomische Zukunft Australiens aber weiterhin ungewiß.

Geographie

Kontinent der simplen Strukturen

Großräumig betrachtet, ist die geographische Gliederung Australiens recht einfach. Drei Hauptlandformen prägen das Antlitz des Fünften Kontinents: das Westliche Tafelland (Great Western Plateau), das den Großteil des Westens und Nordens des Kontinents umfaßt, das Östliche Hochland (Eastern Highlands), das sich von Queensland bis nach Tasmanien zieht, sowie die Mittelaustralische Senke oder das Zentrale Tiefland (Central Lowlands), das sich über Westqueensland, New South Wales, Victoria und Südaustralien erstreckt.

Das Westliche Tafelland umfaßt die stark gefalteten und deformierten Yilgarn- und Pilbara-Schilde, Reste ehemals mächtiger Gebirge. Ebenfalls als Teil des Westlichen Tafellandes gelten die farbenprächtigen und erzreichen Hamersley und Ophthalmia Ranges sowie das Kimberley-Plateau in Westaustralien. Auch das Arnhem Land, ein größtenteils zerklüftetes Sandsteinplateau im Nordterritorium, die sonnendurchglühten Bergketten der Mac Donnell und der Musgrave Ranges in Zentralaustralien sowie die Mt. Lofty Ranges in Südaustralien sind Bestandteile dieser großflächigen geographischen Einheit.

Das Östliche Hochland wird in erster Linie von der Great Dividing Range gebildet, die sich auf einer Länge von über 5.000 km vom tropischen Nordqueensland bis hinunter in die kühlgemäßigten Zonen Tasmaniens erstreckt. Auch die Australischen Alpen in New South Wales und Victoria sind Teile des Östlichen Hochlands. Hier liegt der höchste Berg des Kontinents, der Mt. Kosciuszko mit einer Höhe von 2.228 m.

Die endlosen Ebenen das Zentralen Tieflands nehmen große Teile des wüstenhaften Landesinneren ein. Hier ist der Untergrund aus Kalk- und Schiefergesteinen aufgebaut, die während der Kreidezeit als dicke Sedimentpakete abgelagert wurden. Im Bereich des Lake Eyre, eines großen Salzsees, liegt das Niveau dieser geographischen Einheit sogar unter dem Meeresspiegel. Unter der Erdoberfläche der ausgedehnten Ebenen, in denen Wasser eine seltene Kostbarkeit ist, sammelt sich Grundwasser zu einem der größten Wasserreservoirs der Welt, dem Großen Artesischen Becken. Vom Osten her wird die Region durch den Murray und den Darling River, das längste Flußsystem Australiens, zum Meer hin entwässert. Die meisten Wasserläufe und Flüsse enden jedoch im Inneren des Landes in den großen Salzseen. Nach heftigen Niederschlägen können sich die Seen vorübergehend mit Wasser füllen, und es entsteht eine amphibische Landschaft.

Geologie

Ein geologischer Methusalem

Im Zeitraffer wird deutlich, wie das heutige Australien entstanden ist: Zu Beginn des Paläozoikums (vor 600–230 Mio. Jahren) drang das Meer vor und bedeckte weite Teile Ostaustraliens. Kalk und Schiefer lagerten sich hier ab. Während des Kambriums (vor 600–500 Mio. Jahren) und des Ordoviziums (vor 500–440 Mio. Jahren) formten sich Gebirge in Tasmanien. Sedimentablagerungen in Zentralaustralien wurden dann während des Silurs (vor 440–400 Mio. Jahren) hochgehoben und aufgefaltet. Das Meer, das Ostaustralien vereinnahmte, wich allmählich zurück, und es entstanden ausgedehnte Korallenriffe, die heute die höhlenreichen Kalksteinregionen in New South Wales und Queensland bilden. Die Ablagerung von Meeressedimenten dauerte auch noch während des Devons (vor 400–350 Mio. Jahren) an. Ein riesiges Korallenriff formte sich südlich der Kimberleys in Westaustralien. Ein Teil dieses Riffsystems bildet heute die Napier Range. Eine wichtige Periode der Gebirgsbildung in Ostaustralien fand während des Karbons (vor 350–280 Mio. Jahren) statt. Vom mittleren Karbon bis zum frühen Perm (vor 280–230 Mio. Jahren) waren große Teile des Kontinents vergletschert.

Zu Beginn des Zeitalters des Mesozoikums (vor 230–65 Mio. Jahren) lagerten sich Sedimente in den Sümpfen und Deltas entlang der Ostküste ab. Die Sedimentablagerung setzte sich in Teilen Ostaustraliens auch während des Juras (vor 190–130 Mio. Jahren) weiter fort.

Im Tertiär (vor 65–2,5 Mio. Jahren) lagerten sich Meeressedimente fast im gesamten Süden Australiens ab. Die gewaltigen Kohlevorkommen im Latrobe Valley

Die Blue Mountains entstanden am Ende des Tertiärs durch Hebungen und nachfolgende Erosion.

in Victoria entstanden in Süßwassersümpfen. In Queensland und New South Wales bildeten gewaltige vulkanische Eruptionen den Grundstock für die heutigen Glass House Mountains, den Tweed-Vulkan in Queensland und die Warrumbungle Ranges in New South Wales. Eine Periode der Hebung schob zahlreiche Plateaus im Osten des Kontinents in die Höhe – Australien, so wie wir es heute kennen, war entstanden.

Bevölkerung
Der Schmelztiegel Australien

Afghanische Küche? Traditionelle chinesische Medizin? Sirtaki im Hinterhof? In Australien mag ein Spaziergang entlang eines einzigen Straßenzugs genügen, um all das zu erleben. Und damit noch nicht genug. Wer will, kann fränkische Bratwürste kaufen, in einem buddhistischen Tempel meditieren oder sich von einem pakistanischen Schneider einen Anzug aus feinem Tuch maßanfertigen lassen. Vor allem eine kulinarische Weltreise – sei es in den verschiedensten Restaurants oder auf Märkten und in Lebensmittelgeschäften – ist in Australien eine leichte Übung: Frisches Zitronengras, Bok Choy oder Fischsauce sind keine unbekannten Dinge, im Supermarkt an der Ecke sind ganze Regalreihen für asiatische Spezialitäten reserviert, und Kokosmilch gehört zum Standard.

1996 – genau 208 Jahre nach der Ankunft der ersten Europäer – überschritt die Bevölkerung Australiens die 18-Millionen-Grenze. Der Anteil der Aborigines an der Gesamtbevölkerung betrug dabei nicht mehr als 1,7 % oder – anders gesagt – etwa 300.000 Menschen. Daran hat sich seit dem ersten Tag der Besiedlung durch die Weißen nichts geändert: Schon damals wurde die Zahl der Aborigines mit etwa 300.000 angegeben, die der Europäer dagegen mit 1.030. Der Zuwachs der Bevölkerung erfolgte also fast ausschließlich durch Zuwanderung – erst aus England, dann aus anderen europäischen Staaten und seit wenigen Jahren zunehmend auch aus dem asiatischen Raum.

Die Bevölkerung setzt sich heute aus ca. 75 % Australiern britischer Abstammung, ca. 20 % Australiern europäischer Abstammung und etwa 4 % Australiern asiatischer und afrikanischer Abstammung zusammen. Zu den wichtigsten ethnischen Gruppen zählen Italiener, Deutsche, Griechen, Libanesen, Chinesen und Vietnamesen.

Für die einen ist diese multikulturelle Gesellschaft die Krönung des menschlichen Zusammenlebens, die anderen empfinden das Völkergemisch als einen Alptraum. Australien – das Einwanderungsland schlechthin – kennt beide Extreme. Dazwischen gibt es eine überwältigende schweigende Mehrheit, die sich darüber kaum Gedanken macht. Die Statistik spricht jedenfalls eine klare Sprache: 28 % aller Australier wurden im Ausland – wo immer das auch sein mag – geboren. Völkervielfalt ist also kein modisches Schlagwort, sondern gelebter Alltag. Das gilt vor allem für die größeren Städte des Fünften Kontinents – allein in Sydney zählt man über 140 verschiedene Nationalitäten.

Australien hat sich auf seine

Die Kunst der Aborigines

Die archaische Kunst der australischen Ureinwohner ist salonfähig geworden: Der internationale Kunstmarkt reißt sich heute um Bilder, die von Aborigine-Künstlern gemalt wurden, und auf Kunstauktionen werden Rekordpreise dafür erzielt. Die Kunst der Aborigines – sie gilt als die älteste der Welt und ist mindestens 31.500 Jahre alt – ist untrennbar mit ihrem spirituellen Leben und mit dem Land selbst verbunden. Die australischen Ureinwohner benutzen ihre Bilder dazu, ihre starken und komplexen Vorstellungen von der Traumzeit darzustellen. Die Palette reicht von heiligen, geheimen Informationen bis hin zu Belangen des täglichen Lebens. Bei der Arbeit steht stets der Inhalt, nicht die künstlerische Ausführung im Vordergrund.

Die Aborigine-Kunst hat mehrere Ausdrucksformen. Ritzzeichnungen in Fels, die dauerhafteste Form, finden sich über ganz Australien verstreut. Erstaunlich in ihrer Vielfalt und in ihrem künstlerischen Ausdruck sind die Felsmalereien. Davon gibt es verschiedene Arten: Bei der Schablonenmethode wird eine Hand oder ein Gegenstand an den Fels gehalten und die Farbe mit dem Mund aufgesprüht. Bei der Stempelmethode taucht der Künstler den Gegenstand in die Farbe und drückt ihn dann auf den Fels. Schließlich gibt es auch freigezeichnete Darstellungen.

Neben heiligen Symbolen, etwa aus der Erschaffungsmythologie, findet man häufig Darstellungen von Tieren, Waffen oder menschlichen Figuren.

Viel vergänglicher als die Felskunst waren einfach auf Rinde oder in den Sand gezeichnete Bilder. Auch der Körper wurde – und wird – als Leinwand benutzt: Bei Zeremonien und Tänzen dekorieren sich die Ureinwohner mit aufgemalten Symbolen.

Die Ausführung und der Inhalt der Aborigine-Kunst haben sich in der Vergangenheit kaum verändert. Noch heute benutzen die Künstler im wesentlichen vier Grundfarben: Weiß für Kummer und Schmerz, Schwarz für Rache und Tod, Gelb für Zorn und Kampflust und Rot für Freude und Liebe.

Das Kunsthandwerk der Aborigines hat eine lange Tradition.

Rolle als Einwanderungsland und damit auf die multikulturelle Gesellschaft bestens eingestellt: Es gibt einen „Minister for Multiculturalism“, die Einwanderungsbehörde nennt sich „Department of Immigration and Ethnic Affairs“, und das sogenannte „equal opportunity law“ besagt, daß niemand auf Grund seiner Religion, seiner Nationalität, seiner Rasse oder seines Geschlechts benachteiligt werden darf. Um in Australien arbeiten zu dürfen, bedarf es nicht der Staatsbürgerschaft, eine uneingeschränkte Aufenthaltserlaubnis, die „permanent residency“, genügt.

Im Zeitalter der politischen Korrektheit spricht man in Australien heute nicht mehr von Rassen, sondern von ethnischen Gruppen. Damit sind Menschen gemeint, die erst vor kurzem aus einem nicht englischsprechenden Land nach Australien gekommen sind, sowie deren in Australien geborene Nachkommen. In der offiziellen Sprache der Behörden benutzt man neuerdings auch die Terminologie „non-English-speaking background“ für diese Gruppen. Aborigines, Australier mit englischer oder irischer Abstammung sowie jene Deutschen, Skandinavier oder anderen Europäer, die sich längst in Australien etabliert haben, gehören laut Definition nicht zu einer ethnischen Gruppe.

Man zählt heute an die 100 ethnische Gruppen in Australien und mindestens 4.000 Organisationen, Klubs und religiöse Zentren mit einem unverwechselbaren ethnischen Charakter. In Australien sind z.B. sämtliche Religionen dieser Welt vertreten. So befindet sich in der Nähe der Stadt Wollongong südlich von Sydney der größte buddhistische Tempel der südlichen Hemisphäre, der Anblick von minarett-verzierten Moscheen ist durchaus nichts Ungewöhnliches, und eine Synagoge ist genauso selbstverständlich wie ein katholisches Gotteshaus.

Doch das bunte Völkergemisch hat auch seine Schattenseiten. Manche Politiker wollen die seit 1972 offiziell aufgelöste „White Australian Policy", also die rassistische Einwanderungspolitik der Vergangenheit, wiederbeleben. Seit der Öffnung Australiens nach Asien, strömt eine Welle asiatischer Immigranten – allen voran Vietnamesen – in das Land. Sie sind das Ziel neuester Attacken gegen Ausländer. Rassistische Parolen wie „Asians out" sind allzu häufig auf kahlen Betonflächen zu lesen. Zuvor waren es die Griechen, die von solchen Anfeindungen betroffen waren. Inzwischen sind sie vollständig in die Gemeinschaft integriert.

Die Verletzlichkeit einer multikulturellen Gesellschaft offenbart sich auch, wenn in anderen Teilen des Globus Konflikte toben. Zur Zeit des Bürgerkriegs in Ex-Jugoslawien kam es auch in Australien zu Zusammenstößen zwischen Serben und Kroaten. Griechen und Türken trugen die Streitigkeiten um Zypern in Australien aus.

Trotzdem hat sich gezeigt, daß die große ethnische Vielfalt Australiens seit den 50er Jahren keine gravierenden sozialen Probleme geschaffen hat. Und es gibt keine Beweise dafür, daß sich Asiaten weniger gut in die Gemeinschaft einfügen als beispielsweise Europäer. Soziologen sehen jedoch in einem – auch von Politikern geschürten – zunehmend rassistischen Verhalten gegenüber ethnischen Gruppen aus asiatischen Ländern eine mögliche Bedrohung des sozialen Friedens in der Zukunft.

Zu denken also, daß sich das Zusammenleben so vieler unterschiedlicher Kulturen gänzlich sorgenfrei gestaltet, wäre naiv. Das Beispiel Australien zeigt, daß sich in der bunten Völkervielfalt zwar herrlich leben läßt, die Unterschiede in Herkunft, Hautfarbe, Sprache und Tradition aber auch Probleme mit sich bringen. Eins haben die Menschen jedenfalls gemeinsam: Sie sind alle Australier.

Flora und Fauna

Die Arche des Südens

Die ersten Europäer, die Australien besuchten, waren zutiefst erstaunt über die ungewöhnliche Flora und Fauna des Kontinents, die ihnen im Vergleich zu der europäischen Pflanzen- und Tierwelt so fremdartig erschien. Der Grund für die Sonderstellung der australischen Flora und Fauna ist die Loslösung Australiens von Gondwanaland vor etwa 50 Mio. Jahren. Der Inselkontinent driftete nach Norden ab, und – derart isoliert und unter veränderten klimatischen Bedingungen – entwickelte sich aus der uralten Pflanzen- und Tierwelt des Superkontinents über Jahrmillionen hinweg eine einzigartige Flora und Fauna.

Einst war der Kontinent fast flächendeckend von Regenwäldern bedeckt. Mit dem Abdriften in andere Klimazonen jedoch begann ein Prozeß der Austrocknung. Heute sind nur noch etwa 5 % des gesamten australischen Kontinents von Wald bedeckt, 60 % der Fläche sind dagegen nahezu baumlos. Das Landesinnere, das die trockenen (ariden) und halbtrockenen (semiariden) Regionen umfaßt, ist von Grasland und offenen Baumsavannen bewachsen.

Regenwälder ziehen sich in kleinen Inseln entlang der gesamten Ostküste Australiens bis hinunter nach Tasmanien. Sie gehören zu den artenreichsten Pflanzenge-

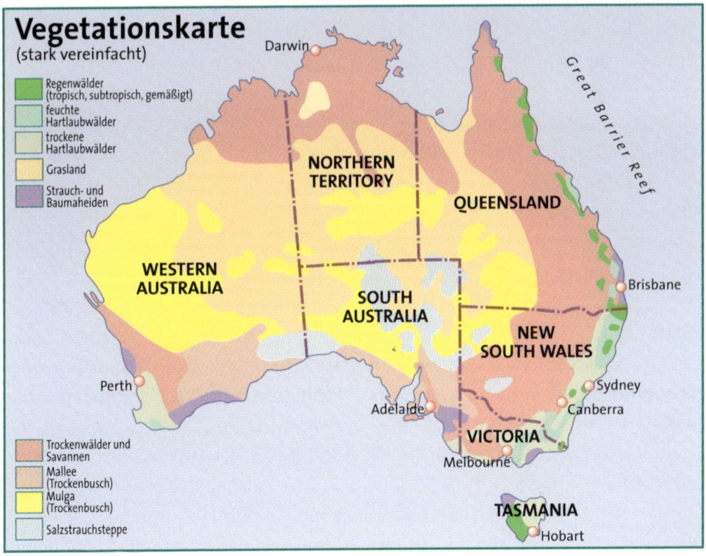

meinschaften. Man unterscheidet grob tropische, subtropische und gemäßigte Regenwälder.

In den küstennahen Gebieten des Südwestens und des Südostens finden sich Hartlaubwälder. Sie werden von verschiedenen Eukalyptus-Arten dominiert. Der Unter-

Die Eukalypten oder „Gum Trees“ sind Charakterpflanzen der australischen Vegetation.

wuchs besteht u.a. aus kleineren Bäumen, Proteen und anderen Sträuchern. Je nach Niederschlagsmenge differenziert man zwischen trockenen und feuchten Hartlaubwäldern.

Im Norden, im Osten und in Teilen des Südwestens erstrecken sich ausgedehnte Trockenwälder und Savannen. Sie werden ebenfalls von Eukalypten dominiert und bilden den Übergang zum Trockenbusch.

Zum Trockenbusch zählen die ausgedehnten halbtrockenen Gebiete Inneraustraliens. Nach den charakteristischen Pflanzenarten unterscheidet man drei Formen: Mallee ist ein von verschiedenen niedrig wachsenden Eukalyptus-Arten beherrschter Trockenbusch. Die Mulga wird von Akazien dominiert. Sie ist nach der häufigsten Art, der „Mulga“, benannt. In der als Salzstrauchsteppe bezeichneten Vegetationszone bilden Böden mit hohem Salz- und Lehmanteil den Lebensraum für salztolerante Pflanzen wie z.B. den Salzbusch. Salzstrauchsteppen beschränken sich überwiegend auf die südliche Hälfte des Kontinents und bedecken ausgedehnte Flächen der Nullarbor-Ebene, des Lake Eyre-Beckens und des Westens von New South Wales.

Grasland findet sich in den trockensten Gegenden Inneraustraliens. Das sogenannte Spinifex-Grasland nimmt etwa ein Viertel der gesamten Fläche Australiens ein.

Strauch- und Baumheide, eine niedrige Buschvegetation, wächst vereinzelt in den Küstenbereichen Australiens und Tasmaniens.

Zu den zahlreichsten Vertretern der australischen Flora zählen die Eukalypten und die Akazien. Während man bei den Eukalypten etwa 700 Arten kennt, umfaßt die Gattung der Akazien sogar etwa 900 Arten. Weitere charakteristische Pflanzen Australiens sind die Grasbäume mit ihren langen Blütenlanzen, die Proteaceen, darunter die Grevillien und die Banksien, die Palmfarne und die Südbuchen als Relikte der Gondwanaland-Flora.

Die Fauna Australiens läßt sich grob in drei Gruppen einteilen: Tiere, die es nur in Australien gibt,

Tiere, die ihren Ursprung auf Gondwanaland zurückführen können und deshalb Ähnlichkeiten zu Tieren auf anderen Kontinenten aufweisen, und Tiere, die erst vor relativ kurzer Zeit aus dem nahen Asien eingewandert sind.

Die Tierwelt des Fünften Kontinents umfaßt etwa 250 Säugetierarten, von denen mehr als die Hälfte zu den sogenannten *Marsupialia,* den Beuteltieren, zählen, über 700 Vogelarten, weit über 500 Reptilien- und Amphibienarten, darunter allein 145 Schlangenarten, mehr als 20.000 Fischarten, von denen nur 150 im Süßwasser leben, 150 Spinnenarten und nicht weniger als etwa 65.000 bisher beschriebene Insektenarten.

Die wohl außergewöhnlichste Tiergruppe, die nur noch in Australien und mit einer Ausnahme auch in Neuguinea vorkommt, sind die *Monotremata,* die Kloakentiere. Zwei Vertreter dieser Gruppe gibt es in Australien: das Schnabeltier und den Schnabeligel. Sie gelten als Übergangsformen zwischen Reptilien und Säugetieren. Gleich den Reptilien legen sie Eier und besitzen eine Kloake, eine gemeinsame Öffnung von Ausscheidungs- und Geschlechtsorganen. Milchdrüsen, eine konstante Körpertemperatur und ein schützendes Fell sind dagegen eindeutige Attribute von Säugetieren.

Typisch für Australien sind auch die Beuteltiere. Dazu zählen u.a. Känguruhs, Wallabies, Possums, Wombats und der Koala.

Ein Teil der australischen Tierwelt weist Verbindungen zu anderen Gondwana-Kontinenten auf. Diese Tiere finden sich meist in den kühleren Regionen Australiens: im Süden des Landes, entlang der Gebirge im Osten und auf Tasmanien. Dazu gehören einige Beuteltiere, der Emu und der Kasuar, ein paar Geckos, die meisten Frösche und eine Anzahl von Fischarten, z.B. der als Speisefisch hochgeschätzte Barramundie und der Lungenfisch.

Auch Tiere asiatischen Ursprungs erreichten Australien in den letzten 30 Mio. Jahren. Sie umfassen vor allem flugfähige Tiere wie Insekten, Fledermäuse und Vögel. Zahlreiche Wirbellose, Schlangen, Echsen und Nagetiere überquerten den Ozean außerdem auf einem Stück Treibholz oder auf anderen schwimmenden Transportgelegenheiten.

Emus sind das australische Pendant zu den afrikanischen Straußen.

Klima

Dauersaison in Down Under

„Irgendwo ist in Australien immer Saison.“ In Anbetracht der Größe des Landes – es dehnt sich über 30 Breitengrade aus – ist diese Behauptung sicherlich nicht übertrieben. Von Tasmanien im Süden bis hinauf in den feuchtschwülen Norden von Queensland und dem Nordterritorium durchläuft man quasi sämtliche Klimazonen von gemäßigt bis tropisch.

Die gemäßigte Zone umfaßt die südlichen Landesteile von New South Wales, Victoria, Südaustralien und Westaustralien sowie von Tasmanien. Charakteristisch für die gemäßigte Zone sind vier gut zu unterscheidende Jahreszeiten. Wegen der Lage Australiens auf der Südhalbkugel sind sie allerdings den europäischen genau entgegengesetzt. Der Winter ist in den südlichen Landesteilen geprägt von kühlem, regenreichem Wetter. Nachtfrost ist außer in den Küstenregionen keine Besonderheit. In den Hochlagen wie den Australischen Alpen in Victoria und New South Wales sowie in den Bergregionen Tasmaniens kommt es dann oft zu ergiebigen Schneefällen. Die tiefsten Temperaturen werden regelmäßig in den Snowy Mountains – dem Kältepol des Landes – gemessen. Das kühlgemäßigte Klima ist auf Tasmanien am ausgeprägtesten.

Durchschnittstemperaturen und Niederschläge

	Sommer		Winter		Niederschlag
	max. Temp. in °C	min. Temp. in °C	max. Temp. in °C	min. Temp. in °C	in mm
Sydney	26	19	16	8	102
Alpine Region	21	7	6	-4	150
Canberra	28	13	11	0	52
Melbourne	26	14	13	6	51
Adelaide	29	17	15	8	44
Wilpena-Region	31	16	13	3	36
Perth	30	18	18	9	73
Kimberley	36	26	30	14	52
Darwin	32	25	30	19	138
Alice Springs	36	21	19	4	24
Brisbane	29	21	21	10	101
Cairns	31	24	26	17	168
Hobart	22	12	12	4	44
Cradle Mountains	17	6	5	0	233

Hilfe aus der Luft

Leben im australischen Outback bedeutet, Leben in der Isolation: Der Nachbar lebt nicht einen Steinwurf entfernt, sondern mindestens 100 km. Zum nächsten Ort ist es womöglich noch weiter. Bei einem Unfall oder einer akuten Krankheit reicht es nicht, zum Telefon zu greifen, um Hilfe anzufordern – Hilfe, die in wenigen Minuten da ist.

Die Flying Doctors kommen per Flugzeug in die entlegenen Regionen Australiens.

Die Einrichtung eines medizinischen Versorgungssystems per Flugzeug verdanken die Menschen in den Weiten des Outbacks einem Mann mit einer Vision: John Flynn, einem presbyterianischen Missionar, der 1912 durch das Outback reiste. Er kam auf die Idee, ein Flugzeug zu benutzen, um möglichst schnell Hilfe leisten zu können.
Erst aber mußte ein Kommunikationssystem entwickelt werden, das möglichst unabhängig von einer Stromversorgung arbeiten konnte. Ein junger Mann namens Alfred Traeger löste schließlich das Problem. Ihm gelang es 1927, ein Funkgerät zu konstruieren, das mit einem durch Fahrradpedale angetriebenen Generator versorgt wurde. Noch im selben Jahr wurde die erste Flying Doctor Basis in Cloncurry im Outback von Queensland gegründet.
Heute umfaßt der Royal Flying Doctor Service 14 Basen, von denen aus die Fliegenden Ärzte zwei Drittel des riesigen Kontinents einschließlich Tasmanien versorgen – ein Gebiet so groß wie ganz Westeuropa. Insgesamt 33 Flugzeuge, ausgerüstet mit modernsten medizinischen Geräten, kümmern sich um über 100.000 Menschen in den abgelegenen Gebieten des Outbacks. Finanziert wird die Organisation durch Regierungszuschüsse, Spenden und Mitgliederbeiträge.

Die Subtropen liegen zwischen den großen Klimaextremen der gemäßigten und der tropischen Zone. Der Norden von New South Wales, Süd- und Zentralqueensland, der Norden von Südaustralien, der Süden des Nordterritoriums sowie das zentrale Westaustralien befinden sich innerhalb dieser Klimazone. Sie wird charakterisiert durch beständiges Hochdruckwetter und unentwegten Sonnenschein. Nicht umsonst ist der überwiegende Teil des Landesinneren arid oder semiarid. Die Sommer in dieser Region sind von großer Hitze geprägt, während im Winter die Nachttemperaturen häufig unter 0 °C fallen.

Die Tropen beginnen nördlich des Wendekreises des Steinbocks, der den Kontinent etwas oberhalb der Mitte durchschneidet. Während im Landesinneren Trockenheit herrscht, liegen die nördlichen Landesteile von Westaustralien, dem Nordterritorium und Queensland im Bereich des Monsuns. Dieser großräumige Wetterzyklus beschert dieser Region nach etwa sechs trockenen Monaten (Mai bis November) von November bis April sintflutartige Regenfälle, die weite Teile des Landes unter Wasser setzen.

Die großen Niederschlagsmengen im Bereich des Monsuns und der Passatwinde (Nordqueensland) täuschen über die Tatsache hinweg, daß Australien neben der Antarktis der niederschlagsärmste Kontinent der Erde ist.

Sturt N.P.
Tweed Heads
Lismore
Moree
Bourke
Walgett
Mt. Kaputar N.P.
Grafton
Narrabri
Dorrigo N.P.
White Cliffs
Mootwingee N.P.
Armidale
Pacific Hwy.
Coffs Harbour
Wilcannia
Nyngan
Tamworth
Cobar
Broken Hill
Port Macquarie
Barrington Tops N.P.
Menindee
Dubbo
Kinchega N.P.
Taree
Orange
Forbes
Bathurst
Newcastle
Mungo N.P.
Wentworth
Blue Mountains N.P.
Western Hwy.
Katoomba
Mildura
SYDNEY
Sturt Hwy
Griffith
Royal N.P.
Wollongong
Goulburn
Wagga Wagga
Nowra-Bomaderry
Canberra
Albury
Batemans Bay
VICTORIA
Kosciuszko N.P.
Cooma
Bega
Merimbula
MELBOURNE
150 km

New South Wales

Die Wiege der Nation

New South Wales ist der am dichtesten bevölkerte Bundesstaat Australiens. Seine Hauptstadt Sydney liegt am ausgedehnten Naturhafen der Jackson Bay. Entlang der Pazifikküste erstrecken sich endlose goldene Strände. Die Sonne hüllt die nahe gelegenen Blue Mountains in blauen Dunst, und im Winter bedeckt Schnee die Snowy Mountains, die höchsten Berge des Kontinents.

Sydney
Traumstadt am Pazifik

Mit 3,8 Mio. Einwohnern und einer Fläche von über 4.000 km^2 ist Sydney die größte Stadt Australiens – und gleichzeitig auch die älteste. Wer sich etwas Zeit nimmt, wird eine Stadt entdecken, die findige Werbetexter in australischer Unbekümmertheit die „beste Adresse auf Erden" genannt haben.

Informationen: Sydney Visitor Centre, 106 George Street, The Rocks, NSW 2000, Tel. (02) 92 55 17 88.

Rund um den Hafen

Die Keimzelle dieser faszinierenden und für europäische Verhältnisse recht jungen Stadt lag am westlichen Ufer einer Bucht, die heute den Namen **Sydney Cove** trägt. Hier legte Kapitän Arthur Phillip mit seiner Flotte von elf Schiffen im Jahre 1788 an und ließ eine Sträflingskolonie errichten. Nach den Sandsteinfelsen, aus denen die meisten Gebäude errichtet wurden, nannte man das Viertel **The Rocks**. Es wurde zur 200-Jahr-Feier 1988 grundlegend renoviert und ist heute eine der größten Attraktionen Sydneys mit zahllosen Kneipen, Restaurants, Märkten und einem reichhaltigen Unterhaltungsangebot praktisch rund um die Uhr.

Ganz in der Nähe befinden sich die zwei Wahrzeichen Sydneys: Die **Harbour Bridge** **1**, eine gigantische, auf vier mächtigen Sandsteinpfeilern ruhende Stahlkonstruktion, überspannt den **Port Jackson** an einer Schmalstelle. Die Sydneysider bezeichnen sie in Anspielung an ihre Form respektlos als „coat hanger" (Kleiderbügel). Auf der anderen Seite des **Circular Quay** **2**, dem zentralen Fährhafen der City, steht das zweifellos berühmteste Gebäude Sydneys, das **Opera House** **3**, und reckt seine in der Sonne glänzenden Segel in den Himmel.

Zwischen Gärten und Hochhäusern

Gleich hinter dem prominenten Gebäude kann der Stadtrundgang fortgesetzt werden. Hier beginnt die Parklandschaft der **Royal Botanic Gardens** **4** (s. Tip S. 25). Der von den Sydneysidern heiß geliebte Park bildet zusammen mit der **Domain** **5** und dem **Hydepark** **6** die grüne Lunge der Millionenstadt.

In der Domain finden im Sommer kostenlose Opern- und Konzertaufführungen statt. Hier liegt auch das säulengeschmückte Sandsteingebäude der **Art Gallery of New South Wales** **7** (geöffnet tgl. 10–17 Uhr). Wechselnde Ausstellungen von Weltrang machen diese Kunstgalerie zu einem kulturellen Höhepunkt der Stadt.

Im Westen werden die Royal Botanic Gardens durch die Macquarie Street begrenzt, an der sich die **Staatsbibliothek** **8**, das **Parlament** **9** von New South Wales und das **Münzmuseum** **10** befinden.

Dahinter baut sich das Hochhausgebirge der City auf. Das Minimanhatten des **Central Business District** unterstreicht mit seinen Wolkenkratzern, Glaspalästen und Banken den Anspruch Sydneys, das wichtigste Handels- und Finanzzentrum Australiens zu sein. Das auffälligste Gebäude der City ist der 270 m hohe **Sydney Tower** **11**, von dessen luftiger Warte aus man über die ganze Stadt bis zu den Blue Mountains im Westen und zum offenen Meer im Osten blicken kann.

Unweit des Sydney Tower befinden sich zwei der schönsten Einkaufsparadiese der Stadt: Ein Bummel durch die viktorianischen Geschäftsarkaden von **The Strand** **12** ist ein Muß für jeden Besucher. Das **Queen Victoria Building** **13** – laut Pierre Cardin „das schönste Einkaufszentrum der Welt“ – umfaßt einen ganzen Häuserblock.

Vom QVB – wie die Sydneysider das Queen Victoria Building kurz nennen – gelangt man zu Fuß über die **Pyrmont Bridge** **14** oder bequemer mit der **Monorail**, einer Magnetschwebebahn, nach **Darling Harbour**. Aus einem herunterge-

Die 3,8-Millionen-Metropole Sydney liegt am ausgedehnten Naturhafen der Jackson Bay.

kommenen Hafenviertel entstand hier ein postmodernes, elegantes Stück Sydney mit Geschäften, Sportanlagen, Parks, Restaurants und Museen. Darling Harbour bildet auch die Bühne für Festivals und Konzerte. Ganz in der Nähe findet man im **Chinese Garden** 15 ein bißchen Ruhe und Besinnlichkeit vor dem Trubel der Großstadt. Die Stadtrunde läßt sich dann mit einer Schiffahrt zurück zum Circular Quay schön abschließen.

Vororte und Strände

Sydney hat auch außerhalb der City eine Menge zu bieten. Der zentrumsnahe Stadtteil **Paddington** ist um die Unterhaltungsmeile der **Oxford Street** gruppiert. Er besticht durch den Charme liebevoll renovierter, dicht gedrängter Reihenhäuser im viktorianischen Stil sowie unzählige Cafés, Bistros und Restaurants. Hier ist immer etwas los. Das einstmals schäbige Arbeiterviertel liegt heute voll im Trend. Es zieht die Erfolgreichen und Kreativen aus der Computer- und Designerbranche an und bildet die Hochburg der großen Homosexuellen-Gemeinde Sydneys.

Ebenfalls „in“ ist der einstmals wegen seiner hohen Kriminalitätsrate verrufene Stadtteil **Bondi**. Vor allem der Nachwuchs der Unterhaltungsindustrie Sydneys schlägt hier seine Zelte auf. Aushängeschild von Bondi ist Sydneys berühmtester Strand, der **Bondi Beach**.

Überhaupt die Strände. Insgesamt 36 haben die Sydneysider innerhalb des Großraums der Metropole zur Auswahl, um zu schwimmen, zu surfen oder einfach nur auszuspannen.

In **Manly**, einem eleganten Badevorort von Sydney, kann man sogar zwischen dem direkt am offenen Meer gelegenen **Manly Beach** – hier tummeln sich vor allem die Surfer – und dem geschützten Strand in der **Manly Cove** auf der Hafenseite wählen. Weitere bekannte Stadtstrände sind **Bronte Beach** und **Coogee Beach**.

Der noble Vorort **Watsons Bay** nahe dem Hafeneingang versprüht die Atmosphäre eines verträumten Fischerdorfes. Hier findet man mit **Doyle’s on the Beach** Sydneys berühmtestes Fish’n Chips Restaurant. Ein Wanderweg führt zu versteckten Sandbuchten, von denen man fantastische Blicke auf die Skyline der City genießt. Watsons Bay bringt das inoffizielle Lebensmotto Sydneys auf den Punkt: Genieße das Leben!

Olympiastadt Sydney

Seit der Ernennung Sydneys zur Olympiastadt für die Sommerspiele im Jahr 2000 blickt man auch in den Westen der Stadt. Als Industriestandort und Arbeiterrevier touristisch zuvor ein Niemandsland, rümpfte man in den feineren Gegenden der Stadt gerne die Nase, wenn es um den Westen Sydneys ging. Durch die Ansiedlung des **Olympischen Geländes** mit seinen futuristisch anmutenden Stadien und weitläufigen Parkanlagen an der **Homebush Bay** hat sich ein neuer touristischer wie gesellschaftlicher Schwerpunkt in der Region gebildet. Denn sportverrückt war man in Sydney, der Traumstadt am Pazifik, schon immer.

Tip

Garten Eden in der City

Für Vogel- und Pflanzenliebhaber lohnt sich ein Spaziergang durch die Royal Botanic Gardens. Das weitläufige Parkgelände erstreckt sich auf einer Fläche von 29 ha gleich hinter der Oper. Besonders sehenswert sind der große Teich mit den zahllosen Enten, der Palmenwald, der Sukkulentengarten, der Farngarten, das Tropical Centre mit seiner beeindruckenden Glaspyramide und das Besucherzentrum. Gelegentlich kann man im Park auch Molukken- und Stachelibissen begegnen. Informationen: Tel. (02) 92 31 81 25, geöffnet tgl. ab 6.30 Uhr. Der Park wird je nach Jahreszeit zwischen 17 und 20 Uhr geschlossen.

Nationalparks rund um Sydney

Der Blick auf die Karte enthüllt: Wie keine andere Großstadt dieser Erde ist Sydney halbkreisförmig von einem über 10.000 km^2 großen Grüngürtel aus Nationalparks umgeben. Einige dieser Schutzgebiete, wie etwa der **Garigal National Park**, ragen in die Stadt hinein; andere, wie der **Lane Cove River National Park**, der **Sydney Harbour National Park**, der **Botany Bay National Park** oder der **Georges River National Park**, befinden sich sogar innerhalb der Stadtgrenzen. Das bringt allerdings auch Probleme mit sich – wie die verheerenden Buschfeuer im Januar 1994 und im Dezember 1997 bewiesen haben.

Eines der markantesten Felsmonumente an der wilden Küste des Royal National Park ist der Eagle Rock.

Um das Mündungsgebiet des mächtigen **Hawkesbury River** im Norden der Metropole gruppieren sich gleich vier Nationalparks: die dichtbewaldete Sandsteinwelt des **Ku-ring-gai Chase National Park**, der **Bouddi National Park** mit traumhaften Stränden und üppigen Regenwäldern, der **Brisbane Water National Park** und der **Marramarra National Park**.

Tiefer im Inland – Richtung Westen – beginnt dann eine undurchdringliche Wildnis: Eine 6.423 km^2 große, zusammenhängende Fläche ungezähmten Buschlands wird von den Schutzgebieten des **Dharug National Park**, des **Yengo National Park** und des **Wollemi National Park** gebildet. Der Wollemi National Park ist so unzugänglich und abgelegen, daß es dort immer noch zu sensationellen Entdeckungen kommen kann: 1994 fand man hier die nach dem Park benannte Wollemi-Kiefer in einem der Canyons. Der Baum war bis dato nur aus Versteinerungen bekannt.

An den Wollemi National Park grenzt der **Blue Mountains National Park** (s. S. 28 f.). Er geht nahtlos in den **Kanangra-Boyd National Park** über. Berühmt sind die dramatischen Felsabstürze der **Kanangra Walls**, die man über eine unbefestigte Straße erreichen kann.

Wandern im Royal National Park

Abgelegene Sektoren des Blue Mountains National Park mit dem Silberort **Yerranderie** 300 km von Sydney und der unerschlossene **Nattai National Park** bilden die Südbegrenzung des Grüngürtels, der mit dem Doppelschutzgebiet **Heathcote National Park** und **Royal National Park** wieder am Meer endet. Als Australiens ältester Nationalpark erfreut sich der Royal National Park – er wurde 1879 als „The National Park“ gegründet und 1954 anläßlich des Australienbesuchs von Königin Elizabeth II. umgetauft – bei den Sydneysidern größter Beliebtheit. Er ist ideal zum Surfen, Baden und Wandern (s. Karte).

Ohne Zweifel: Die schönste Seite des Royal National Park ist die wilde, von einsamen Stränden unterbrochene Steilküste. Entlang dieser dramatischen Küstenlinie zieht sich ein zweitägiger Wanderweg, der 32 km lange Coast Walk. Der nördliche Ausgangspunkt ist das Örtchen Bundeena **1** – mit Zug und Fähre von Sydney aus gut zu erreichen. Der Endpunkt der Trekkingroute liegt in Otford **3** im Süden des Parks. Der Ort liegt ebenfalls an einer Bahnlinie nach Sydney. Der Weg ist durchgehend markiert. Die beste Campingmöglichkeit bietet der kleine Zeltplatz am Curracurrang Gully **2** südlich von Wattamolla. Sanitäre Einrichtungen gibt es hier allerdings nicht. Eine Anmeldung vorab ist notwendig. Die Wanderung dauert insgesamt etwa 11–12 Stunden.
Informationen und Anmeldung: Royal National Park, PO Box 44, Sutherland, NSW 2232, Tel. (02) 95 42 06 66.

Die Blue Mountains
Wildnis im blauen Dunst

Etwa 100 km westlich der Millionenstadt Sydney versperrt eine langgezogene Hügelkette den Weg ins Landesinnere: Es sind die Blue Mountains – ein gewaltiges, von Schluchten und Klammen zerrissenes bis zu 1.110 m hohes Sandsteinplateau. Die Bezeichnung „Blaue Berge“ stammt von dem blauen Dunst, der an heißen Tagen über der ganzen Landschaft liegt. Er entsteht dadurch, daß die Öle in den Blättern der Eukalyptusbäume in der extremen Hitze verdunsten.

Lange Zeit galten die Blue Mountains als unüberwindliche Barriere. Erst die Expedition der Forscher Gregory Blaxland, William Charles Wentworth und William Lawson im Jahr 1812 brachte den Durchbruch. Der **Great Western Highway**, der einzige große Übergang über das Gebirge, folgt heute fast exakt der mühsam erkundeten Route der wagemutigen Männer.

Große Teile der Blue Mountains sind als **Blue Mountains National Park** geschützt. Das spektakuläre Schutzgebiet mit seinen steilen und schroffen Felsabstürzen ist ein herrliches Revier für Wanderer, Mountainbiker, Kletterer und Freunde des Canyoning.

Die unteren Blue Mountains

Schon seit den 20er Jahren haben sich die Blue Mountains zu einem bevorzugten Naherholungsgebiet der Sydneysider entwickelt. Entlang des Great Western Highway, der eine Art Zivilisationsschneise durch den Nationalpark zieht und ihn praktisch zweiteilt, reihen sich Ortschaften wie Perlen an einer Kette. In **Glenbrook** am Beginn des Anstiegs informiert das Visitor Centre des Nationalparks die Besucher (Bruce Road, Glenbrook, NSW 2773, Tel. 02-47 39 29 50).

Dann folgen die Orte **Blaxland**, **Warrimoo**, **Valley Heights** und **Springwood**. Hier sollte man unbedingt einen Besuch der **Norman Lindsay Gallery** mit Skulpturen und Gemälden des berühmten australischen Künstlers einplanen.

Die Sandsteinberge der Blue Mountains sind von tiefen Canyons zerrissen.

Weiter bergauf geht es anschließend über **Faulconbridge**, **Linden**, **Woodford**, **Hazelbrook**, **Lawson** und **Bullaburra** bis nach **Wentworth Falls**. Hier angekommen, befindet man sich bereits in weit über 700 m Höhe, und es lohnt sich ein Abstecher zu den eindrucksvollen **Wentworth Falls**. Sie stürzen sich in zwei Kaskaden über senkrechte Felsabbrüche 300 m hinab in die Tiefe.

Der schmucke Gartenort **Leura** kurz hinter Wentworth Falls gilt als „Café-Hauptstadt" der Blue Mountains, denn nicht weniger als 18 „Coffee shops" haben sich entlang der Hauptstraße angesiedelt. Zahlreiche Antiquitätenläden laden zum Kauf oder Schaufensterbummel ein, und so bezaubernde Gärten wie die **Everglades Gardens** locken zahlreiche Besucher an.

Die oberen Blue Mountains

In **Katoomba** (17.000 Einwohner), dem Hauptort der Blue Mountains, dreht sich alles um die berühmten **Three Sisters**. Die Formation aus drei Felstürmen thront hoch über dem **Jamison Valley**. Vom **Echo Point**, dem am meisten besuchten Aussichtspunkt der Blue Mountains, hat man den schönsten Blick auf dieses Naturwunder.

Zwei weitere Attraktionen Katoombas sind die **Scenic Skyway**, eine Seilbahn, die über ein tiefes Seitental des Jamison Valley führt, und die **Scenic Railway**, die als steilste Zugstrecke der Welt gilt. Sie wurde früher dazu benutzt, Kohle aus den am Fuß der Steilabstürze liegenden Bergwerken zum Plateaurand hinaufzubefördern.

In dem Panoramakino **The Edge** in Katoomba kann man die wilde Seite der Blue Mountains bequem aus dem Sessel erleben. Mehrmals täglich wird hier ein atemberaubender Film über die Blue Mountains gezeigt.

Tip

Faszinierende Unterwelt

85 km südwestlich von Katoomba befinden sich Australiens bekannteste Tropfsteinhöhlen, die Jenolan Caves. Eine der Schauhöhlen, die Margherita Cave, wurde bereits 1880 mit elektrischem Licht ausgestattet und gilt als die erste künstlich beleuchtete Höhle der Welt. Andere Teile des Höhlensystems sind noch unerforscht. Insgesamt neun Schauhöhlen sind Besuchern im Rahmen einer geführten Tour zugänglich. Informationen: Tel. (02) 63 59 33 11.

In **Blackheath** – mittlerweile in bereits über 1.000 m Höhe – sollte man unbedingt **Govetts Leap** einen Besuch abstatten. Unerwartet und schroff brechen hier die Klippen fast 200 m in das **Grose Valley** ab und geben den vielleicht spektakulärsten Blick über die Blue Mountains frei.

Mit **Mt. Victoria** ist schließlich der höchste Ort (1.047 m) der Blue Mountains erreicht. Hier beginnt der Abstieg an der Westseite der Berge über den **Victoria Pass.** Von hier aus führt – als Alternative zum Great Western Highway – die **Bells Line of Road** zurück nach Sydney.

Unterwegs auf dem Pacific Highway

Der Pacific Highway zwischen Sydney und Brisbane hat einen denkbar schlechten Ruf: Er gilt als die gefährlichste Straße Australiens. Grund dafür sind der Schwerverkehr, hohes Verkehrsaufkommen zu den Ferienzeiten sowie einspurige Streckenabschnitte mit Steigungen und Kurven.

Trotz alledem kommt man um den Pacific Highway einfach nicht herum, wenn man nicht auf die sogenannte Holiday Coast zwischen Newcastle und Coffs Harbour mit all ihren lohnenden Reisezielen verzichten will. Der Pacific Highway ist die Hauptverkehrsader der Region. Von ihm zweigen in regelmäßigen Abständen Zubringerstraßen zu den Ferien- und Badeorten entlang der Nordküste von New South Wales ab.

Tip

Amphitheater im Regenwald

Der Dorrigo National Park, etwa 35 km westlich von Coffs Harbour, umfaßt ein natürliches Amphitheater am Steilabbruch der Great Dividing Range, das mit subtropischem Regenwald bewachsen ist. Der Park ist als „Erbe der Menschheit" geschützt. Zahlreiche Wanderwege ziehen sich durch das Schutzgebiet und entführen den Besucher in die faszinierende Welt des Regenwaldes. Informationen: Dorrigo Rainforest Centre, Ecke Dome Road und Lyrebird Lane, PO Box 170, Dorrigo, NSW 2453, Tel. (02) 66 57 23 09.

Die Holiday Coast

Etwa eine Autostunde hinter **Newcastle** lockt bereits das erste Urlaubsgebiet, die Gegend um den gewaltigen Naturhafen **Port Stephens** mit dem Hauptort **Nelson Bay** (6.766 Einwohner). Die Bucht erstreckt sich mehr als 20 km weit ins Landesinnere. Sie ist bekannt für ihre zahmen Delphine, die man auf einem Bootsausflug erleben kann. Beliebt ist auch der nahegelegene **Tomaree National Park** mit seinen einsamen Sandbuchten und schönen Wanderwegen.

Auf der anderen Seite von Port Stephens liegt die größte Seenplatte von New South Wales, geschützt als **Myall Lakes National Park** (316 km^2). Um den Park zu erreichen, verläßt man den Pacific Highway kurz hinter dem Ort Bulahdelah und folgt dem Lakes Way. Er führt mitten durch die ausgedehnte Seenlandschaft hindurch. Der Park ist ein beliebtes Naherholungsgebiet und ein idealer Ort für Wassersport. Weiter auf dem Lakes Way gelangt man zum **Booti Booti National Park** und erreicht schließlich den Doppelort **Forster-Tuncurry**. Von dort geht es wieder zurück zum Highway.

Hinter der Stadt **Taree** befindet sich noch ein anderer Küstenpark, der **Crowdy Bay National Park**. Traumstrände ziehen sich von hier bis nach **Port Macquarie** (26.798

Inselparadies im Pazifik

Das Versteck ist gut gewählt: Etwa 700 km nordöstlich von Sydney in der endlosen, blauen Wasserwüste des Südpazifik, weitab der Schiffahrtsrouten und Touristenströme, liegt Australiens bestgehütetes Inselgeheimnis: das Lord Howe Island – ein Geheimtip für Zivilisationsflüchtlinge, Inselsammler, Genießer und Naturfreunde.
Nicht umsonst nennt man die Insel – den erosionszerfressenen Rest eines einstmals mächtigen Vulkans – das Juwel unter allen mit dem UNESCO-Prädikat „Weltkulturerbe der Menschheit" ausgezeichneten Gebieten. Aber nicht in erster Linie die landschaftliche Schönheit des subtropischen Eilandes, sondern vor allem seine einzigartige Flora und Fauna rechtfertigen zweifellos diese Auszeichnung.
Auf beschränkter Fläche – die Insel ist nur 11 km lang und nicht einmal 3 km breit – findet sich eine überwältigende exotische Vegetation, deren Ursprünge in Australien, Neuseeland, Neukaledonien und Norfolk Island liegen.
Ungewöhnlich hoch ist die Zahl der endemischen Pflanzenarten, also der nur auf Lord Howe Island verbreiteten Arten, darunter auch die sogenannte Kentiapalme, die zur weltweit beliebtesten Zimmerpalme geworden ist – ein Millionengeschäft für die kleine Insel.
Das Tierleben auf Lord Howe Island wird von Vögeln dominiert. Zahlreiche Arten wie Tölpel, Sturmtaucher oder Seeschwalben nisten auf der Insel. Der bemerkenswerteste unter den gefiederten Bewohnern der Insel aber ist ein Landbewohner: Die flugunfähige Lord Howe Ralle *(Tricholimnas sylvestris)*, die entfernt dem neuseeländischen Kiwi ähnelt und nur auf Lord Howe Island vorkommt, galt bis vor wenigen Jahren als einer der seltensten und gefährdetsten Vögel der Welt. Ein erfolgreiches Brutprogramm rettete den Vogel vor der Ausrottung.
Lord Howe Island glänzt aber auch unter Wasser: Hier liegt das südlichste Korallenriff der Erde mit herrlichen Weichkorallenbänken und zahlreichen endemischen Fischarten.
Und noch etwas: Lord Howe Island ist eine Insel vor dem touristischen Sündenfall. Dank der Sturheit und Weitsicht der knapp 300 Insulaner sind große Hotelanlagen hier gänzlich unbekannt. Willkommen im Paradies! Einziger Nachteil: Irgendwann muß man sein Inselversteck wieder verlassen.

Mt. Lidgbird (777 m) und Mt. Gower (875 m): die beiden höchsten Berge auf Lord Howe Island

Einwohner), dem ersten größeren Ort nach Newcastle. Port Macquarie hat sich heute zu einem quirligen Urlaubszentrum an der Holiday Coast entwickelt.

Auf dem Weg nach Coffs Harbour fährt man durch die Stadt **Kempsey**. Kurz dahinter zweigt eine Straße nach **South West Rocks** ab. Abgesehen vom **Hat Head National Park** mit seinen wunderschönen Stränden lohnt sich dort der Besuch des **Trial Bay Goal**. Die imposante Festung thront auf einer felsigen Landzunge über dem Meer. Im späten 19. Jahrhundert diente sie als Gefängnis. Während des Ersten Weltkriegs waren hier Deutsche interniert. Heute befindet sich darin ein Museum.

Bei dem Badeort **Nambucca Heads** kommt der Pacific Highway nahe an das Meer heran. Es folgt das Städtchen **Urunga** – verschwiegen und malerisch an der Mündung des Bellingen River gelegen. Nach **Coffs Harbour** (20.326 Einwohner), dem größten Ferienzentrum an der Holiday Coast, ist es von hier aus nur noch ein Katzensprung.

Canberra
und das Australian Capital Territory

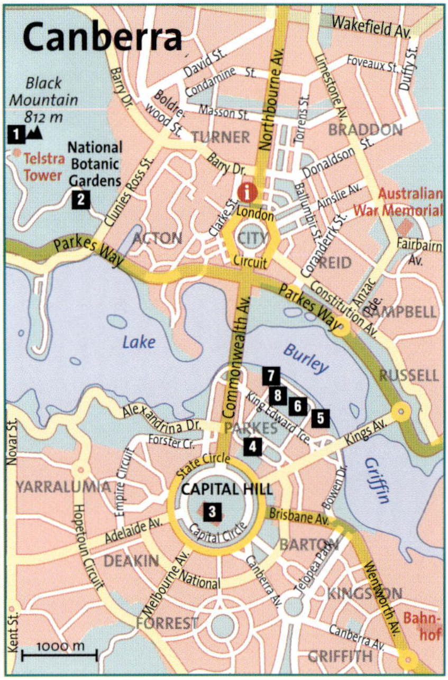

Canberra, Australiens Hauptstadt (etwa 300.000 Einwohner), ist eine Modellstadt – geplant und entworfen am Reißbrett. Und sie ist das Produkt eines Streits. Als sich 1901 die australischen Kolonien zum Commonwealth of Australia zusammenschlossen, konnte man sich partout nicht einigen, ob nun Sydney oder Melbourne die Hauptstadtrolle der neu entstandenen Nation übernehmen sollte. Man griff zu einer diplomatischen und kostspieligen Lösung und stampfte zwischen Sydney und Melbourne eine neue Stadt aus dem Boden. In der Annahme, es handele sich um einen Ausdruck der Aborigines für „Treffpunkt“, nannte man die neue Hauptstadt Canberra.

Nach den Plänen des amerikanischen Architekten Walter Burley Griffin entstand eine Stadt, die sich durchaus sehen lassen kann. Und man hat viel getan, um der Stadt ein eigenes Profil zu geben. Canberra ist eine grüne Stadt mit vielen Parks, Gärten und Alleen. Allein um den künstlich angelegten **Lake Burley Griffin** hat man über zehn Millionen Bäume und Büsche gepflanzt.

Rundgang durch die City

Als Ausgangspunkt einer Stadtbesichtigung bietet sich der **Black Mountain 1** im Westen der Stadt an. Vom **Telstra Tower** auf dem Gipfel des 812 m hohen, dichtbewaldeten Berges kann man sich einen guten Überblick über Australiens Hauptstadt verschaffen. Dabei treten die geometrischen Strukturen aus Kreisen, Rechtecken und Dreiecken deutlich zutage. Fast alle Sehenswürdigkeiten Canberras sind von diesem Aussichtspunkt aus zu sehen.

Am Fuß des Black Mountain liegen die **National Botanic Gardens 2**. Kaum ein anderer Botanischer Garten in Australien hat eine vergleichbare Vielfalt an Pflanzen zu bieten.

Die meisten wichtigen Gebäude Canberras befinden sich in dem Dreieck, das durch die Kings Avenue, die Commonwealth Avenue und die Constitution Avenue aufgespannt wird. An der südlichen Spitze dieses Dreiecks liegt der 610 m hohe **Capital Hill** mit dem **New Parliament House** **3**. Das neue Parlamentsgebäude wurde 1988 anläßlich der 200-Jahr-Feier offiziell von Königin Elizabeth II. eröffnet. Sein Wahrzeichen ist ein riesiger Fahnenmast. Eine Besichtigung gleicht dem Besuch einer Kunstausstellung: An die 3.000 Gemälde, Skulpturen, Wandteppiche und andere Kunstgegenstände sind hier untergebracht. Zwei weitere Attraktionen sind einer der größten Wandteppiche der Welt in der Großen Halle und das Foyer selbst, dessen 48 Marmorsäulen die Stämme eines Eukalyptuswaldes darstellen. Das Dach des Parlamentsgebäudes ist mit Gras bewachsen und soll die Kuppel des Capital Hill nachbilden. Von hier oben bietet sich dem Besucher ein herrlicher Blick über Canberra.

Zu Füßen des neuen Parlamentsgebäudes liegt das der Öffentlichkeit nicht zugängliche **Old Parliament House** **4**, das von 1927 bis 1988 – 11 Jahre länger als erwartet – als Regierungssitz diente.

Am südlichen Ufer des erst 1964 angelegten **Lake Burley Griffin** steht die **Australian National Gallery** **5** (King Edward Terrace, Parks, ACT 2600, geöffnet Mo–Fr, So 10–17 Uhr, Sa 10–20 Uhr). Die Nationalgalerie beherbergt eine äußerst interessante Sammlung von moderner und postmoderner Kunst, einschließlich Werken zahlreicher australischer Maler. Um die Galerie herum sind in einem Landschaftsgarten Skulpturen australischer und internationaler Bildhauer plaziert.

Ebenfalls am Ufer des Lake Burley Griffin – unweit des **High Court** **6**, des Obersten Gerichtshofs – liegt die **National Library** **7**. In der Nationalbibliothek befinden sich über fünf Millionen Bücher, aber auch Zeitungen, Zeitschriften, Filme, historische Dokumente und Fotografien. Im Foyer hängen drei Gobelins, die im französischen Aubusson aus australischer Wolle gefertigt wurden.

Einen Besuch ist auch das Questacon nahe der Nationalbibliothek wert. Das **National Science and Technology Centre** **8** (King Edward Terrace, Parks, ACT 2600, geöffnet tgl. 10–17 Uhr) wurde erst Ende der 80er Jahre errichtet und bietet

Das Wahrzeichen des neuen Parlamentsgebäudes in Canberra ist sein langer Fahnenmast.

Tip

Koalas zum Streicheln

Im Tidbinbilla Nature Reserve hat man die Möglichkeit, viele scheue oder seltene Tiere Australiens wie z.B. Koalas, Schnabeltiere, Känguruhs, Wallabies sowie zahllose Vögel zu Gesicht zu bekommen. Das Schutzgebiet umfaßt über 20 km^2 unberührten Buschlands und liegt etwa 40 Autominuten südwestlich von Canberra in einem kleinen Tal. Ranger bieten geführte Wanderungen durch das Reservat an. Informationen: Tel. (02) 62 05 12 33.

Naturwissenschaft und Technik zum Anfassen.

Informationen: Visitor Information Centre, 330 Northbourne Avenue, Dickson, ACT 2602, Tel. (02) 62 05 00 44.

Die Umgebung von Canberra

Die im wahrsten Sinne des Wortes größte Attraktion im Australian Capital Territory ist der **Namadgi National Park**. Er bedeckt die Hälfte der Gesamtfläche des Territoriums (1.060 km^2). Vor allem Wanderer kommen hier auf ihre Kosten. Auch das **National Dinosaur Museum** (Ecke Gold Creek Road und Barton Highway, Gungahlan, ACT 2912, geöffnet tgl. 10–17 Uhr) in Gungahlan ist sehenswert.

Die Snowy Mountains

Das Dach Australiens

Die Snowy Mountains, Teil der Great Dividing Range, liegen innerhalb der Grenzen des riesigen **Kosciuszko National Park** (Informationen: PO Box 2228, Sindabyne, NSW 2627, Tel. 02-64 50 56 55). Damit umfaßt der weit über 6.000 km^2 große Nationalpark die größte alpine Region Australiens. Baumlose Höhen, blumenreiche Matten, kristallklare Gebirgsseen, reißende Flüsse und endlose Wälder bilden die Komponenten einer einzigartigen Landschaft.

Elf Gipfel ragen über 2.000 m auf, darunter auch der **Mt. Kosciuszko** – mit 2.228 m der höchste Berg des Kontinents. In den Snowy Mountains liegt der Kältepol des australischen Kontinents. Im Winter versinken die Hochlagen monatelang unter Schnee, und lange Frostperioden sind nichts Ungewöhnliches.

Wer nun aber eine Topographie alpinen Gepräges erwartet, wird beim Anblick von Australiens höchsten Bergen vielleicht erstaunt sein. Die sogenannte Main Range der Snowy Mountains, in der sich die höchsten Gipfel des Landes aneinanderreihen, gleicht eher einem weitläufigen Hochplateau mit sanft geschwungenen Kuppen. Das schroffe Erscheinungsbild jüngerer Gebirge fehlt den Snowy Mountains fast völlig. Stellenweise zeugen Kare, Gletscherseen und Moränen davon, daß die Region einmal vergletschert war.

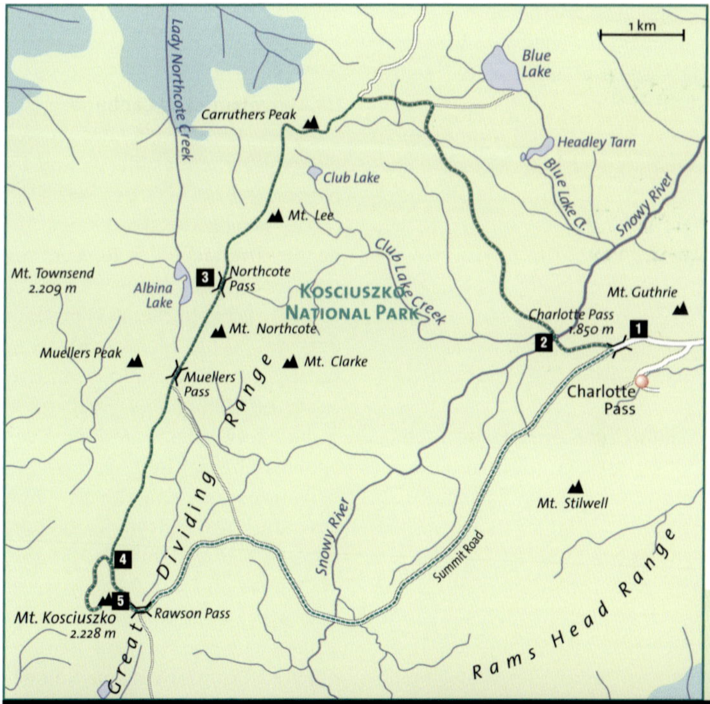

Besteigung des Mount Kosciuszko

In der Vergangenheit drangen immer wieder Menschen in die Snowy Mountains vor, darunter Goldsucher, Holzfäller und Viehzüchter, aber auch Ingenieure. So wurde 1949 mit einem Unternehmen begonnen, das als Australiens ehrgeizigstes Bauprojekt bezeichnet wird, dem Snowy-Mountains-Wasserkraftprojekt. In seinen fast unüberschaubaren Dimensionen drückt es dem Gebirgspark seinen Stempel auf. Es beinhaltete die Ableitung von fünf Flüssen sowie den Bau von 145 km Tunnelstrecke, 1.600 Straßenkilometern, Aquä-

Kein Kontinent der Erde macht es Gipfelstürmern so leicht, den höchsten Berg zu besteigen, wie Australien. Die geringe Höhe von 2.228 m und der problemlose Aufstieg sind von jedem fitten Wanderer zu meistern. Der schönste Aufstieg zum Mt. Kosciuszko beginnt am Charlotte Pass **1**. Nach der Überquerung des Snowy River **2** geht es in Richtung Main Range allmählich bergan. Entlang dieses Kamms verläuft der Weg dann weiter über den Northcote Pass **3** bis zur Summit Road **4**, einer staubigen Straße, die auf die flache Kuppe des Mt. Kosciuszko hinaufführt **5**. Die Straße gibt auch den Rückweg zum Charlotte Pass vor. Die beste Jahreszeit für diese 15 km lange Wanderung sind die Monate von Januar bis Mai. Die Dauer beträgt etwa 7 Stunden.

dukten in einer Gesamtlänge von 130 km, 17 großen und zahlreichen kleineren Staudämmen, sieben Kraftwerken und Pumpstationen sowie Dörfern und Arbeitslagern innerhalb und außerhalb des Parks. Zwischen 1949 und 1974 arbeiteten über 100.000 Menschen an dem Bau des Wasserkraftwerks mit. Das Projekt verschlang eine Summe von insgesamt 425 Mio. A$. Dennoch wird man als Besucher des Parks wenig von all dem bemerken.

Im Reich der Schnee-Eukalypten

Vier Autorouten machen die wilde Bergwelt der Snowy Mountains zugänglich: der Alpine Way, der Jindabyne mit dem Skiort Thredbo und mit Khancoban verbindet, der Snowy Mountains Highway von Tumut nach Adaminaby, die Straße von Khancoban zum Snowy Moun-

Der Snowy River entspringt am Fuße des 2.228 m hohen Mt. Kosciuszko in den Snowy Mountains.

tains Highway und die Kosciuszko Road, die am **Charlotte Pass** (1.850 m) in Sichtweite des Mt. Kosciuszko endet. An der Kosciuszko Road bei **Sawpit Creek** liegt auch das Hauptquartier und das Besucherzentrum des Nationalparks. Alle genannten Straßen können in den Wintermonaten von Juni bis Oktober wegen heftiger Schneefälle unpassierbar werden.

Der **Mt. Kosciuszko,** Namensgeber des Parks, ist bei den Besuchern der Snowy Mountains besonders beliebt. Obwohl er der höchste Berg des Kontinents ist, ist seine Besteigung völlig unproblematisch (s. Karte S. 35).

Im Bereich der Main Range der Snowy Mountains gibt es mehrere hervorragende Skigebiete: **Blue Cow**, **Guthega**, **Perisher Blue**, **Charlotte Pass** und natürlich **Thredbo**. Im Winter strömen skibegeisterte Australier in Scharen in die verschneiten Berge, um auf den gepflegten Pisten zwischen Schnee-Eukalypten ihre Schwünge zu ziehen.

Die unberührten Weiten fernab der Skigebiete sind ein fantastisches Terrain für Skitourengeher. Sie sollten allerdings bestens ausgerüstet und auf das manchmal extreme Winterwetter mit orkanartigen Schneestürmen, Temperaturen unter Null und schlechten Sichtverhältnissen vorbereitet sein.

Schätze unter der Erde

Dort, wo die Straße nach Khancoban vom Snowy Mountains Highway abzweigt, liegt **Kiandra.** Hier, in etwa 1.400 m Höhe, befanden sich Australiens höchstgelegene Goldfelder. 1859 entdeckte man das

Victoria

Der Gartenstaat

Victoria ist nach Tasmanien zwar der kleinste Staat Australiens, steht den anderen aber in nichts nach. Die Hauptstadt Melbourne, die zweitgrößte Stadt Australiens, gilt als Kunst- und Gourmetmetropole des Kontinents. Im Süden Victorias erstreckt sich die 300 km lange atemberaubende Küstenlandschaft der Great Ocean Road. Am mächtigen Murray River wird die Zeit der Schaufelraddampfer wieder lebendig.

Melbourne
Die Stadt der Künste

Melbournes empfindliche Psyche bekam 1990 gewaltigen Aufwind, als die Stadt zur lebenswertesten der Welt erklärt wurde. Bei einem großangelegten Vergleich des renommierten Population Crisis Centre in Washington schlug Melbourne alle seine Konkurrenten. Nicht Sydney – die ständig im Rampenlicht der Welt stehende Erzrivalin mit ihrem glitzernden Hafen und ihren beiden Wahrzeichen, dem Opernhaus und der Hafenbrücke –, sondern Melbourne führte plötzlich die Top Ten der Weltstädte an.

Dabei scheint Melbourne auf den ersten Blick nicht anders zu sein als viele andere moderne Städte auch: eine von Beton und Glas dominierte Skyline und Asphaltbänder, die den Verkehr kaum bewältigen. Melbourne besitzt nicht Sydneys offensichtliche Schönheit, die Stadt bedarf einer zweiten und dritten Chance, um ihre Qualitäten zu offenbaren.

Melbourne, an der Port Phillip Bay gelegen, hat über 3 Mio. Einwohner. Die Stadt wurde 1835 gegründet, profitierte schon bald von den reichen Goldfunden in Victoria und absolvierte einen raschen Aufstieg. Bereits 1861 war sie die größte Stadt Australiens, und Ende des 19. Jahrhunderts bildete sie das wirtschaftliche und kulturelle Zentrum der Kolonie Victoria.

Unterhaltung und Kultur

Die Stellung als Finanzmetropole muß sich Melbourne heute zähneknirschend mit Sydney teilen. Was jedoch die Kultur betrifft, ist die Stadt ihrer Rivalin Sydney um Längen voraus. Der **Southgate-Komplex** **1** am Südufer des **Yarra River** gleich gegenüber der City fungiert dabei als Zentrum der schönen Künste. Hier befinden sich die **Melbourne Concert Hall**, das **Victorian Arts Centre**, die **National Art Gallery**, das **Australian Ballet Centre**, das **Victoria College of Arts** sowie etwas weiter südlich der **Malthouse Theatre Complex**.

Und auch was große Sportereignisse anbetrifft, steht Melbourne unangefochten auf Platz Nummer eins. Man denke nur an den Grand

Prix der Formel-1 und die Australian Open im Tennis – Sportveranstaltungen von internationalem Rang. Auch der Melbourne Cup, das große Pferderennen, das einmal im Jahr die ganze Nation zum Stillstand bringt, ist nicht zu vergessen.

Wenn es ums Einkaufen geht, mag Sydney mit seinem Queen Victoria Building zwar das schönere Einkaufszentrum haben. Preise und Auswahl jedoch stellen Sydney gegenüber Melbourne in den Schatten. Mitten in der City in der Collins Street kann man z.B. einen Einkaufsbummel durch die historischen Arkaden der **Block Arcade** **2** machen. Hier gibt es aber auch viele moderne Geschäfts- und Einkaufszentren – ebenso wie in **Southgate** auf der anderen Seite des Yarra River oder in einem der modischen Vororte wie South Yarra, Carlton, Camberwell, Prahan, Armadale oder Toorak. Nicht umsonst bieten in Melbourne etliche Veranstalter organisierte Einkaufstouren für Kunden mit gut gefüllten Geldbeuteln an.

Die grüne Stadt

Melbourne ist aber auch eine erstaunlich grüne Stadt. Das Kronjuwel unter Melbournes Grünanlagen ist zweifelsohne der **Royal Botanic Garden** **3** am Yarra River. Der 36 ha umfassende Botanische Garten gilt als einer der schönsten der Welt. Gleich nebenan erstrecken sich das ausgedehnte Parkgelände der **Kings Domain** **4** sowie die **Alexandra Gardens** **5** und die **Queen Victoria Gardens** **6** mit weiteren 52 ha Grünfläche. Der älteste öffentliche Park Melbournes aber liegt im Westen der Stadt: die

Der Yarra River fließt mitten durch das Stadtzentrum von Victorias Hauptstadt Melbourne.

Flagstaff Gardens 7. Im Osten Melbournes findet man die **Treasury Gardens** 8 und die **Fitzroy Gardens** 9 mit der **Captain Cook's Cottage**. Das Gebäude wurde von seinem ursprünglichen Standort in Yorkshire abgetragen und 1934 in den Fitzroy Gardens wieder aufgebaut. Es ist allerdings nicht erwiesen, ob der berühmte Weltumsegler James Cook tatsächlich jemals in diesem Haus gelebt hat. Sehenswert sind auch die **Carlton Gardens** 10 mit dem **Exhibition Building**, das 1880 aus Anlaß der ersten Weltausstellung hier errichtet wurde.

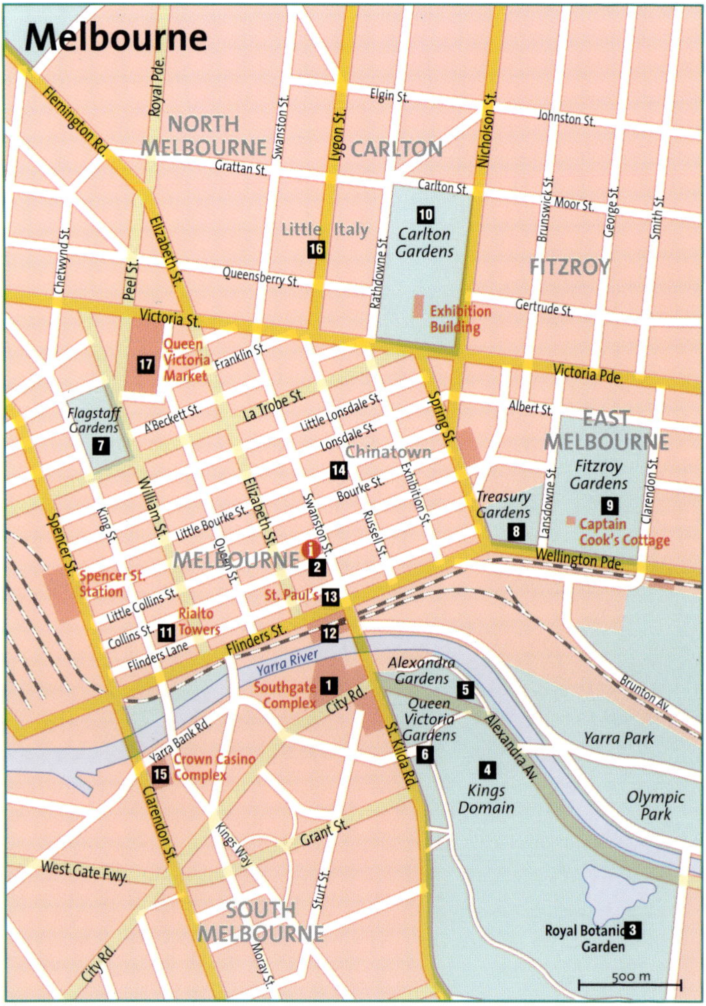

Über den Dächern von Melbourne

Zurück zur City. Einen wahrlich atemberaubenden Überblick über das Hochhausgebirge der Stadt bietet die Aussichtsplattform der **Rialto Towers** 11 im 55. Stock von Melbournes höchstem Gebäude. Aus dieser Perspektive gleicht die City einem Schachbrett, aufgeteilt in zahlreiche Planquadrate mit schnurgeraden, rechtwinkelig zueinander verlaufenden Straßen.

Von hier oben ist die **Flinders Street Station** 12, der alte Bahnhof im Herzen Melbournes, gut zu erkennen. Und gleich gegenüber, an der zur Fußgängerzone erklärten Swanston Street, liegt die großartige, neugotische **St. Paul's Cathedral** 13.

Auch **Chinatown** 14 in der Little Bourke Street ist durchaus einen Besuch wert, ebenso wie Melbournes neueste Errungenschaft, der überdimensionale **Crown Casino Complex** 15 am Südufer des Yarra River mit all seinen Spielsalons, Bühnen, Hotels und Restaurants.

Informationen: Victorian Visitor Information Centre, Little Collins Street/Swanston Street, VIC 3000, Tel. (03) 96 50 15 22.

Melbournes Vororte

Melbournes farbige und kosmopolitische Seite erlebt man aber nicht nur in der City. Die **Lygon Street** 16 nördlich davon, auch bekannt als „Little Italy", verbreitet geradezu mediterranes Flair. Hier reihen sich italienische Restaurants und Spezialitätenläden dicht an dicht. Ein besonderes Erlebnis ist der **Queen Victoria Market** 17, wo selbst Melbournes Topköche ihre frischen Zutaten kaufen.

Einer der interessantesten, citynahen Vororte ist **Fitzroy**. Entlang der hier verlaufenden belebten Brunswick Street gibt es zahlreiche Cafés, Restaurants und Geschäfte. Im angrenzenden Vorort **Parkville** liegen die **Royal Zoological Gardens**, eine von Melbournes lohnendsten Sehenswürdigkeiten.

Und dann ist da natürlich noch **St. Kilda**, eine Mischung aus Londons Stadtteil Soho und einem Vergnügungspark, darunter das Vergnügungszentrum **Luna Park** und das große **Palais Theatre** – Relikte aus jener Zeit, als St. Kilda noch Melbournes führendes Seebad war. Vor allem in der Fitzroy Street pulsiert das Leben 24 Stunden am Tag, und die Auswahl an stilvollen Cafés, Bistros und Restaurants ist schier unüberschaubar. Je-

Tip

Parade der Pinguine

Allabendlich pilgern zahllose Besucher zum Westzipfel von Phillip Island, zum Phillip Island Pinguin Reserve. Der Grund für den Andrang ist ein Schauspiel, das zu einer der bekanntesten Attraktionen Victorias geworden ist: die Parade der Pinguine. Kurz nach Sonnenuntergang kommen Hunderte von Zwergpinguinen, die den Tag auf dem Meer verbracht haben, zum Summerland Beach, um über den Strand zu ihren Wohnhöhlen in den Sanddünen zurückzukehren. Der Strand ist mit gedämpftem Flutlicht erhellt, Blitzfotografie ist allerdings untersagt.
Informationen: Phillip Island Information Centre, Tel. (03) 59 56 74 47.

Goldrausch in Sovereign Hill

Gold in Victoria! Im Jahre 1851 verbreitete sich diese Nachricht wie ein Lauffeuer, und in den folgenden Jahren erlebte die Region nordwestlich von Melbourne, die heute unter dem Namen „goldfields region“ bekannt ist, einen enormen Boom. Drei Monate nach dem Bekanntwerden der Funde gruben bereits 8.000 Menschen nach dem begehrten Metall, neun Monate später waren es 30.000, und vier Jahre nach der Entdeckung des Goldes durchwühlten über 100.000 hoffnungsfrohe Golddigger den Boden von Victorias Goldfeldern. Doch die Goldvorkommen an der Oberfläche waren bald erschöpft, es begann das Zeitalter der tiefen Schächte und Stollen. Individuelle Claims gingen wegen der großen Kosten zu neugegründeten Minengesellschaften über. Neben den Städten Ballarat und Bendigo zeugen heute Orte wie Castlemaine, Clunes, Creswick, Daylesford oder Maldon mit ihren prachtvollen öffentlichen Gebäuden und ihren stattlichen Wohnhäusern vom Reichtum dieser aufregenden Zeit. Außer diesen Orten ist wenig geblieben, das noch an die Zeit des Goldrausches erinnert. Die Bergwerke sind verschwunden, die Abraumhalden längst überwachsen, die goldene Vergangenheit Victorias in der Dunkelheit der Geschichte versunken – mit einer großen Ausnahme: Sovereign Hill, Ballarats berühmtester Attraktion, 112 km westlich von Melbourne.

Goldgräberstadt Sovereign Hill

Das Klappern der Pferdehufe, das Stampfen der Maschinen, die das erzhaltige Gestein zermahlten, und das Zischen der Dampfmaschinen führt die Besucher zurück in die Vergangenheit. Wer die Hauptstraße von Sovereign Hill entlangschlendert, macht einen Zeitsprung zurück in das 19. Jahrhundert.
Alle Gebäude und Geschäfte sind liebevoll und bis ins Detail restauriert: das stattliche United States Hotel, der winzige Süßwarenladen oder die Bäckerei. Die Straße ist mit Menschen belebt, die Originalkostüme aus der Zeit des Goldrausches tragen – ein durchaus romantischer Anblick.
Daß das Leben damals allerdings alles andere als romantisch war, erfährt man unter Tage in der Sovereign Quartz Mine. Die Arbeitsbedingungen in den Stollen und Schächten der Goldminen waren unvorstellbar hart.
Zusammen mit einem Besuch des Goldmuseums mit seiner Sammlung an Nuggets und des Licht- und Klangspektakels „Blood on the Southern Cross“ lebt hier für ein paar Stunden das Fieber und die Rastlosigkeit der Zeit des Goldrausches wieder auf.
Informationen: Sovereign Hill Post Office, Ballarat, VIC 3350, Tel. (03) 53 31 19 44, geöffnet tgl. 9.30–17 Uhr.

den Sonntag verwandelt sich die **Esplanade** in St. Kilda in einen lebendigen Markt für Kunsthandwerk.

Von St. Kilda aus verkehrt mehrmals täglich eine Fähre nach **Williamstown**. Hier ist der Royal Yacht Club of Victoria zu Hause, und hier wartet auch das Museumsschiff **HMS Castlemaine** auf Besucher. Von Williamstown aus genießt man auch einen wundervollen Blick über das glitzernde Wasser hinüber zu Melbournes City.

Melbourne kann sich also im Vergleich mit Sydney durchaus sehen lassen. Nur das Wetter in Victorias Hauptstadt ist oft Anlaß für Spott und Häme. Böse Zungen behaupten, daß die Stadt manchmal alle vier Jahreszeiten an einem Tag erlebt. Aber auch das kann man positiv sehen: Abwechslung ist eben Melbournes Credo.

Die Umgebung von Melbourne

Das gleiche könnte man auch über Melbournes weitere Umgebung sagen. Zwar ist das Umland der Metropole nicht mit einer solchen Fülle an Nationalparks gesegnet wie Sydney, aber die Naturschutzgebiete in Stadtnähe sind durchaus sehenswert.

Wer die putzigen Koalas erleben und eine fantastische Vielzahl an Wildblumen entdecken will, für den ist der **Brisbane Ranges National Park** 65 km nordwestlich der Stadt genau das Richtige. Im Norden der Stadt liegt der waldreiche **Kinglake National Park,** und im Osten wartet der **Dandenong Ranges National Park** mit einer üppigen Vegetation auf – ein beliebtes Ausflugsziel der Melbournians. Nur 35 km östlich von Melbourne gelegen, schützt dieses 19 km^2 große Naturreservat eine bis zu 633 m hohe Bergkette. In den Schluchten wachsen riesige Baumfarne, und Bergeschen – eine Eukalyptusart – ragen bis zu 100 m hoch in den Himmel. Hier streifen Leierschwänze, Sumpfwallabies und Schnabeligel durchs Unterholz.

Eine Kuriosität unter den stadtnahen Nationalparks ist der winzige **Organ Pipes National Park** nahe dem Flughafen von Melbourne. Hier stehen exponierte Basaltsäulen nebeneinander aufgereiht wie Orgelpfeifen und erinnern an die vulkanische Vergangenheit der Region – deshalb der witzige Name.

Die **Mornington Peninsula** südlich von Melbourne ist ein mittlerweile bekanntes Weinanbaugebiet. Die geschwungene Halbinsel umfaßt den Osten der **Port Phillip Bay**. Hier locken zahlreiche Weingüter mit edlen Tropfen. Von **Arthurs Seat**, einem kleinen Hügel, genießt man einen weiten Blick über die ganze Halbinsel und die Port Phillip Bay, sobald man mit dem Sessellift oben angelangt ist. Die Strände der Mornington Peninsula gehören zu den schönsten im Großraum Melbourne. An der Spitze der Halbinsel liegt der **Mornington Peninsula National Park** (26,8 km^2) mit seiner ungezähmten Küstenlandschaft.

Auf der anderen Seite der Port Phillip Bay ragt die **Bellarine Peninsula** weit in die Bucht hinein. Den schmalen Einlaß in die Port Phillip Bay zwischen den beiden Halbinseln kann man mit einer Autofähre überqueren, die **Sorrento** in 35 Minuten mit dem mondänen, aber auch historisch bedeutenden **Queenscliff** verbindet.

Wenn von Melbournes Umgebung die Rede ist, darf eines der beliebtesten Ausflugsziele natürlich nicht fehlen: **Phillip Island** (s. Tip S. 45). Das nahe gelegene **French Island** – größtenteils als State Park geschützt und Lebensraum für Koalas, Rattenkänguruhs und Seeadler – hingegen kennt noch keinen Massenandrang. Und für Vogelfreunde ist das **Serendip Sanctuary** etwa 50 km südwestlich von Melbourne noch ein echter Geheimtip.

Das Gippsland
Der wilde Südosten Victorias

Das Gippsland – benannt nach dem ehemaligen Gouverneur George Gipps – beginnt praktisch vor den Toren der Millionenstadt Melbourne und endet an der Grenze zu New South Wales. Es ist eine Region der Kontraste: landwirtschaftlich intensiv genutzte Flächen, kühles Hochland, unberührte Wildnis und zerklüftete Küsten. Je weiter man nach Norden kommt, desto urwüchsiger wird die Landschaft, die zweifelsohne – was die Natur betrifft – im East Gippsland ihren Höhepunkt findet.

Die touristische Lebensader der gesamten Region ist der South Gippsland Highway, der in Melbourne beginnt und kurz vor der Stadt Sale in den Princes Highway mündet. Dieser gibt dann die Route bis zur Grenze von New South Wales vor. Entlang dieser beiden Highways liegen alle Höhepunkte dieser vielseitigen Region. Kurz hinter der Ortschaft **Lang Lang** zweigt der Bass Highway – der wichtigste Zubringer zu **Phillip Island** – vom South Gippsland Highway ab. Letzterer hält sich strikt in südöstlicher Richtung, und schon bald gelangt man zu der gebirgigen Halbinsel des **Wilsons Promontory National Park** (s. Tip S. 50), Victorias beliebtestem Naturschutzgebiet (490 km^2). Der Park ist auch über Stichstraßen von Meeiyan oder Foster aus erreichbar.

Der Ninety Mile Beach

Bei **Woodside**, knapp 70 km hinter Foster, zweigt eine Straße vom South Gippsland Highway zum **Woodside Beach** ab. Hier beginnt der schier endlose Sandstreifen des **Ninety Mile Beach**, der sich bis Lakes Entrance hinzieht. Weitere Zubringer zum Ninety Mile Beach gehen in Longford, kurz vor Sale, vom Highway ab. **Seaspray Beach, Flamingo Beach, Golden Beach** und **Paradise Beach** sind die beliebtesten Plätze zum Fischen und für diverse Wassersportarten.

Der größte Teil des Ninety Mile Beach gehört zum **Gippsland Lakes Coastal Park**. Gleich nebenan liegt der **Lakes National Park.** Diese ausgedehnte Wasserlandschaft kombiniert eine Wunderwelt aus schimmernden Küstenseen und Lagunen, die sich über eine Gesamtlänge von 130 km an der Küste entlangziehen, mit grandiosen Dünenlandschaften und einer schier endlosen, menschenleeren Brandungsküste.

Kurz hinter **Longford** mündet der South Gippsland Highway in den Princes Highway und führt über Sale und Strathford nach **Bairnsdale** (11.500 Einwohner). Hier befindet man sich bereits im East Gippsland. Während Bairnsdale das Verwaltungs- und Handelszentrum der Region ist, spielt das knapp 40 km entfernte **Lakes Entrance** (4.622 Einwohner) die touristische

Unbekanntes Naturjuwel

Der Thurra River ist von dichten Regenwäldern gesäumt.

Er ist einer der wichtigen Naturschutzgebiete des Kontinents und einer der unbekanntesten dazu. Fragt man Australier nach dem Croajingolong National Park (875 km²), der sich im äußersten Südosten Victorias fast 100 km an der Küste entlangzieht, erntet man häufig Unwissen. Der Park mit dem schwierigen Namen ist ein echter Geheimtip für Naturfreunde.

Die Gründe für das Mauerblümchendasein sind die magere touristische Infrastruktur, die geographische Randlage und die Tatsache, daß der Princes Highway ohne besondere Hinweise an dem Naturjuwel vorbeiführt.

Kenner des Parks schwelgen gerne vom „Kakadu Victorias“. Das Schutzgebiet wurde 1977 von der UNESCO zu einem World Biosphere Reserve erklärt. Es schützt verschiedenste Biotope mit über 1.000 Pflanzenarten, darunter 49 Orchideenarten, und einer Vielzahl von Tieren, darunter 40 seltene oder gefährdete Arten. Die landschaftliche Vielfalt reicht von einsamen Küstenabschnitten mit endlosen Sandstränden und wilden Klippen über Dünengebiete, Lagunen, Seen, Sumpf- und Moorlandschaften bis hin zu temperierten Regenwäldern, artenreichen Heideflächen und exponierten Granitgipfeln.

Zwei große Bereiche des Parks wurden zu Wildnisgebieten erklärt: die Cape Howe Wilderness Area und die Sandpatch Wilderness Area. Diese nahezu unzugänglichen Teile des Parks bleiben in erster Linie dem erfahrenen, an weglose Exkursionen gewöhnten Wanderer vorbehalten.

Neben Mallacoota beliebte Anlaufpunkte in dem Schutzgebiet sind das Wingan Inlet und der Thurra River im Zentrum des Parks, das Tamboon Inlet weiter westlich und das Sydenham Inlet, das zugleich die Westgrenze des Parks bildet.

Die Granitinseln der Skerries an der Mündung des Wingan Inlet sind nur mit dem Boot zu erreichen. Hier lebt eine große Kolonie Australischer Seelöwen.

Informationen: Croajingolong National Park, Princes Highway, Cann River, VIC 3890, Tel. (03) 51 58 63 51.

Das Sumpfgebiet des Thurra Swamp ist unzugänglich.

Hauptrolle. In den Sommerferien schwillt die Bevölkerung auf ein Vielfaches an und verwandelt den Ort in einen Rummelplatz.

Rundfahrt durch das East Gippsland

Außerhalb von Lakes Entrance zeigt sich das East Gippsland von einer völlig anderen Seite, und der Trubel ebbt allmählich ab. 22 km hinter Lakes Entrance erreicht man den Ort **Nowa Nowa**. Hier zweigt die Straße nach **Buchan** ab, erstes Ziel der abenteuerlichen Rundfahrt durch ein unbekanntes Stück Victoria. Buchan ist für seine Tropfsteinhöhlen bekannt, die auch für Archäologen von unschätzbarem Wert sind: Aborigines nutzten eine der Höhlen als Wohnstätte, und die ältesten Funde wurden auf ein Alter von ungefähr 17.000 Jahren datiert.

Gleich hinter Buchan beginnt tiefste Wildnis. Die Teerstraße verwandelt sich in eine Schotterpiste, und wer in die gewaltige Schlucht des Snowy River im **Snowy River National Park** (987 km^2) eindringen will, muß mit einem Allradfahrzeug unterwegs sein. Der Snowy River hat sich hier bis zu 1.000 m tief in die Berge gegraben. Eine weitere Besonderheit der **Snowy River Gorge** ist die Australische Zypresse, die hier große Bestände bildet. Der Baum kommt sonst nur in den trockenen Gebieten des Landesinneren vor.

Luftlinie nur etwa 30 km von der wüstenhaften Snowy River Gorge entfernt, gedeiht im **Errinundra National Park** (258 km^2) üppiger kühlgemäßigter Regenwald mit riesigen Bergeschen und sogenannten Shining Gums, einer Eukalyptusart mit glänzendweißen Stämmen. Hier werden regelmäßig die höchsten Niederschlagsmengen der Region gemessen. Von der Höhe des Errinundra-Plateaus führt die Schotterstraße durch dichte Wälder hinunter nach **Orbost**, wo sie wieder auf den Princes Highway stößt.

Tip

Tierischer Willkommensgruß

Nur etwa drei Autostunden südöstlich von Melbourne ragt der Wilsons Promontory National Park (490 km^2) als südlichster Punkt des Kontinents in die stürmische Bass Strait hinein. Fotografen, Wanderer, Trekker, Surfer, Taucher und Naturfreunde kommen in diesem vielseitigen Schutzgebiet gleichermaßen auf ihre Kosten: Der Park ist mit einem Netz gut ausgebauter Wanderwege durchzogen. Die schönsten Strände sind Whisky Bay, Oberon Bay und Refuge Cove. Die Grasebenen am Eingang des Parks sind von Emus und Känguruhs bevölkert und sind ein Paradies für Tierbeobachter.

Informationen: Wilsons Promontory National Park, Tel. (03) 56 80 85 38.

Im tiefsten East Gippsland

Der Highway hält sich jetzt bis zur Grenze von New South Wales tief im Landesinneren, und alle Sehenswürdigkeiten und Naturschönheiten von Far East Gippsland – wie die Region auch genannt wird – sind vom Highway über Seitenstraßen erreichbar: Zum **Cape Conran** mit seinen schönen Stränden gelangt man von Orbost aus. Hinter Tree Creek zweigt die Straße nach **Bemm River** ab, einem verschlafenen Örtchen am Sydenham Inlet. Von Cann River aus lohnt sich ein Abstecher zum historisch bedeutenden **Point Hicks** im **Croajingolong National Park** (s. Kasten S. 49). Die Landzunge war das erste Stück australisches Festland, das Kapitän James Cook auf seiner Reise im Jahre 1770 entdeckte. Eine andere Seitenstraße, die wie alle in diesem Park ein Allradfahrzeug verlangt, hat das traumhaft schöne, seeartig erweiterte **Wingan Inlet** zum Ziel. Kurz vor der Grenze zu New South Wales dann weisen Straßenschilder nach **Mallacoota** (961 Einwohner) im Croajingolong National Park. Der kleine Küstenort ist der Hauptausgangspunkt für Unternehmungen innerhalb des Parks und in die nähere Umgebung.

Great Ocean Road
Die legendäre Küstenstraße

Der Anfang ist etwas kompliziert: Beginnt die Great Ocean Road nun in Queenscliff, Geelong, Torquay oder am Memorial Arch bei Eastern View? Was diese Frage betrifft, herrscht in Victoria Uneinigkeit. Torquay scheint der logische Ausgangspunkt dieser grandiosen Küstenstraße zu sein.

In **Torquay** (4.887 Einwohner), Australiens Surf-Hauptstadt, dreht sich – wie könnte es anders sein – alles ums Surfen. Hier sind einige der bekanntesten Firmen und Hersteller von Surfbrettern und Surfmode ansässig, sogar ein Surfmuseum, das **National Surfing Museum**, findet sich im Ort. Unbedingt empfehlenswert ist ein Abstecher (beschildert) zum **Bells Beach**, einem der besten Surfstrände der Welt und außerdem Schauplatz internationaler Surf-Wettbewerbe.

Hinter Anglesea nähert sich die Great Ocean Road endlich dem Meer und klammert sich an den Rand der Klippen. Hier beginnt das eigentlich spektakuläre Stück der Küstenstraße. **Aireys Inlet**, nur wenige Kilometer weiter, ist ein interessanter Ort. Am Spit Point weist ein Leuchtturm, das **White Lady Lighthouse**, Schiffen den Weg. Nur 5 km hinter Aireys Inlet fährt man durch den **Memorial Arch**. Der hölzerne Torbogen gilt als „offizieller“ Beginn der Great Ocean Road.

Die Straße windet sich weiter an der Küste entlang und erreicht **Lorne** (1.143 Einwohner). Die kleine Stadt bekam in den letzten Jahren viel Aufwind und ist heute ein quirliger Badeort. Vom **Teddy Lookout** oberhalb von Lorne hat man einen herrlichen Blick auf die Fortsetzung der Great Ocean Road. Kurz hinter

Der Küstenabschnitt entlang der Great Ocean Road zählt zu den eindrucksvollsten in ganz Australien.

Lorne liegen die 30 m tiefen **Erskin Falls**. Ein Abstecher zu den wunderschönen, von hohen Baumfarnen umrahmten Wasserfällen lohnt sich unbedingt.

Zwischen Lorne und Apollo Bay führen zahlreiche Wanderwege von der Straße in das hügelige als **Angahook-Lorne State Park** (220 km^2) geschützte Hinterland. Als Ausgangspunkt bietet sich **Apollo Bay** (894 Einwohner), ein schmucker Ferienort an der weitgeschwungenen, gleichnamigen Sandbucht, für einen längeren Aufenthalt an.

Hinter Apollo Bay beginnt die Great Ocean Road allmählich anzusteigen und wendet sich dann für etwa 30 km vom Meer ab. Die Straße durchquert den **Otway National Park** (s. Tip), der Ausläufer der Otway Ranges, eines wilden, unberührten Küstenabschnitts, umfaßt. Auch der abgelegene Leuchtturm am Cape Otway ist einen Besuch wert (tgl. geführte Touren).

Tip

Relikte aus Gondwana

Zu beiden Seiten der Great Ocean Road kann man im Otway National Park (129 km^2) kurz hinter Apollo Bay in die dämmrigfeuchte Atmosphäre eines gemäßigten Regenwaldes eindringen. Uralte, von Moos überwucherte Südbuchen wachsen in dem geschützten Tal. Sie sind Relikte aus jener Zeit, als Australien noch Teil des Superkontinents Gondwana war. Meterhohe Baumfarne schaffen mit ihrer palmenähnlichen Gestalt ein tropisch anmutendes Ambiente. Die Nationalparkverwaltung hat einen 800 m langen Bohlenweg durch diesen uralten Wald angelegt. Der Maits Rest Rainforest Walk dauert etwa eine Stunde.
Informationen: Otway National Park, Tel. (03) 52 37 68 89.

Bei **Glenaire** erreicht die Great Ocean Road wieder das Meer, um sich sofort wieder landeinwärts zu wenden. Über **Lavers Hill** führt die Strecke weiter nach **Princetown**. Ab hier kann man dann wieder von einer richtigen Küstenstraße sprechen: Die sogenannte **Shipwreck Coast** und der **Port Campbell National Park** (17,5 km^2) liegen direkt vor einem. Im Port Campbell National Park befindet sich der faszinierendste Küstenabschnitt entlang der Great Ocean Road: die berühmten

Ein Spaziergang durch den urzeitlichen Regenwald bei Maits Rest (s. Tip) lohnt sich.

Twelve Apostles. Die bizarre Felsformation ist das Wahrzeichen der Great Ocean Road. Der kleine Fischerort **Port Campbell** (234 Einwohner) bildet das touristische Zentrum dieses Teils der Great Ocean Road.

Kurz hinter der Stadt steht – ebenfalls im Port Campbell National Park gelegen – noch ein anderes Naturdenkmal, die **London Bridge**, eine Felsbrücke, die sich über die tosende See wölbt. Sie war einst eine bekannte Landmarke entlang dieser Küste, doch 1990 brach ein Teil des Felsbogens in sich zusammen. Der Port Campbell National Park endet am **Curdies Inlet**. Kurz hinter dem nahe gelegenen Ort **Peterbourough** kehrt die Great Ocean Road dem Meer den Rücken zu und mündet 35 km weiter in den Princes Highway.

Der Südwesten und die Grampians

Der Südwesten Victorias ist die Kornkammer des Landes, und auffälligstes Merkmal der zahlreichen kleinen Orte in der Region sind die großen Weizensilos. Touristisches Niemandsland also? Weit gefehlt!

Von Warrnambool nach Nelson

Da ist die Fortsetzung der Great Ocean Road, die vor Warrnambool in den Princes Highway mündet. Dieser gibt nun bis Portland die Route vor. **Warrnambool** (25.500 Einwohner), 263 km südwestlich von Melbourne, ist vor allem unter Walfreunden bekannt (s. Tip). Sehenswert ist auch das dortige **Flagstaff Hill Maritime Museum** (Merri Street, Warrnambool, VIC 3280, geöffnet tgl. 9–17 Uhr) mit einem rekonstruierten Küstendorf aus dem 19. Jahrhundert. Berühmt ist vor allem der Porzellanpfau, der wie durch ein Wunder den Schiffbruch der „Loch Ard", eines Frachtschiffes, im Jahre 1878 an den Zwölf Aposteln überlebt hat und hier ausgestellt ist.

Auf dem Weg nach **Port Fairy**, einem der ältesten Häfen Victorias, liegt ein kleines Naturschutzgebiet. Inmitten des **Tower Hill State Game Reserve** befindet sich ein mit Wasser gefüllter Krater, der an die vulkanische Vergangenheit der Region erinnert. Auf den kurzen Wanderwegen rund um den erloschenen Vulkan begegnet man u.a. Emus, Koalas und Grauen Riesenkänguruhs.

Der nächste Ort in Richtung Westen ist **Portland** (10.115 Einwohner). Beherrscht von einem riesigen Aluminiumwerk, kann man schnell einen falschen Eindruck bekommen. Nicht Schwerindustrie, sondern eindrucksvolle Küstenszenerien kennzeichnen die Region. Die dramatischen Klippen von **Cape Nelson** und **Cape Bridgewater** bilden einen verblüffenden Gegensatz zu dem endlosen Sandstrand der langgezogenen **Discovery Bay**, die als gleichnamiger Küstenpark geschützt ist.

Auf der anderen Seite des Princes Highway breitet sich der 273 km^2 große **Lower Glenelg National Park** aus. Hier hat sich der **Glenelg River** eine bis zu 50 m tiefe Schlucht in ein Kalksteinplateau gegraben. Der

Tip

Whalewatching in Warrnambool

Jedes Jahr ungefähr zwischen Mai und Oktober bekommt Warrnambool gewichtigen Besuch: Glattwale aus den Gewässern um die Antarktis kommen dann zum Logans Beach und bringen hier, vor der Haustür der Stadt, ihre Jungen zur Welt. Die mächtigen Meeressäuger können bis zu 15 m lang und bis zu 60 t schwer werden. Die Jungen sind bei der Geburt bereits sechs Meter lang. Von einer Aussichtsplattform, die eigens für Besucher konstruiert wurde, kann man das Treiben der Tiere beobachten. Informationen: Tel. (03) 55 64 78 37.

Bunte Vogelwelt Australiens

Angeblich sind Australiens Vögel entweder unattraktiv, haben dafür aber eine schöne Stimme, oder genau das Gegenteil ist der Fall. Letzteres trifft auf die Papageien des australischen Kontinents zu: Die Kakadus, Sittiche und Loris glänzen durch ihr buntes Gefieder und gewagte Farbkombinationen. Wenn sie aber den Schnabel aufreißen, dann kommt meist nicht mehr als ein heiseres Krächzen heraus. Wer jemals einen Schwarm Gelbhaubenkakadus aufgeschreckt hat und sich ob des losbrechenden Geschreis die Ohren zuhalten mußte, weiß, wovon die Rede ist. Aber abgesehen davon, bilden die Papageien zweifelsohne die fliegenden Juwelen im australischen Busch.

Der Reichtum des Kontinents an Papageien ist geradezu legendär und war im 17. Jahrhundert bereits den holländischen Seefahrern bekannt. Sie nannten das heutige Westaustralien „Terra Psittacorum", Land der Papageien.

Die Mitglieder der Papageienfamilien verteilen sich praktisch auf alle Regionen und Lebensräume des Kontinents. Man findet sie in Wüstenregionen, Savannen, Eukalyptuswäldern, tropischen Regenwäldern und in den gemäßigten Zonen Tasmaniens. Auch in Städten fühlen sie sich wohl. Rosakakadus, Gelbhaubenkakadus oder Regenbogenloris sind regelmäßige Besucher von Gärten und Hinterhöfen – selbst in Millionenstädten wie Sydney.

Was ist nun das Besondere an Papageien? Papageien bauen keine Nester. Die Mehrzahl der australischen Papageien legen ihre Eier in hohle Äste oder Baumstämme. Ausnahmen sind z.B. der Goldschultersittich in Nordaustralien. Er legt sein Ei in einen Tunnel, den er in einen Termitenbau gräbt. Der Klippensittich bevorzugt Felsspalten, und Erdsittiche legen ihre Eier auf den blanken Boden.

Neben dem farbenfrohen Gefieder vieler Papageien sind ihr stark gebogener Schnabel und die scharfen Krallen – zwei Zehen zeigen nach vorne, zwei nach hinten – sichere Erkennungsmerkmale.

Die Vögel ernähren sich in erster Linie von Samen, aber auch Früchte, Blüten, Wurzeln, Knollen, Sprossen, Nektar – und in manchen Fällen sogar Insekten und deren Larven – stehen auf ihrem Speiseplan.

Papageien sind – daran herrscht kein Zweifel – auffällige Vögel, und wo immer man sich in Australien befindet, kann man sie entdecken. Besonders häufig sind die grau-weiß-pink gefärbten Rosakakadus, die bei Farmern geradezu als Plage verschrien sind. Auch die weißen Gelbhaubenkakadus mit ihrem schwefelgelben Schopf sind weit verbreitet.

Beim inzwischen selten gewordenen Helmkakadu ist es eher die Stimme als die Gefiederfärbung, die ins Auge sticht. Sie erinnert an das Quietschen rostiger Türangeln. Der männliche Vogel trägt einen scharlachroten, helmartigen Schopf, der mit seinem sonst grauen Federkleid stark kontrastiert.

Einer der schönsten Vertreter der Papageien ist der Königssittich. Kopf und Brust sind scharlachrot gefärbt. Die Flügel und der Rücken dagegen sind grün, der Schwanz ist bläulich. Der in alle Regenbogenfarben getauchte Regenbogenlori ist ein oft gesehener Papagei entlang der Ostküste.

Der imposanteste Kakadu Australiens ist wohl der schwarze Arakakadu mit seinem großen Federschopf und dem riesigen Schnabel. Damit ist er imstande, auch die härtesten Palmnüsse zu knacken, die selbst mit schwerem Werkzeug kaum zu öffnen sind.

Wer Papageien einmal auf Du und Du erleben möchte, sollte die Nationalparks im Grenzgebiet von Queensland und New South Wales besuchen, wo die frechen, blaurot gefärbten Pennantsittiche einem buchstäblich die Wurst vom Brot stehlen.

1 Gelbhaubenkakadu / Sulphur-crested Cockatoo / *Cacatua galerita*
2 Arakakadu / Palm Cockatoo / *Probosciger aterrimus*
3 Helmkakadu / Gang-Gang Cockatoo / *Callocephalum fimbriatum*
4 Inkakakadu / Major Mitchell's Cockatoo / *Cacatua leadbeateri*
5 Nacktaugenkakadu / Little Corella / *Cacatua sanguinea*
6 Rotschwanzkakadu / Red-tailed Cockatoo / *Calyptorhynchus magnificus*
7 Gelbschwanzkakadu / Yellow-tailed Cockatoo / *Calyptorhynchus funereus*
8 Rosakakadu / Galah / *Eolophus roseicapillus*
9 Regenbogenlori / Rainbow Lorikeet / *Trichoglossus haematodus*
10 Bourkesittich / Bourke's Parrot / *Neophema bourkii*
11 Nymphensittich / Cockatiel / *Nymphicus hollandicus*
12 Scharlachbrustsittich / Scarlet-chested Parrot / *Neophema splendida*
13 Goldschultersittich / Golden-shouldered Parrot / *Psephotus chrysopterygius*
14 Rosella / Eastern Rosella / *Platycercus eximinus*
15 Pennantsittich / Crimson Rosella / *Platycercus elegans*
16 Schwalbensittich / Swift Parrot / *Lathamus discolor*
17 Barnardsittich / Mallee Ringneck Parrot / *Barnardius barnardi*
18 Königssittich / King Parrot / *Alisterus scapularis*
19 Wellensittich / Budgerigar / *Melopsittacus undulatus*
20 Erdpapagei / Ground Parrot / *Pezophorus wallicus*

1
2
3
4
5
6
7
8
9
10
11
12
♀
13
14
15
16
♀
17
18
♂
19
20

Fluß gilt unter Kanufahrern als einer der schönsten Australiens.

Die Grampians
Die Region zwischen Portland und Nelson gilt als eines der am besten gehüteten Geheimnisse Victorias – ganz im Gegensatz zu den berühmten Grampians tiefer im Landesinneren. Der gebirgige **Grampians National Park** (1.670 km^2) gehört zu den bekanntesten Schutzgebieten Australiens – und das zu Recht! Wer Koalas, Wombats und Känguruhs in freier Wildbahn erleben möchte, ist hier richtig. Bekannt ist das große Schutzgebiet, das nach einem schottischen Gebirge benannt wurde, auch wegen seiner zahlreichen Wildblumen und Vögel. Wanderer und Trekker finden ein ausgedehntes Netz an Wanderwegen vor.

Die zahlreichen Stätten mit Felsmalereien der Aborigines zeigen, daß Koori – wie sich die Aborigines hier nennen – seit langem die zerklüfteten Bergketten aus Sandstein bewohnten. Unbedingt sehenswert ist in diesem Zusammenhang das **Brambuk Aboriginal Cultural Centre** nahe dem Besucherzentrum des Parks außerhalb von **Halls Gap** (334 Einwohner). Der Ort bildet das touristische Zentrum der Grampians.

Die Häfen am Murray River

Australiens längsten Fluß – den über 2.600 km langen Murray River – muß sich Victoria auf etwa 2.000 km mit New South Wales teilen: Er bildet die natürliche Grenze zwischen den beiden Bundesstaaten. In den 50er Jahren des 19. Jahrhunderts gewann der Murray River als Schiffahrtsstrecke zunehmend an Bedeutung. Binnenhäfen wie **Swan Hill** oder **Echuca** verdanken diesem Boom ihre Existenz.

Mit dem Bau einer Bahnstrecke und neuer Straßen ging die Ära der Flußdampfer zu Ende, um im Zuge des Tourismus eine Renaissance zu erleben. War der Murray River im 19. Jahrhundert die Hauptverkehrsader der Region, so ist es heute der Murray Valley Highway, der dem Fluß von **Corryong** am Fuße der Snowy Mountains bis zu seiner Mündung in den Sturt Highway bei **Euston** folgt.

40 km hinter **Wodonga** (39.975 Einwohner), dem ersten wichtigen Ort am Murray River, liegt **Rutherglen** (1.876 Einwohner), das seinen Aufstieg der Entdeckung von Gold zu verdanken hat. Diese Zeiten sind jedoch längst vorbei, und das wirtschaftliche Standbein des Orts ist heute flüssiger Natur: Mehrere angesehene Weingüter sind hier ansässig. **Yarrawonga** (3.603 Einwohner), 47 km westlich von Ruther-

glen, ist ein beliebter Ferienort. Hier ist der Murray River zum großen **Lake Mulwala** aufgestaut.

Der berühmteste Hafen am mächtigen Murray River aber ist zweifelsohne **Echuca** (9.438 Einwohner). Der historische Hafen wurde unter Denkmalschutz gestellt. Die Fahrt mit einem der nostalgischen Schaufelraddampfer ist hier ein absolutes Muß.

Auch in **Swan Hill** (9.357 Einwohner), einem quirligen Ort 200 km flußabwärts, ist die Vergangenheit noch lebendig: Die Hauptattraktion ist das **Pioneer Settlement** – die Rekonstruktion einer alten Hafenstadt aus dem Zeitalter der Dampfschiffahrt. Swan Hill bekam seinen Namen von dem Forscher Thomas Mitchell, der sich hier eines Nachts durch Schwanengesang gestört fühlte.

Mildura (23.176 Einwohner) ist die letzte Stadt am Murray River vor der Grenze zu Südaustralien. Der Murray River zeigt sich hier als breiter, mächtiger Strom, und nur 30 km weiter westlich mündet ein anderer großer australischer Fluß, der **Darling River**, ein. Die Weingüter in der Umgebung produzieren einige der besten Weine Australiens.

Tip

Houseboating auf dem Murray River

Eine der geruhsamsten und schönsten Möglichkeiten, den mächtigen Murray River kennenzulernen, ist die Fahrt mit einem Hausboot. Jeder, der im Besitz eines normalen Autoführerscheins ist, kann sich ein solches Hausboot mieten und seine Route selbst bestimmen. Die Boote sind mit allem Notwendigen ausgestattet und groß genug, um mehrere Leute mit an Bord zu nehmen. Verschiedene Firmen entlang des Flusses haben sich auf diese Art von Urlaub spezialisiert.
Informationen: Tourist Information Echuca, Tel. (03) 54 80 75 55.

Der Murray River war einst die bedeutendste Verkehrsader der Region.

Simpson Desert
Marla
Oodnadatta
Lake Eyre
Birdsville Track
Innamincka
Stuart Hwy.
Oodnadatta Track
Strzelecki Track
Coober Pedy
Marree
Maralinga
Leigh Creek
Arkaroola
Andamooka
Lake Frome
Lake Everard
Lake Torrens
Nullarbor N.P.
Flinders Ranges N.P.
Woomera
Wilpena Pound
Penong
Eyre Hwy.
Ceduna
Lake Gairdner
Hawker
Port Augusta
Quorn
Barrier Hwy.
Streaky Bay
Whyalla
Port Pirie
Great Australian Bight
Eyre Peninsula
Spencer Gulf
Burra
Moonta
Clare
Port Lincoln
Gawler
Lincoln N.P.
ADELAIDE
Murray Bridge
Kingscote
Victor Harbor
Ouyen Hwy.
Kangaroo I.
Bordertown
Princes Hwy.
Indischer Ozean
Robe
Penola
Mt. Gambier
150 km

Südaustralien

Australiens trockenster Staat

Südaustraliens Hauptstadt Adelaide liegt inmitten lieblicher Parkanlagen. Nur einen Katzensprung entfernt befindet sich das grüne Barossa Valley, das berühmt ist für seine exzellenten Weine. Auf Kangaroo Island sagen sich Seelöwen und Känguruhs gute Nacht. Im Norden erstrecken sich das zerklüftete Wüstengebirge der Flinders Ranges und die hitzeflimmernden Weiten des südaustralischen Outbacks.

Adelaide
Die Gartenstadt

Adelaide hat es im Schatten der beiden großen Schwestern Sydney und Melbourne schon immer schwer gehabt. Australiens fünftgrößte Stadt – knapp über 1 Mio. Menschen leben in der Hauptstadt Südaustraliens – wird den Ruf einer langweiligen Provinzstadt nicht los. Ein genauerer Blick auf die Stadt aber zeigt, daß dieses Vorurteil nicht gerechtfertigt ist.

Adelaide erstreckt sich in einem schmalen Streifen am Ufer des **Gulf St. Vincent**. Im Hinterland erheben sich die sanften Hügel der **Mt. Lofty Ranges**. Colonel William Light entwarf 1836 den großzügigen, schachbrettartigen Grundriß der Stadt.

Adelaide wurde im Gegensatz zu vielen anderen australischen Städten von freien, streng religiösen Siedlern gegründet und wird deshalb auch oft als Stadt der Kirchen bezeichnet. Die sehenswertesten der zahlreichen Gotteshäuser sind die **St. Peter's Cathedral** **1**, eine der schönsten Kathedralen in ganz Australien, und die **Holy Trinity Church** **2**, die älteste Kirche Südaustraliens aus dem Jahr 1836.

Aber nicht die Kirchen sind es, die das Stadtbild von Adelaide prägen, sondern die Parks und Gärten. Ein Blick auf den Stadtplan von Adelaide zeigt, daß die City und ihr kleinerer Trabant **North Adelaide** von einem ausgedehnten, lückenlosen Grüngürtel umgeben sind. Besonders sehenswert in dieser Parklandschaft sind die **Botanic Gardens** **3** nordöstlich des Zentrums. Das dortige **Palm House** wurde 1871 aus Deutschland importiert und beheimatet eine Vielzahl verschiedener Palmenarten. 1988 wurde im Botanischen Garten das **Bicentennial Conservatory** – Australiens größtes Glashaus – eröffnet, unter dessen schützendem Kuppeldach heute eine üppige tropische Pflanzenwelt gedeiht.

Die **Veale Gardens** **4** im Süden der City sind für ihre ausgedehnten Rosenbeete bekannt. Und auch die japanischen **Himeji Gardens** **5** südöstlich der Stadt sind einen Besuch wert. Der **Adelaide Zoo** **6** ist nördlich der Stadt am Torrens River gelegen. Hier leben über 1.500 fremde und einheimische Tierarten.

Entlang der North Terrace

Die meisten Sehenswürdigkeiten Adelaides befinden sich entlang der **North Terrace**, einem breiten, von Bäumen gesäumten Boulevard im Norden der City. Schräg gegenüber der bereits erwähnten Holy Trinity Church steht das historische **Parliament House 7**, in enger Nachbarschaft des neuen **Parliament House 8** und des **Government House 9**. Das **Tate Museum** beherbergt eine international anerkannte Mineralien- und Fossiliensammlung.

An der North Terrace liegen noch eine Reihe weiterer Museen. Im **South Australian Museum 10** (geöffnet tgl. 10–17 Uhr) ist eine einzigartige Sammlung von Kunstwerken und Gebrauchsgegenständen der Aborigines zu sehen. In diesem Zusammenhang lohnt sich ein Besuch von **Tandanya** (253 Grenfell Street, Tel. 08-82 23 24 67), einem Kulturzentrum der Aborigines, das einen guten Einblick in die Kunst der australischen Ureinwohner gewährt. Hier werden auch Workshops und Performances veranstaltet.

Auch die 1871 gegründete **Art Gallery of South Australia 11** (geöffnet tgl. 10–17 Uhr) hat eine umfangreiche Sammlung von Aboriginal Art. Daneben gibt es dort aber auch eine große Ausstellung von Kunstwerken des 20. Jahrhunderts. Am Rande des Botanischen Gartens steht das **Ayers House 12**. Die Villa aus dem 19. Jahrhundert war einst Wohnsitz des südaustrali-

Das Stadtzentrum von Adelaide ist von einem geschlossenen Parkgürtel umgeben.

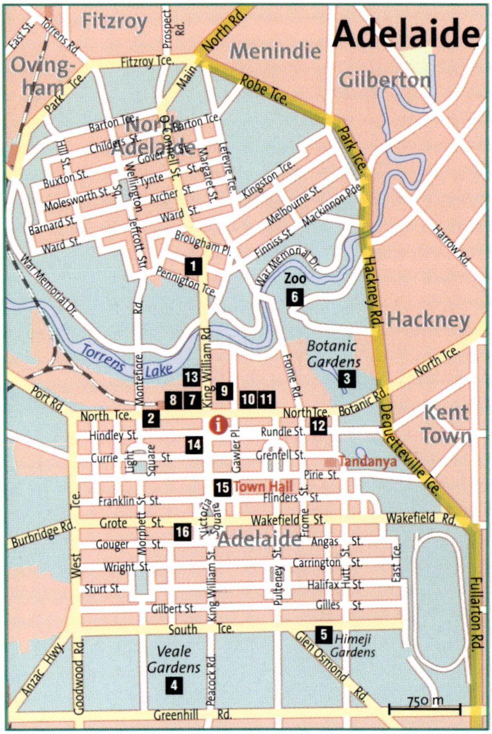

schen Premierministers Sir Henry Ayer (1855–1897). Heute sind dort Familienporträts der Ayers ausgestellt.

Die **King William Street** kreuzt die North Terrace auf halber Strecke im rechten Winkel. An ihr liegt das **Adelaide Festival Centre** **13**. Es ähnelt entfernt dem Opernhaus in Sydney. Hier finden Konzerte, Theateraufführungen und andere kulturelle Veranstaltungen statt. Ein Stückchen weiter in Richtung **Victoria Square** steht das **Edmund Wright House** **14** mit seiner beeindruckenden Renaissance-Fassade. Es wurde 1878 ursprünglich für die Bank of South Australia erbaut. Nahe dem Victoria Square im Herzen der Stadt befindet sich das historische **Rathaus** **15**.

Kulinarische und kulturelle Genüsse

Angeblich gibt es in Adelaide mehr Restaurants pro Kopf als in irgendeiner anderen Stadt Australiens. In der **Rundle Street** etwa, einer Parallelstraße der North Terrace, reihen sich zahlreiche Cafés, Bars und Restaurants aneinander. Auch an der **O'Connell Street** und der **Melbourne Street**, den beiden Hauptstraßen in North Adelaide, gibt es eine Menge Restaurants. Hier sind praktisch alle Küchen dieser Welt vertreten. Der **Central Market** **16** trägt einen wesentlichen Anteil zu der kulinarischen Vielfalt Adelaides bei. Er liegt nahe des Victoria Square zwischen Grote und Gouger Street in einem besonders quirligen Viertel der Stadt.

Außerdem gilt Adelaide als Stadt der Festivals – ein weiteres Indiz für die hohe Lebensqualität von Südaustraliens Hauptstadt. Die größte Veranstaltung ist das im zweijährigen Rhythmus (in geraden Jahren) stattfindende **Adelaide Festival**. Während des dreiwöchigen Kulturspektakels im Februar/März verwandelt sich die Stadt in eine große Bühne.

Informationen: South Australian Travel Centre, 1 King William Street, Adelaide, SA 5000, Tel. (08) 82 12 15 05.

Adelaides Vororte

Nur etwa 10 km südwestlich der City liegt der schmucke Küstenvorort **Glenelg**. 1836 landeten hier die ersten südaustralischen Siedler. Von der City aus kann man Glenelg in 30 Minuten mit einer historischen Straßenbahn erreichen.

Port Adelaide, ebenfalls etwa eine halbe Stunde vom Stadtzentrum entfernt, liegt an der breiten Mündung des Port Adelaide River. Hier zeigt die Hauptstadt Südaustraliens ein ganz anderes Gesicht. Die meisten Gebäude stehen unter Denkmalschutz. In den 80er Jahren des 19. Jahrhunderts war Port Adelaide ein geschäftiger Handelshafen.

Die Umgebung von Adelaide

Adelaide liegt inmitten einer wunderschönen Landschaft. In den **Adelaide Hills** im Osten der Stadt gibt es mehrere Nationalparks, in denen man hervorragend wandern kann, z.B. den **Black Hill Conservation Park,** den **Horsnell Gully Conservation Park,** den **Cleland Conservation Park** und den **Belair National Park**.

Die Hills, wie die Hügel auch kurz bezeichnet werden, sind durch einige Highways erschlossen, die direkt von der Stadt in die Berge führen. Vor allem eine Autofahrt entlang des **Mt. Lofty Scenic Drive**, einer kurvenreichen Panoramastraße, ist sehr zu empfehlen. Höhepunkt der Route ist im wahrsten Sinne des Wortes der Gipfel des **Mt. Lofty** – mit 727 m der höchste Punkt der Region. Von hier oben hat man einen einzigartigen Blick über Adelaide und die Umgebung.

Ein beliebtes Ausflugsziel in den Hills ist auch **Hahndorf** (1.727 Einwohner) 35 km südöstlich von Adelaide, das 1839 von lutheranischen Siedlern gegründet wurde. Alte Fachwerkhäuser geben dem Ort, der als zweitälteste deutsche Siedlung in Australien gilt, auch heute noch einen deutschen Anstrich. Sehenswert ist in Hahndorf unter anderem **The Cedars**, das Haus und Studio des berühmten australischen Landschaftsmalers Sir Hans Heysen.

Etwa 50 km südlich von Adelaide beginnt die **Fleurieu Peninsula**. Die ersten Siedler auf der Halbinsel waren Schmuggler. 1837 wurde in der Encounter Bay eine Walfangstation errichtet, und schon bald entwickelte sich der Walfang zu einem blühenden Industriezweig der Kolonie.

Tip

Weinprobe im Barossa Valley

Das berühmte Barossa Valley etwa 50 km nordöstlich von Adelaide ist Australiens bekanntestes Weinanbaugebiet. Im Tal gibt es weit mehr als 40 Weinkellereien, die größtenteils auch besichtigt werden können. Eine Weinprobe ist besonders bei folgenden Weingütern zu empfehlen: Penfold, Yalumba, Wolf Blass, Peter Lehmann und Elderton. Informationen: South Australian Travel Centre, 1 King William Street, Adelaide, SA 5000, Tel. (08) 82 12 15 05.

Australische Weine

Die Nachricht schlug ein wie eine Bombe: Australien erreichte 1995 weltweit nur den 8. Platz, was den jährlichen Pro-Kopf-Verbrauch an Bier betrifft. Was für eine Schande für ein Land, in dem Biertrinken schon fast eine nationale Institution ist! Der Sündenbock wurde sehr schnell ausfindig gemacht: Immer mehr Australier entdecken ihre eigenen Weine und lassen die Finger vom Bier.

Die „Kaiserstuhl Wines" sind die Nr. 1 unter den Aussi-Weinen.

Weinkenner in aller Welt wissen allerdings schon seit geraumer Zeit von der Qualität, die in den Weingütern Australiens produziert wird. Der große Durchbruch kam zwischen 1986 und 1988, als der Export von 10,8 Mio. l auf 39,3 Mio. l hochschnellte. Seither wächst er stetig weiter. Weinnationen wie Frankreich oder Italien mußten zähneknirschend einsehen, daß die Weine aus dem fernen Australien durchaus konkurrenzfähig, ja manchmal sogar besser sind als die eigenen.

Die Geschichte der australischen Weine ist fast so alt wie die Geschichte der europäischen Besiedlung des Landes selbst. Die ersten Weine wurden vermutlich bereits im Februar 1788 – kurz nach der Ankunft der Ersten Flotte – dort angepflanzt, wo heute der Botanische Garten von Sydney liegt. Das Experiment schlug allerdings fehl, denn in der hohen Luftfeuchtigkeit so nahe am Meer gedieh nicht nur der Wein. Auch Krankheiten breiteten sich aus und befielen die Reben.

Heute, über 200 Jahre später, finden sich Weingüter in fast allen australischen Staaten. Selbst im wüstenhaften Zentrum Australiens nahe Alice Springs wird inzwischen – wenn auch nur in bescheidenem Umfang – Wein angebaut. Die Qualität dieser Weine kann sich allerdings nicht unbedingt mit der anderer australischer Weine messen. Zu den Riesen der australischen Weinindustrie sind die Bundesstaaten Südaustralien, Victoria, New South Wales und Westaustralien herangewachsen. Hier bilden ein mildes Klima und gute Böden die besten Voraussetzungen für Spitzenweine.

Australiens berühmtestes Weinanbaugebiet ist das Barossa Valley (s. Tip S. 63). Vor allem deutschen Siedlern ist es zuzuschreiben, daß hier eine florierende Weinindustrie entstanden ist. Als das älteste Weinanbaugebiet gilt das Hunter Valley nördlich von Sydney, dessen Geschichte bis in das Jahr 1824 zurückgeht.

Tasmanien, mit einem kühlgemäßigten Klima gesegnet, ist momentan noch ein kleiner Fisch im Millionengeschäft mit dem Wein, hat aber gute Aussichten, mit hochwertigem Pinot Noir oder Chardonnay seinen Anteil zur Vielfalt der australischen Qualitätsweine beizutragen.

Die Hauptverkehrsader der Halbinsel bildet die Main South Road, die Adelaide mit **Cape Jervis** an der Spitze der Halbinsel verbindet. Die zahlreichen Apfel- und Birnenplantagen, Weingüter, Mandelhaine sowie liebenswerte kleine Ortschaften mit einem florierenden Kunsthandwerk machen den besonderen Reiz dieser Region aus. Die Bade- und Surfstrände und die vielen versteckten Buchten sind im Sommer beliebte Ausflugsziele der Hauptstädter.

Man sollte unbedingt dem ehemaligen Walfangort **Victor Harbor** (5.930 Einwohner) einen Besuch abstatten. Auch heute noch sind die großen Meeressäuger hier eine Attraktion und ziehen in den Wintermonaten alljährlich zahlreiche Besucher an. Im **South Australian Whale Centre** kann man Näheres über das Leben der Wale erfahren.

Kangaroo Island
Insel der Känguruhs

Kangaroo Island, mit 4405 km² Fläche nach Tasmanien und Melville Island Australiens drittgrößte Insel, präsentiert sich dem Besucher als eine Miniaturausgabe Australiens: Grandiose Steilküsten mit dramatischen Felsabstürzen, feinsandige Traumstrände, weitläufiges, nahezu undurchdringliches Mallee-Buschland, Lagunen, Moore und Salzseen bilden eine faszinierende Landschaft.

Die nur knapp 120 km Luftlinie südwestlich von Adelaide gelegene Insel ist heute ein Urlauberparadies allerersten Ranges – besonders für Naturliebhaber. Die Vergangenheit von Kangaroo Island dagegen ist in einem blutigen Kapitel der Geschichte niedergeschrieben. Offiziell wurde die Insel von Kapitän Matthew Flinders im Jahre 1802 entdeckt. In Ermangelung von etwas anderem ernährten er und seine Crew sich von Känguruhs. Überrascht von dem guten Geschmack der Tiere gab Flinders der Insel den Namen „Kangaroo Island". Die Insel wurde jedoch schon früher von entflohenen Sträflingen und schiffbrüchigen Matrosen besiedelt. Sie funktionierten die Insel zu einem Piratenstützpunkt um und terrorisierten von dort aus nahegelegene Küstenorte. Als das gesetzlose Treiben unerträgliche Ausmaße annahm, hoben britische Soldaten das Piratennest im Jahre 1827 aus. Neun Jahre später dann trafen die ersten offiziellen Siedler auf Kangaroo Island ein.

Noch ungeklärt ist das Schicksal der Aborigines. Funde belegen, daß die Ureinwohner seit mindestens 10.000 Jahren auf der Insel lebten. Warum sie noch lange vor der Ankunft der ersten weißen Siedler von der Insel verschwanden, bleibt ein Rätsel.

Die landwirtschaftliche Nutzung der Insel beschränkt sich – bedingt durch die nährstoffarmen Böden und den ständigen Wassermangel – auf Schafzucht und den Anbau von Gerste und anderen Ge-

Flechten und Eisenoxide verursachen die orangeroten Flecken auf den Remarkable Rocks.

Känguruhs, Koalas & Co.

Als „Windhunde, die wie Grashüpfer sprangen," beschreibt einer der ersten Besucher Australiens die Känguruhs. Daneben zählen Koalas, Wombats und Possums zu den bekanntesten Vertretern der Beuteltiere. Mit rund 130 Arten stellen sie die größte Säugetiergruppe Australiens dar. Australien ist zweifellos die Hochburg dieser Tiergruppe. Sie kommen sonst nur noch in Teilen Südamerikas und in Neuguinea vor.

Eines ihrer Kennzeichen ist – wie der Name schon sagt – der Beutel, eine Felltasche um die Zitzen, in dem die Jungen gesäugt werden. Sie werden im Vergleich zu höheren Säugetieren als unterentwickelte Föten geboren. Der erste Weg der noch nackten und blinden Winzlinge führt sie nach der Geburt über das Fell zu den Milchdrüsen im Beutel der Mutter. Hier verbringen sie ihre erste Lebenszeit, bis sie groß genug sind, um unabhängig von der Mutter zu überleben. Bei einigen Arten „verwachsen" die Jungen sogar für einige Monate mit den Zitzen der Mutter, bis sie sich schließlich von der Milchquelle lösen. Dieser Zeitpunkt entspricht der Geburt bei den höheren Säugetieren.

Der Löwenanteil der australischen Beuteltiere sind Pflanzenfresser. Auf ihrem Speiseplan stehen Blätter, Wurzeln, Gras und Früchte. Die bekannteste und größte Gruppe darunter sind die savannengrasenden Känguruhs. Dazu zählen u.a. das Rote und das Graue Riesenkänguruh, das Wallaroo, das Antilopenkänguruh und verschiedene mittelgroße Wallabies.

Auch die Kletterbeutler und die Gleitbeutler sind – bis auf wenige Ausnahmen, bei denen Insekten den Speiseplan bereichern – Vegetarier. Sie leben auf Bäumen und sind gute Kletterer, wobei sie ihren beweglichen Schwanz zusätzlich als fünfte Extremität benutzen. Zwischen Vorder- und Hinterbeinen besitzen sie auffaltbare Flughäute, mit denen einige Arten, wie etwa der Große Gleitbeutler, bis zu 100 m weite Gleitflüge ausführen können. Damit sind sie für das Leben in den oberen Stockwerken des Waldes bestens ausgerüstet.

Ebenfalls ein Baumbewohner ist ein anderes Beuteltier, das sich wie kein zweites Tier in Australien größter Beliebtheit erfreut: der Koala. Fälschlich oft als Bär bezeichnet, lebt der Koala von einer strikten Diät aus Eukalyptusblättern. Die Spezialisierung geht sogar so weit, daß noch lange nicht jede der mehr als hundert Eukalyptusarten als Futterpflanze für ihn in Frage kommt. Nur ein Bruchteil der Eukalypten trifft den Geschmack des putzigen Beuteltiers. Der Beutel des Koalas ist ein Kuriosum: Die Öffnung ist hinten. Sitzt ein Tier also aufrecht in einer Astgabel, blickt das Junge direkt in die Tiefe. Ein Ring aus Muskeln verhindert folgenschwere Abstürze.

Auch der Beutel des Wombats ist nach hinten geöffnet. In diesem Fall macht das auch Sinn, denn der Wombat lebt in Erdhöhlen. Die massigen, entfernt an Biber erinnernden Tiere graben im Boden nach Blättern und Wurzeln. Dazu sind sie mit klauenbewehrten Grabwerkzeugen ausgestattet.

Die zweite große Gruppe der Beuteltiere bilden die Fleisch- und Insektenfresser. Dazu gehören z.B. die Beutelmäuse. Sie machen im australischen Busch Jagd auf Insekten. Das vielleicht bekannteste fleischfressende Beuteltier ist der Beutelteufel, das Wappentier Tasmaniens. Er ernährt sich auch von Aas.

Eines der interessantesten Beuteltiere ist (wahrscheinlich) leider schon ausgestorben: der Tasmanische Beutelwolf. Vom australischen Festland erst vor wenigen tausend Jahren durch den vom Menschen eingeführten Dingo verdrängt, wurde er bis in die erste Hälfte unseres Jahrhunderts als angeblicher Schafräuber erbittert gejagt, bis man plötzlich merkte, daß es ihn in freier Wildbahn gar nicht mehr gab.

1 Hörnchen-Gleitbeutler / Squirrel Glider / *Petaurus norfolcensis*
2 Berg-Bürstenschwanzpossum / Mountain Brushtail Possum / *Trichosurus caninus*
3 Schuppenschwanzbeutler / Scalytailed Possum / *Wyulda squamicaudata*
4 Großer Gleitbeutler / Greater Glider / *Petauroides volans*
5 Westliches Zwergpossum / Long-tailed Pygmy-possum / *Cercartetus concinnus*
6 Felsen-Ringschwanzbeutler / Rock Ringtail Possum / *Pseudocheirus dahli*
7 Nördlicher Haarnasenwombat / Northern Hairy-nosed Wombat / *Lasiorhinus kefftii*
8 Moschus-Rattenkänguruh / Musky Rat-kangaroo / *Hypsiprymnodon moschatus*
9 Nördliches Nagelschwanzwallaby/ Northern Nailtail Wallaby / *Onychogale unguifera*
10 Bürstenschwanz-Felsenkänguruh/ Brush-tailed Rock-wallaby / *Petrogale penicillata*
11 Hasenkänguruh / Spectacled Hare-wallaby / *Lagorchestes conspicillatus*
12 Rotbauch-Pademelon / Redbellied Pademelon / *Thylogale billardieri*
13 Wallaroo / Wallaroo / *Macropus robustus*
14 Antilopenkänguruh / Antilopine Kangaroo / *Macropus antilopinus*

1
2
3
4
4
5
6
7
8
9
10
11
12
13
14

treidesorten. Die älteste Eukalyptusöl-Destillerie Australiens befindet sich ebenfalls auf der Insel. Ein weiteres wichtiges landwirtschaftliches Erzeugnis der Insel ist der Honig. Die Honigbienen wurden 1881 aus Ligurien in Italien hier eingeführt.

Ein Paradies für Urlauber

Besucher haben heute drei Möglichkeiten, auf die Insel zu gelangen. In den Sommermonaten verbindet eine Passagierfähre Glenelg, einen Vorort von Adelaide, mit Kingscote. Eine Autofähre verkehrt zwischen Cape Jervis an der Spitze der Fleurieu Peninsula und Penneshaw auf Kangaroo Island. Die schnellste Verbindung aber stellt zweifellos das Flugzeug dar. Nur 30 Minuten dauert der Flug von Adelaide nach Kingscote.

Die Mehrzahl der etwa 4.000 Insulaner lebt heute in den Orten **Penneshaw, American River, Kingscote** und **Parndana** im Zentrum der Insel. In allen vier Orten gibt es ein gutes Angebot verschiedener Unterkünfte (Informationen: 37 Dauncey Street, Kingscote, SA 5003, Tel. 08-85 53 23 81). Penneshaw und Kingscote bilden die beiden touristischen Zentren Kangaroo Islands.

American River liegt an einer von Kiefern umstandenen Bucht und ist ein idealer Platz zum Fischen, Tauchen und Kanufahren. Die nahe **Pelican Bay** ist ein Vogelschutzgebiet. Unweit des Ortes befindet sich der 510 m hohe **Mount Thisby**, ein einsam aufragender Hügel. Wer die steilen Treppen des Anstiegs nicht scheut, hat vom Gipfel der ehemals Prospect Hill genannten Erhebung einen herrlichen Blick über die ganze Insel.

In **Kingscote** gibt es das **National Trust Folk Museum**. Hier lebt die bewegte Vergangenheit der Insel wieder auf. Die **St. Alban's Church** mit ihren bunten Glasfenstern gehört zu den Sehenswürdigkeiten des Ortes. Der Friedhof ist der älteste Südaustraliens.

Insel der Schutzgebiete

Die 145 km lange und bis zu 60 km breite Insel ist von einem dichten, insgesamt etwa 1.600 km langen Straßennetz durchzogen. Allerdings sind nur die Hauptstraßen zwischen den größeren Orten und zum Seal Bay Conservation Park geteert. Die übrigen Verkehrswege sind zum Teil eine echte Herausforderung für Fahrzeug und Fahrer.

Der größte Schatz der Insel ist ihre einzigartige Natur – geschützt

Tip

Zu Gast bei Seelöwen

Einst wegen ihres Fells erbarmungslos gejagt, stehen die selten gewordenen Australischen Seelöwen heute unter strengem Schutz. In der Seal Bay – einer kleinen, von Felsabstürzen eingerahmten Bucht ungefähr 50 km südwestlich von Kingscote an der Südküste von Kangaroo Island – finden sie eine ideale Stätte, um ihre Jungen auf die Welt zu bringen und aufzuziehen. Es werden täglich von Rangern geführte Touren zu der Seelöwen-Kolonie angeboten. Informationen: Seal Bay Conservation Park, Tel. (08) 85 59 42 07.

in insgesamt 18 National Parks und Conservation Parks. Die Naturschutzgebiete nehmen heute fast ein Viertel der gesamten Inselfläche ein. Dank der Insellage ist Kangaroo Island von eingeführten Tieren wie etwa Dingos, Füchsen und Kaninchen sowie von eingeschleppten Krankheiten verschont geblieben, und der Reichtum an Tieren ist deshalb geradezu legendär.

Große Teile des **Cape Gantheauma Conservation Park** im Süden der Insel sind von dichtem Mallee-Busch bedeckt und wurden zur Wildniszone erklärt. Hier liegt der größte Süßwassersee der Insel, die **Murray's Lagoon**. An das Schutzgebiet grenzt der **Seal Bay Conservation Park** (s. Tip S. 68). Die Besonderheit des **Kelly Hill Conservation Park**, 79 km südwestlich von Kingscote, verbirgt sich unter Tage: eindrucksvolle Kalksteinhöhlen mit bizarren Kalzitformationen (geführte Touren tgl. 10–17 Uhr, im Winter 10–15 Uhr).

Der Flinders Chase National Park

Der Flinders Chase National Park (737 km^2) umfaßt nahezu den gesamten Westteil der Insel und ist einer der wichtigsten Nationalparks Südaustraliens. Hier leben zahlreiche Känguruhs, Wallabies, Koalas, Emus, Schnabeltiere, Robben und Pinguine. Die Tiere haben jegliche Scheu vor den Besuchern verloren und sind sehr zutraulich.

Einer der schönsten Ausflüge im Park führt zu den Granitskulpturen der **Remarkable Rocks** im Süden des Parks. Wie von einem Bildhauer arrangiert ruhen die verwitterten Felsblöcke auf einem massiven Granitdom hoch droben über dem Meer. Nur ein paar Kilometer weiter westlich liegt das wildromantische **Cape du Couedic** mit seinem malerischen Leuchtturm. Von hier aus gelangt man in wenigen Minuten zu Fuß zum **Admiral's Arch**, einer eindrucksvollen Naturbrücke aus Fels.

An der nordwestlichen Ecke der Insel befindet sich das **Cape Borda**. Hier steht das 1858 erbaute **Cape Borda Lighthouse** am Rande einer 155 m in die Tiefe abstürzenden Steilküste. Auf einer geführten Tour haben Besucher Gelegenheit mehr über den historischen Leuchtturm zu erfahren.

Der Flinders Chase National Park bietet viele Wanderwege, z.B. eine wunderschöne Panoramaroute, die u.a. auch zu den Remarkable Rocks und zum Admiral's Arch führt.

Der historische Leuchtturm am Cape Borda auf Kangaroo Island stammt aus dem Jahr 1858.

Flinders Ranges

Bergmassiv zwischen Salzseen

Die Flinders Ranges sind eine der großartigsten Landschaften in Südaustralien. Zerklüftete Bergketten, tiefe Schluchten, liebliche Täler, von mächtigen Flußeukalypten gesäumte Wasserläufe prägen das Landschaftsbild. Die Flinders Ranges beginnen in **Crystal Brook** etwa des Wilpena Creek. Ganz in der Nähe befindet sich der höchste Berg der Flinders Ranges, der **St. Mary Peak**, dessen kühner Gipfel 1.165 m über den Meeresspiegel aufragt. Von Wilpena aus kann man den Berg in einer Tageswanderung besteigen. Etwa 10 km öst-

Die Flinders Ranges liegen im trockenen Norden Südaustraliens.

200 km nördlich von Adelaide und ziehen sich von dort 400 km weit nach Norden bis tief hinein in das südaustralische Outback.

Inmitten der mächtigen Bergketten liegt der 949 km² große **Flinders Ranges National Park**. Die Hauptattraktion des Nationalparks ist der **Wilpena Pound**, ein gigantisches natürliches Amphitheater aus Fels. Der einzige Zugang zu diesem Gebirgsrund ist die Schlucht

lich von Wilpena liegt der **Sacred Canyon**. Hier zieren alte Ritzzeichnungen der Aborigines die Felsen.

Touristisches Zentrum des Nationalparks ist das **Wilpena Resort** mit einem Motel, einem Campingplatz, einer Tankstelle und einem Lebensmittelladen. 1997 wurde hier außerdem das Besucherzentrum des Nationalparks eingerichtet (Informationen: Visitor Centre, Wilpena, SA 5434, Tel. 08-86 48 00 04).

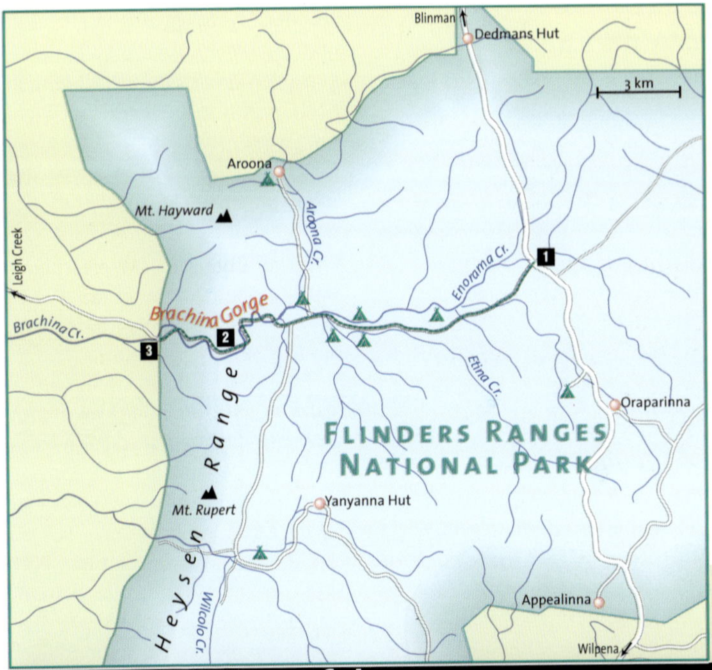

Allradtour auf dem Brachina Gorge Geological Trail

Nirgendwo sonst auf der Welt ist das möglich: eine geologische Zeitreise per Allrad durch 150 Mio. Jahre Erdgeschichte. Und das auf einer Strecke von nur 20 km. Der auch landschaftlich grandiose, etwa halbtägige Brachina Gorge Geological Trail zweigt von der unbefestigten Straße von Wilpena nach Blinman ab **1** und verläuft durch die Brachina Gorge **2**. In der spektakulären Schlucht treten die uralten Sedimentablagerungen offen zutage und sind – wie auf einer Zeitachse – in der richtigen Reihenfolge aufgeschlossen. Die Sedimente am Eingang der Schlucht haben ein stolzes Alter von 650 Mio. Jahren. Am Ende der Zeitreise, am westlichen Ausgang der Brachina Gorge **3**, beträgt das Alter der Gesteinspakete „nur" noch 500 Mio. Jahre.

Der Hauptzubringer zum Nationalpark ist der Highway 47, der bei Stirling North vom Princes Highway abzweigt und über das hübsche Städtchen **Quorn** nach **Hawker**, 369 km nördlich von Adelaide, führt. Von hier aus erreicht man über eine geteerte Stichstraße nach 4 km Wilpena.

Rundfahrt durch die Flinders Ranges

Wer von Wilpena in Richtung Norden reist, läßt Teerstraßen endgültig hinter sich. Von nun an bilden unbefestigte Straßen die einzigen Verkehrswege, ein Allradfahrzeug

Tip

Aborigine-Kultur verstehen

Die Aborigine-Guides Cliff und Terry Coulthard aus Iga Warta – einer kleinen Kommune nahe der Aborigine-Siedlung Nepabunna an der Straße von Leigh Creek nach Arkaroola – sehen sich als Mittler zwischen zwei Kulturen. Sie gewähren Besuchern Einblicke in das reiche Erbe der Aborigines in den Flinders Ranges. Alte Felsmalereien und Ritzzeichnungen, eßbare Pflanzen und Tiere sowie Mythen und Legenden sind Themen ihrer Führungen.
Informationen: Iga Warta, via Copley, SA 5732, Tel. (08) 86 41 06 43.

ist unerläßlich. Hier erstreckt sich eine weitläufige Landschaft aus wüstenhaften Ebenen, hohen Gebirgszügen und wilden Schluchten.

Etwa 60 km hinter Wilpena gelangt man in das ehemalige Bergwerksstädtchen **Blinman** (30 Einwohner). Nördlich der Stadt kann man eine alte Kupfermine besichtigen. Von Blinman erreicht man nach 70 km in nordöstlicher Richtung die abgelegene **Chambers Gorge**. In einem Seitencanyon der Schlucht versteckt sich eines der wichtigsten Heiligtümer der Aborigines dieser Region: grandiose Ritzzeichnungen, die auf ein Alter von über 30.000 Jahren geschätzt werden.

Hält man sich von Blinman in Richtung Westen, dringt man nach 20 km in die beeindruckende **Parachilna Gorge** vor. Auch das winzige Örtchen **Parachilna** am Fuße der Berge lohnt einen Besuch, vor allem der berühmte **Parachilna Pub**. Hier runden Emupastete, Känguruhfilet oder Quandongtorte den Ausflug in die Flinders Ranges ab.

Die Eyre Peninsula
Ferienparadies im Süden

Die Eyre Peninsula mit ihren schönen Badestränden, geschützten Buchten und malerischen kleinen Küstenorten ist ein beliebtes Ferienziel. Vor allem an der wilden Westküste gibt es hervorragende Surfstrände. Wirtschaftliches Standbein der Halbinsel sind die Landwirtschaft und die reichen Eisenerzvorkommen.

Die Stahlstadt **Whyalla** (25.526 Einwohner), Südaustraliens zweitgrößte Stadt, ist das östliche Einfallstor zur Eyre-Halbinsel. Sehenswert ist hier vor allem das **Whyalla Maritime Museum**, in dem unter anderem eine über 600 t schwere Korvette ausgestellt ist. Vom **Hummock Hill Lookout** am Ostrand Whyallas bekommt man einen guten Überblick über die Stadt. Auch das **Whyalla Wildlife and Reptile Sanctuary** am Lincoln Highway in der Nähe des Flughafens sollte man sich nicht entgehen lassen. Ein weiteres Schutzgebiet in Stadtnähe ist der **Whyalla Conservation Park**.

Von Whyalla führt der Lincoln Highway entlang des Spencer Gulf in das 277 km entfernte Port Lincoln, das größte Ferienzentrum der Halbinsel. Unterwegs laden kleine, verschwiegene Ferienorte zum Verweilen ein: **Cowell** ist bekannt durch das einzige Jadebergwerk Australiens, **Arno Bay** ist ein beliebter Ort zum Fischen, und in **Port Neill** gibt es herrliche Sandstrände.

Die Südspitze der Halbinsel

Die Stadt **Port Lincoln** (11.345 Einwohner) – an der großen Boston Bay gelegen – war einmal als mögliche Hauptstadt Südaustraliens im Gespräch. Gegenüber Adelaide zog sie jedoch den kürzeren, und heute ist die Stadt nahe der Südspitze der Eyre Peninsula vor allem als Fischereihafen bekannt: Die größte Thunfischflotte Australiens liegt hier vor Anker.

Der Lincoln National Park und der Coffin Bay National Park schützen große Teile der Natur in dieser Region. Der **Lincoln National Park** umfaßt eine 300 km^2 große T-förmige Halbinsel, die südlich von Port Lincoln in den Spencer Gulf hineinragt. Der Park zeichnet sich vor allem durch seine dramatischen Küsten und Klippen sowie durch seine reiche Vogel- und Tierwelt aus. Darüber hinaus hat der Park auch eine Vielzahl schöner Wanderwege zu bieten.

Auf der anderen Seite der Südspitze der Eyre Peninsula ragt ebenfalls eine T-förmige Landzunge ins Meer. Sie ist als **Coffin Bay National Park** (304 km^2) geschützt. Der Park besitzt eine eindrucksvolle Küstenlinie und eine vielfältige Tierwelt.

Entlang der Westküste

Die Westseite der Eyre-Halbinsel ist durch den Flinders Highway erschlossen, der in Ceduna in den Eyre Highway mündet. Dazwischen, auf 413 km Strecke, läßt sich ein Stück unbekanntes Australien entdecken. Dank der Abgelegenheit ist in den Orten entlang des Flinders Highway Touristenrummel nahezu unbekannt.

In der **Anxious Bay** bei **Elliston** gibt es einen der besten Surfstrände Australiens. Die einsamen Strände der **Venus Bay** sind von zahlreichen Pelikanen bevölkert. Das malerische Küstenörtchen **Streaky Bay** ist ein Paradies für Angler. Ab **Ceduna** dann verliert sich der Eyre Highway auf dem Weg nach Westaustralien in der endlosen Weite der Nullarbor Plain.

Tip

Fahrten zum Dangerous Reef

Nur wenige Kilometer vor der Küste von Port Lincoln liegt das Dangerous Reef, ein schroffes Felsriff. Hier lebt eine der größten Kolonien Australischer Seelöwen auf dem Kontinent. Die Firma Dangerous Reef Explorer II Cruises unternimmt mehrstündige Bootsexkursionen zu dem Felsriff. Auf der Rückfahrt wird an einer Unterwasserplattform gestoppt, von wo aus man der Fütterung von Thunfischen zuschauen kann. Informationen: Tel. (08) 86 82 24 25.

Abenteuerrouten in den Norden

Staubige Straßen und Pisten ziehen sich wie dünne Linien durch die ausgedehnten Wüsten und Halbwüsten im roten Herzen Australiens. Ohne Allradfahrzeug ist man hier aufgeschmissen. Vor allem genügend Reservebenzin und Trinkwasser sind eine absolute Bedingung, wenn man sich auf abgelegene Outbackrouten begibt. Bevor man aufbricht, sollte man sich von der Polizei unbedingt einen aktuellen Straßenzustandsbericht geben lassen. Nach Regenfällen etwa können die Pisten im Outback schnell unpassierbar werden.

Tip

Traum vom großen Fund

Es ist hart, dem Lockruf der edlen Steine zu widerstehen. In Coober Pedy hat man die Möglichkeit, sich einen Opal zu kaufen. Viel besser aber ist es, selbst sein Glück zu versuchen. „Opal noodling“ nennt sich diese Tätigkeit, bei der Abraumhalden kommerzieller Minen auf Bruchstücke und Splitter des farbenfrohen Minerals durchwühlt werden können. Aber Vorsicht: Passen Sie auf, wohin Sie treten. Gefahr lauert in Form ungesicherter Minenschächte. Informationen: Coober Pedy Tourist Information Office, Tel. (08) 86 72 52 98.

Der Strzelecki Track

Der Strzelecki Track – benannt nach dem polnischen Forscher Sir Paul Edmund de Strzelecki – beginnt in **Lyndhurst** mitten im sonnendurchglühten Outback. Er führt weiter nach **Marree** und endet nach 453 km schließlich in **Innamincka**, einem winzigen Ort etwa 1.100 km nordöstlich von Adelaide. Genausolang wie die Piste ist auch der Abstand zwischen den Tankstellen. Erst in Innamincka kann der Tank wieder aufgefüllt werden.

Innamincka hat den drohenden Niedergang dank des zunehmenden Allrad-Tourismus überlebt und kann heute die Reisenden mit allem Notwendigen versorgen. Informationen über den aktuellen Zustand der Piste bekommt man in der Trading Post in Innamincka (Tel. 08-86 75 99 00).

Der Birdsville Track

Der Birdsville Track hat den bereits in Queensland liegenden Ort **Birdsville** (102 Einwohner) zum Ziel. Die Stadt ist bekannt für ihr jährliches Pferderennen. Vom Beginn der Strecke in Marree bis nach Birds-

Wer im Outback unterwegs ist, sollte immer genug Trinkwasser bei sich haben.

Die Opalstadt Coober Pedy

Coober Pedy ist mit keiner anderen Stadt in Australien vergleichbar. In der sonnendurchglühten Trostlosigkeit des südaustralischen Outbacks, 859 km nördlich von Adelaide, hat sich ein illustres Völkchen zusammengefunden und gleichsam in Maulwürfe verwandelt.
Die „Skyline" von Coober Pedy wirkt eher traurig: Zahllose Hügel aus hellem Gesteinsbruch prägen das Bild des Ortes. Die wenigen Gebäude werden den Ausmaßen der Stadt nicht gerecht: Coober Pedy entfaltet seine wahre Größe erst unter Tage.
Dort liegt auch die Existenz des Ortes begründet: Seit 1915 werden hier Opale geschürft. Heute dringen in der Gegend Tausende von Minenschächten in die edelsteinhaltigen Gesteinslagen vor. Coober Pedy ist die Opal-Hauptstadt der Welt: Etwa 80 % der Weltproduktion an Schmuckopalen stammt von hier. Der Tanz um den bunten Stein findet seinen Höhepunkt alljährlich zu Ostern, wenn das Opal Festival steigt.
Menschen aus aller Herren Länder haben sich in Coober Pedy zusammengefunden, um den kostbaren Edelstein aus dem Fels zu kratzen. Es ist eine Stadt voller Träumer, Gestrandeter, Outlaws, Besessener, Exzentriker und Glücksritter, die tagtäglich auf den großen Fund hoffen.
Niemand wird hier jemals danach fragen, warum man nach Coober Pedy gekommen ist. Die Vergangenheit spielt keine Rolle. Herumschnüffeln gilt nach wie vor als schlechte Angewohnheit – und konnte früher durchaus auch ungesund sein. In den alten Tagen kam es nicht selten vor, daß Dispute dadurch gelöst wurden, daß man nachts unbemerkt eine Stange Dynamit in den Minenschacht seines Widersachers fallen ließ. Das kommt – heißt es – heute natürlich nicht mehr vor.
Die meisten Menschen in Coober Pedy leben in unterirdischen Wohnungen. Der Vorteil liegt auf der Hand: Im Sommer können die Außentemperaturen leicht auf über 50 °C klettern, und im Winter wird es oft empfindlich kühl. Im „Untergrund" dagegen herrschen beständige 24 °C. Auf Luxus muß man trotzdem nicht verzichten. Viele Wohnungen sind sogar mit Swimmingpools ausgestattet. Selbst Hotels und Kirchen sind in Coober Pedy in den Untergrund gegangen. Wer sich erst einmal daran gewöhnt hat, keine Fenster zu haben, fühlt sich auf der Maulwurfsetage recht wohl – vorausgesetzt, man leidet nicht unter Platzangst.
Informationen: Coober Pedy Tourist Information Centre, PO Box 265, Coober Pedy, SA 5723, Tel. (08) 86 72 34 74, geöffnet Mo–Fr 9–17 Uhr.

ville sind es 524 km. Der Birdsville Track folgt einer sogenannten „Stock Route", über die früher Rinder von den Rinderstationen nach Marree getrieben wurden.

Die Zeiten, als der Birdsville Track unter Allrad-Enthusiasten als „Horror Track" verschrieen war, sind allerdings längst vorbei. Die Piste ist heute in recht gutem Zustand, führt aber durch die abgelegene Wüstenlandschaft der **Sturt's Stony Desert**. Außerdem sind die Abstände zwischen den Tankstellen sehr groß. Immerhin 314 km beträgt die längste „Durststrecke".

Der Oodnadatta Track

Der Oodnadatta Track führt von **Marree** über **William Creek** und **Oodnadatta** immer in nordwestlicher Richtung nach **Marla** am Stuart Highway. Er war einst die Hauptverbindung nach Norden in das „Rote Zentrum" Australiens. Heute muß der Oodnadatta Track diese Vorrangstellung dem Sturt Highway überlassen. Zwischen Marree und Marla liegen insgesamt 691 km staubige Piste. Unterwegs gibt es nur zwei Tankstellen, eine in William Creek und eine in Oodnadatta.

200 km
Indischer Ozean
Wyndham
Kununurra
L. Argyle
Windjana Gorge N.P.
Purnululu N.P.
Derby
Broome
Fitzroy Crossing
Geike Gorge N.P.
Halls Creek
Great Northern Hwy.
Great Sandy Desert
Port Hedland
Dampier
Hillstream Chichester N.P.
L. Mackay
Onslow
Exmouth
Wittenoom
Gibson Desert
Cape Range N.P.
Karijini (Hamersley Range) N.P.
Newman
L. Disappointment
Ningaloo Marine Park
Northern Hwy.
Carnarvon
L. Carnegie
Shark Bay
L. Wells
Monkey Mia
Denham
N.W. Coastal Hwy.
Meekatharra
Great Victoria Desert
Kalbarri N.P.
Kalbarri
Mullewa
Leonora
L. Carey
L. Minigwal
Geraldton
Brand Hwy.
Morawa
L. Barlee
L. Moore
Kalgoorlie
Nullarbor Plain
The Pinnacles
Eyre Hwy.
Eucla
Yanchep N.P.
New Norcia
Norseman
PERTH
Hyden
Balladonia
Fremantle
Stirling Range N.P.
Esperance
Cape Le Grand N.P.
Bunbury
Hopetoun
Augusta
Pemberton
Fitzgerald River N.P.
Walpole-Nornalup N.P.
Albany

Westaustralien

Der unbekannte Westen

Westaustralien ist mit seinen über 2,5 Mio. km² der größte Bundesstaat des Kontinents. Die Hauptstadt Perth ist von ausgedehnten Wäldern und fruchtbarem Ackerland umgeben. Im Südwesten dagegen erstreckt sich die endlose Weite der kargen Nullarbor-Ebene. Die rauhe Pilbara-Region ist eine der heißesten Gegenden der Erde. Und die Kimberleys im Norden Westaustraliens gelten als eine der letzten Wildnisse des Landes.

Perth

Die Stadt der Lichter

Als „Stadt der Lichter" bezeichnete der amerikanische Astronaut John Glenn einmal Westaustraliens Hauptstadt Perth, denn aus dem Weltall ist das Lichtermeer der fernab anderer Städte gelegenen 1,2-Millionenstadt deutlich zu erkennen.

Perth wurde im Jahre 1829 von Kapitän James Stirling gegründet. Am Anfang entwickelte sich die Stadt nur sehr langsam. Doch mit der Entdeckung von Goldvorkommen in den 90er Jahren des vergangenen Jahrhunderts stieg die Bevölkerung schlagartig auf ein Vielfaches an. In der jüngeren Vergangenheit führte die Erschließung reicher Rohstoffvorkommen zu einem erneuten Wachstum der Stadt.

Heute ist Perth eine moderne, liebenswerte Großstadt. Dazu tragen auch die zauberhafte Lage am **Swan River**, der sich innerhalb der Stadt seeartig erweitert, und das angenehme mediterrane Klima bei. Auf der Favoritenliste australischer Städte rangiert Perth auf dem ersten Platz.

Im Zentrum von Perth

In einem Quadrat, das von der St. George's Terrace, der Barrack Street, der Wellington Street und der William Street begrenzt wird, befindet sich das Einkaufszentrum von Perth. Innerhalb dieses Viertels – zwischen Hay Street Mall und St. George's Terrace – liegt der **London Court** **1**, eine im elisabethanischen Stil erbaute Einkaufspassage. Ihr Glockenspiel ist ein Nachbau des berühmten Big Ben und wird alle 15 Minuten gespielt.

Entlang der stattlichen **St. George's Terrace** – meterhoch von modernsten Glas- und Betonpalästen überragt – stehen etliche historische Gebäude. Am Westende der Straße liegt das **Parliament House** **2**. An der Ecke St. George's Terrace und William Street befindet sich das große und einst extravagante **Palace Hotel** **3**, dessen historische Fassade heute die Basis von Perths zweithöchstem Gebäude, dem ultramodernen **Bankwest Tower**, bildet. Direkt gegenüber der **Deanery** **4**, der Residenz des ersten Dekans von Perth, steht eines der ältesten

Perth hat sich in den vergangenen Jahren zu einer modernen 1,2-Millionen-Stadt entwickelt.

Gebäude von Perth, das **Old Court House** 5. Das 1836 im georgianischen Stil erbaute Gerichtshaus ist von den üppigen **Stirling Gardens** umgeben. Inmitten dieser Grünanlage liegt auch das **Government House** 6.

Auf keinen Fall sollte man sich den Besuch der **Perth Mint** 7 entgehen lassen. Es ist die älteste Münzstätte der Welt. Zu jeder vollen Stunde kann man hier beobachten, wie Goldbarren gegossen werden.

Der Stadtteil Northbridge

Auch die Kunst kommt in Perth nicht zu kurz. Nördlich vom Zentrum im Stadtteil Northbridge befindet sich das **Perth Cultural Centre**. Das Kulturzentrum beherbergt die **Art Gallery of Western Australia** 8 (geöffnet tgl. 10–17 Uhr). Nebenan liegen die **Alexander Library**, das 1856 erbaute Gefängnis von Perth, das **Perth Goal**, und der moderne Gebäudekomplex des **Western Australian Museum** 9 (geöffnet Mo–Fr und So 10.30–17 Uhr, Sa 13–17 Uhr). Im Museum werden Ausstellungen zur westaustralischen Geschichte und Kultur sowie Kunstgegenstände der Aborigines gezeigt. Größtes Exponat des Museums ist ein 25 m langes Blauwalskelett.

Northbridge ist außerdem auch das Unterhaltungszentrum von Perth. Hier gibt es zahllose Restaurants, Bistros und Cafés. Nightclubs, Pianobars und Live Shows bieten ein vielfältiges Programm und unterhalten die Gäste bis in die frühen Morgenstunden.

Parks in Perth

Eine der – im wahrsten Sinne des Wortes – größten Attraktionen von Perth ist der **Kings Park** 4 km westlich der City. Hier kann man nach Lust und Laune durch die gepflegten Gärten und das unberührte Buschland schlendern. Im Frühjahr verwandelt sich das Gelände in ein wahres Blumenmeer und vermittelt einen guten Eindruck von der außergewöhnlichen Pflanzenvielfalt Westaustraliens. Innerhalb des Parks liegt auch der **Botanische Garten**. Neben zahllosen „Exoten" wachsen hier weit über 1.000 westaustralische Pflanzenarten.

Tip

Quokkas auf Rottnest Island

20 km nordwestlich von Fremantle liegt Rottnest Island. Das Perth vorgelagerte kleine Eiland – es ist nur 11 km lang und etwa 5 km breit – wurde 1696 von dem holländischen Forscher Vlamingh entdeckt. Er taufte es „Rats' Nest" wegen der vielen übergroßen vermeintlichen Ratten, die er dort sah – in Wirklichkeit kleine Känguruhs, Quokkas genannt. Taucher und Schnorchler finden an der Küste der Insel ein aufregendes Revier.
Informationen: Rottnest Visitor Centre, Henderson Avenue, Tel. (08) 93 72 97 52.

Auch zwischen City und Swan River erstreckt sich ein langer Grüngürtel: die **Esplanade** und der **Langley Park**. An der Esplanade liegt der **Barrack Street Jetty** 10, an dem die Fähren nach Rottnest Island (s. Tip) an- und ablegen. Hier kann man auch eines der Ausflugsboote besteigen, die den Swan River hinunter in Richtung Fremantle fahren.

Informationen: Western Australian Tourist Centre, Forrest Place/ Wellington Street, Perth, WA 6000, Tel. (08) 94 83 11 11.

Der Hafen von Perth

Wer in Perth ist, kommt an dem geschichtsträchtigen, 19 km westlich von Perth gelegenen **Fremantle** (27.000 Einwohner), dem größten Hafen Westaustraliens, nicht vorbei. Die Stadt – im Mai 1829 von Kapitän Charles Fremantle gegründet – hat sich einen Großteil der ursprünglichen Bausubstanz erhalten und präsentiert sich heute – liebevoll restauriert – als schmuckes Städtchen mit netten Cafés, Pubs und Restaurants, vor allem entlang der South Terrace, dem sogenannten „Cappuccino Strip".

Ein Stadtrundgang führt u.a. auch zum **Round House**, dem ältesten Gebäude Westaustraliens (1830). Das **Maritime Museum** in der Cliff Street, ein ehemaliges Lagerhaus, versetzt in die alten Zeiten der Schiffahrt zurück, als die Kapitäne auf der Suche nach dem legendären Südland im 17. Jahrhundert an der Küste Westaustraliens landeten. Teile der „Batavia", die 1626 vor der westaustralischen Küste sank, werden hier restauriert (geöffnet tgl. 10.30–17 Uhr).

Die Umgebung von Perth

Im Großraum Perth gibt es eine Reihe wunderschöner National-

parks, etwa den **Yanchep National Park** (28 km²) 50 km nördlich von Perth und den **Walyunga National Park** im Nordosten der Stadt, der einen der letzten, noch unberührten Teile des **Swan Valley** umfaßt. 26 km östlich von Perth, auf den Höhen der Darling Ranges, liegt der **John Forrest National Park**, das älteste Schutzgebiet Westaustraliens. Es ist Ausgangspunkt für verschiedene Wanderungen.

Der **Nambung National Park** (175 km²) 200 km nördlich von Perth birgt eine der bekanntesten und faszinierendsten Sehenswürdigkeiten Westaustraliens: die **Pinnacles**. Hunderte von Kalksteinsäulen ragen bis zu 4 m hoch aus dem Sand der **Pinnacle Desert**. Die bizarren Skulpturen sind das Ergebnis von Winderosion.

Zahllose Kalksteinnadeln ragen im Nambung National Park unvermittelt aus der Erde.

Der Südwesten
Land der Wildblumenblüte

Der südwestlichste Zipfel Australiens ist – genau wie die Ostküste – berühmt für sein ausgeglichenes Klima. Dank regelmäßiger Regenfälle ist die Region sehr fruchtbar und landwirtschaftlich von großer Bedeutung. In den Wäldern wachsen eindrucksvolle Karri- und Jarrah-Eukalypten, und jedes Jahr im Frühling findet hier das „Wildblumenwunder“ statt: Dann überzieht ein bunter Blütenteppich die ganze Landschaft.

Tip

Valley of the Giants

Ihre vielleicht schönste Ausprägung finden die Karri-Wälder des Südwestens im Valley of the Giants, im „Tal der Riesen“, im Walpole-Nornalup National Park. Vier seltene Eukalyptus-Arten kommen hier natürlich vor: *Eucalyptus jacksonii, E. guilfoylei, E. cornuta* und *E. ficifolia*. Die 17 km lange Straße in das von den Baumriesen bestandene Tal zweigt etwa 10 km östlich von Nornalup vom South Coast Highway ab. Höhepunkt ist der Tree Top Walk (geöffnet tgl. 9–17 Uhr): Auf 420 m Länge wandelt man über Brücken mitten durch das Dach des Waldes – in 40 m Höhe über dem Erdboden!

Reise entlang der Küste

Die meisten Sehenswürdigkeiten des Südwestens liegen an der West- und der Südküste zwischen den beiden Städtchen Bunbury und Esperance. Zahlreiche Nationalparks reihen sich hier aneinander wie Perlen auf einer Schnur.

Die Küstentour führt zunächst nach **Margaret River** (1.725 Einwohner). Hier haben sich auf engem Raum zahlreiche Weingüter angesiedelt, die einige der besten australischen Weine produzieren. Margaret River ist der günstigste Ausgangspunkt zum **Leeuwin-Naturaliste National Park**, der sich über 100 km an der Küste entlangzieht. Hier gibt es ein großes Höhlensystem, das man besichtigen kann.

Von Margaret River gelangt man etwa 150 km weiter nach **Pemberton** (934 Einwohner). Der hübsche Ort liegt inmitten mächtiger, tausende Jahre alter Karri-Wälder und ist die Metropole der westaustralischen Holzindustrie. Hier kann man eines der größten Sägewerke Australiens besuchen.

In der Nähe von **Northcliffe** befindet sich der **D'Entrecasteaux National Park** (1.180 km^2). Er birgt eine enorme Vielfalt an Wildblumen. Al-

Vom Bluff Knoll, dem höchsten Gipfel der Stirling Ranges (1.073 m), genießt man einen fantastischen Blick.

lerdings ist er nur mit einem Allradfahrzeug zu erreichen.

Der **Walpole-Nornalup National Park** 126 km von Pemberton entfernt bedeckt ein 180 km² großes Gebiet um das Nornalup Inlet und Walpole. Der Park ist mit dichten Karri-Wäldern bestanden (s. Tip S. 82).

Nächster Halt auf der Küstentour ist **Albany** (18.820 Einwohner), eines der wichtigsten Ferienziele Westaustraliens. Unweit der Stadt liegt der **Torndirrup National Park** (39 km²). Seine wilde Küste zählt zu den spektakulärsten in Westaustra-

Besteigung des Bluff Knoll

Der Stirling Range National Park (1.150 km²) ist berühmt für seinen Pflanzenreichtum und seine vielfältigen Wandermöglichkeiten. Hier läßt sich botanische Leidenschaft gut mit sportlicher Betätigung kombinieren. Die vielleicht schönste Tageswanderung des Parks führt auf den Bluff Knoll, mit 1.073 m der höchste Gipfel des Parks. Der Weg dauert insgesamt ca. 5 Std. hin und zurück. Ausgangspunkt ist der Parkplatz am Beginn der Bluff Knoll Road **1**, die an der Nordseite des Parks von der Chester Pass Road abzweigt. Unterhalb der eindrucksvollen Felsabstürze des Berges gelangt man zu einem Sattel und wandert dann über die flache Nordabdachung hinauf zum Gipfel **2**. Von dort genießt man einen herrlichen Panoramablick über die bizarren Gipfel des Parks und hinaus auf die umliegenden Weiten.

Blütenmeer im Südwesten

Jedes Jahr im September und Oktober explodiert die Natur im westaustralischen Busch geradezu: Es ist die Zeit der Wildblumenblüte. Selbst die renommierte National Geographic Society widmete dem jährlichen Schauspiel einen langen Artikel in ihrem Magazin. „Wildflower state", Wildblumenstaat also, nennt sich Westaustralien gerne und wirbt in Broschüren und Prospekten mit der Blütenpracht. Nicht so sehr die schiere Masse von Blüten ist es, die das Wildblumenwunder Westaustraliens ausmacht. Die eigentliche Besonderheit daran ist die unglaubliche Vielfalt an Pflanzenarten.

Wenn man vom „wildflower state" spricht, meint man in erster Linie den Südwesten des Bundesstaates. Die Grenze der „Blumenecke" Australiens verläuft entlang einer gedachten Linie von der Shark Bay hinunter zur Israelite Bay, östlich der Stadt Esperance. Der Südwesten ist seit Tausenden von Jahren durch einen ausgedehnten Wüstengürtel, der sich von der Nordwestküste bis zur Great Australian Bight im Süden zieht, von der Osthälfte des Kontinents getrennt. Diese natürliche Barriere verhinderte das Ein- und Auswandern von Pflanzen. Völlig unbeeinflußt konnte sich hier deshalb eine artenreiche und einzigartige Vegetation mit unzähligen endemischen, d.h. nur hier vorkommenden Arten entwickeln. Die Landschaft im Südwesten ist eine Mischung aus Wäldern, Waldsavannen, Küstenbuschland, Sandheiden, Sümpfen und Salzpfannen. Innerhalb dieses Vegetationsspektrums hat man über 3.000 verschiedene Pflanzenarten gezählt, von denen etwa 75 % als endemisch gelten. Einige Verwandte der südwestaustralischen Arten wachsen auch im Norden und Osten Australiens, ein Indiz dafür, daß sich die Wüstenbarrieren rings um Südwestaustralien erst vor kurzer Zeit gebildet haben.

Eine der artenreichsten Pflanzenfamilien des Südwestens sind die Proteaceen, die hier mit zahlreichen Gattungen und prächtig blühenden Arten vertreten sind. Darunter finden sich viele eher baumförmige Pflanzen, etwa die Banksien mit ihren großen Blütenständen. Aber auch kleine strauchförmige Arten zählen dazu. Einige der Gattungen sind nur auf den Südwesten beschränkt. Der Papageienbusch, Wilsons Grevillie und die Wehrlose Lambertie sind nur einige Vertreter dieser Familie. Viele der attraktiven und reich mit Nektar versehenen Proteaceenblüten werden von Vögeln, ja sogar von kleinen Beutlern bestäubt, z.B. von dem winzigen Honigpossum, das sich ausschließlich von Blüten ernährt.

Auch die einjährigen und krautigen Wildblumen Westaustraliens sind sehr zahlreich, von denen die zu den Amaryllisgewächsen zählenden Känguruhpfoten vielleicht am eigenartigsten aussehen. Eine ihrer Arten ist daher auch das Wahrzeichen des Wildblumenstaates Westaustralien.

Unter den Papilionaceen, den Erbsengewächsen, gibt es sehr viele farbenfrohe, zum Teil einjährige, zum Teil auch strauchförmige, meist gelb oder rot blühende Arten. Der Stachlige Erbsenstrauch und die Stech-Flammenerbse sind nur einige aus der großen Zahl.

Vor allem in der isolierten Stirling Range kann man viele verschiedene, fast ausschließlich endemische Arten der Darwinien finden, die, man glaubt es kaum, in die nähere Verwandtschaft der Eukalypten gehören. Zu der Familie der Myrtengewächse zählt auch die Schmalblättrige Federblume mit ihren eigenartig angeordneten Blütenständen, die ihr und ihren Verwandten den Namen „Flaschenputzer" eingetragen haben.

1 Goldene Känguruhpfote / Golden Kangaroo Paw / *Anigozanthus pulcherrima*
2 Rote Blancoa / Red Bugle / *Blancoa canescens*
3 Schwarze Känguruhpfote / Black Kangaroo Paw / *Macropidia fuliginosa*
4 Wilsons Grevillie / Wilson's Grevillea / *Grevillea wilsonii*
5 Rundköpfige Zapfenblume / Drumstick Isopogon / *Isopogon sphaericephalus*
6 Papageienbusch / Sessile Dryandra / *Dryandra sessilis*
7 Wehrlose Lambertie / Chittick / *Lambertia inermis*
8 Stachliger Erbsenstrauch / Wedge Pea / *Gompholobium capitatum*
9 Stech-Flammenerbse / Holly Flame-pea / *Chorizema affinis ilicifolia*
10 Schwarze Kennedie / Black Kennedya / *Kennedia nigricans*
11 Schmalblättrige Federblume / Narrow-leaved Bottlebrush / *Calothamnus affinis*
12 Rosa Verticordia / Morrison Pink Feather Flower / *Verticordia picta*
13 Meebold's Darwinia / Mondurup Bell / *Darwinia meeboldii*
14 Kupferkelch / Coppercups / *Pileanthus limacis*
15 Gelbe Spinnenorchidee / Primrose Orchid / *Caladenia flava*
16 Riechender Glanzstrauch / Scented Banjine / *Pimelea suareolus*
17 Geflügelte Boronia / Winged Boronia / *Boronia alata*
18 Ranken-Leschenaultia / Tangle Leschenaultia / *Leschenaultia linarioides*
19 Langblättrige Goodenie / Long-leaved Goodenia / *Goodenia scapigera*
20 Lammzunge / Sheep's Tongue / *Lachnostachys eriobotrya*
21 Oldfield's Pityrodia / Oldfield's Pityrodia / *Pityrodia oldfieldii*

1
2
3
4
5
6
7
8
9
10
11
12
13
14
15
16
17
18
19
20
21

Die Nullarbor Plain

Was muß der Entdecker John Edward Eyre empfunden haben, als er 1841 als erster den abenteuerlichen Versuch unternahm, die wüstenhafte Ebene zwischen dem Lake Torrens in Südaustralien und der Stadt Albany in Westaustralien zu durchqueren?
Nullarbor Plain ist der Name dieser menschenfeindlichen Region, die im Norden durch die Great Victoria Desert und im Süden durch die Great Australian Bight begrenzt wird. Nullarbor ist die lateinische Bezeichnung für „kein Baum". Dieser Name ist eigentlich nicht ganz korrekt, denn in der Nullarbor wachsen Akazien und Eukalypten. Sie werden jedoch nicht größer als ein Busch. Der poröse Boden der Nullarbor – sie gilt als die größte Kalksteinebene der Erde – verschluckt das wertvolle Naß der seltenen Niederschläge sofort. Für die Pflanzen bleibt da nur wenig übrig.
In der Nullarbor ist alles auf das Wesentliche reduziert. Die Horizontlinie teilt die Welt quasi entzwei. Nicht mehr und nicht weniger. Gut 1.200 km von Ost nach West, 400 km von Nord nach Süd erstreckt sich die endlose Ebene, die in einer dramatischen Steilküste an der Great Australian Bight endet.
Die Umstände, unter denen John Edward Eyre damals durch die Nullarbor-Ebene reiste, sind heute kaum noch vorstellbar. Fünf Monate kostete ihn die Durchquerung der Ebene – und das Leben seines Begleiters John Baxter. Im Jahre 1877 wurde eine Telegrafenleitung quer durch die Ebene verlegt. Auf ihrem Weg zu den Goldfeldern folgten gegen Ende des 19. Jahrhunderts Bergleute dieser Route. Im Jahre 1912 schaffte es erstmals ein Auto, die Ebene zu durchfahren. In den kommenden 12 Jahren sollte dieses Wagnis nur drei weiteren Autos gelingen.
Heute zieht sich der nach John Eyre benannte Eyre Highway wie ein schnurgerades Asphaltband durch den Wüstenstaub und erleichtert die Strapazen für Mensch und Auto beträchtlich. Noch bequemer und luxuriöser ist die Durchquerung mit dem „Indian Pacific", einem Überlandzug, der zweimal in der Woche innerhalb von zwei Tagen und drei Nächten die Städte Sydney und Perth miteinander verbindet.
Auch trotz moderner Transportmittel – die Durchquerung der Nullarbor-Ebene ist nach wie vor ein aufregendes Unternehmen. Ein Gefühl der Einsamkeit begleitet den Reisenden auf seiner Fahrt durch die endlose Weite, aber auch ein Gefühl der Ergriffenheit, wenn die späte Abendsonne die mit Salzbusch bewachsene Endlosigkeit in weiches Licht taucht. Eins ist jedenfalls sicher: Die Nullarbor läßt keinen Reisenden völlig gleichgültig.

lien. Am **Gap** stehen Besucher 25 m über dem tosenden Meer.

Von Albany aus lohnt sich ein Abstecher zum 80 km entfernten **Stirling Range National Park** (1.150 km^2), erreichbar über die Chester Pass Road. Die rauhen Berggipfel ragen bis zu 1.100 m in die Höhe. Zur Zeit der Wildblumenblüte entfaltet der Park seine volle Schönheit. Eine Panoramapiste, der 35 km lange Stirling Range Drive, vom Chester Pass bis zum Redgum Pass durchquert fast den ganzen Park. Von dort zweigen mehrere Wanderwege ab (s. Karte S. 83).

Auf halber Strecke zwischen Albany und Esperance liegt der **Fitzgerald River National Park** (2.400 km^2). In dem Park wächst ungefähr die Hälfte aller westaustralischen Orchideenarten, die meisten davon gibt es nirgendwo sonst auf der Welt. Der **Stokes National Park** (97,5 km^2) 92 km vor Esperance umfaßt ausgedehnte Feuchtgebiete und vogelreiche Seen. Endstation der Küstentour ist der **Cape Le Grand National Park** (310 km^2) kurz hinter Esperance mit einer wilden Granitküste und blendend weißen Sandstränden.

Mittlerer Westen und Gascoyne

Als der Holländer Dirk Hartog am 25. Oktober 1616 am Cape Inscription – in der Nähe der heutigen Shark Bay – australischen Boden betrat, war er nicht sonderlich beeindruckt. Abgeschreckt von der harschen Landschaft, segelte er nach einem kurzen Aufenthalt wieder von dannen und verschwand im Dunkel der Geschichte. Das nach ihm benannte Dirk Hartog Island bildet heute zusammen mit einer Handvoll vorgelagerter Inseln und Halbinseln, die sich in nord-südlicher Richtung in den Indischen Ozean hinausziehen, den schützenden Rahmen für die Shark Bay – seit 1991 als „Erbe der Menschheit" geschützt.

Der Weg nach Norden

Wer im Mittleren Westen unterwegs ist, muß lange Distanzen in Kauf nehmen. Das Straßennetz der Region ist sehr übersichtlich. Es gibt nur zwei große Highways: den Brand bzw. North West Coastal Highway (ab Geraldton) entlang der Küste und den Great Northern Highway weiter im Inland. Während der Inlandhighway als schnelle Nordverbindung konzipiert wurde, bildet der Küstenhighway die touristische Hauptverbindung der Region.

Die wichtigste Stadt im Mittleren Westen ist **Geraldton** (24.361 Einwohner). Hier lohnt ein kleiner Stadtrundgang. Im **Maritime Museum** sind Überreste der vor der Küste gestrandeten holländischen Schiffe „Batavia" und „Zeewijk" ausgestellt.

Folgt man dem North West Coastal Highway weiter in Richtung Norden, erreicht man nach 155 km den **Kalbarri National Park** (1.860 km²). An seiner Küste stürzen hohe Klippen aus rotem Sandstein bis zu 150 m senkrecht in die Tiefe. Weiter im Inneren hat der **Murchison River** breite Schluchten in den Sandstein gewaschen. Eine weitere Attraktion des Parks ist die Wildblumenblüte im Frühjahr. Vom Kalbarri National Park ist es dann – bezogen auf westaustralische Verhältnisse – nur noch ein Katzensprung bis zur Shark Bay.

Stromatolithen sind die älteste bekannte Lebensform der Erde.

Delphine in der Shark Bay

Die Shark Bay ist zweifellos die Hauptattraktion des Mittleren Westens. Die tiefe Bucht reicht über den Wendekreis des Steinbocks bis weit in die Tropen hinein und endet etwa auf der Höhe des Städtchens Exmouth.

Die karge, wüstenhafte Region um die Shark Bay ist ein Landschaftsmix aus roten Sanddünen, von mächtigen Brechern umtosten Kalksteinklippen, gipsreichen Lehmpfannen – sogenannten „birradas" –, strahlend weißen Stränden, salzwasserhaltigen Lagunen und steinigen, spärlich bewachsenen Flächen. Viele bedrohte Tierarten finden hier ein letztes Refugium.

Tip

Wilde Schönheit am Kap

Die Cape Range Peninsula mit Exmouth als Hauptort lohnt einen Besuch – nicht nur wegen des nahen Ningaloo Reef. Ein Großteil der Halbinsel wird von dem eindrucksvollen Cape Range National Park (500 km^2) eingenommen. Schroffe Felsküsten, wilde Schluchten und karge Plateaus kontrastieren mit Eukalyptuswäldern und schönen Badestränden. Informationen: CALM District Office, PO Box 201, Exmouth, WA 6707, Tel. (08) 99 49 16 76.

In den fischreichen Gewässern der Shark Bay selbst tummeln sich Meeresschildkröten, Dugongs und Delphine. Die zahmen Delphine von **Monkey Mia** sind es auch, denen die große Beliebtheit der Shark Bay hauptsächlich zuzuschreiben ist. Seit den 60er Jahren suchen hier regelmäßig Große Tümmler freiwillig den Kontakt zum Menschen. Man kann die zahmen Tiere – meist in den Morgenstunden – in der seichten Bucht unter Aufsicht von Rangern beobachten. Monkey Mia ist heute ein weltbekanntes Forschungszentrum für Delphine.

Weit über die Grenzen Australiens hinaus bekannt wurde die Shark Bay aber auch noch aus einem anderen Grund: den Stromatolithen von **Hamelin Pool**. Man kann diese Relikte aus der Urzeit unseres Planeten von einem Holzsteg aus bewundern. Ähnlich Korallenstöcken ragen zahllose dunkle Höcker und Kuppeln – manche bis zu 60 cm hoch – aus der flachen Salzlake heraus. Die seltsamen Gebilde verdanken ihre Existenz Cyanobakterien, mikroskopisch kleinen Einzellern, die winzige Sedimentpartikel aus dem Wasser binden und die Stromatolithen so Schicht für Schicht in unendlicher Geduldsarbeit aufbauen. Diese Organismen gelten als die ältesten bekannten Lebewesen der Erde und existieren bereits seit 3,5 Milliarden Jahren.

Die Gascoyne

Am Rande der Shark Bay, an der Mündung des Gascoyne River, liegt das Städtchen **Carnarvon**. Es ist bekannt für sein angenehmes Klima und seine tropischen Früchte, insbesondere Bananen.

Wendet man sich von Carnarvon nach Osten ins Landesinnere, erreicht man den wild zerklüfteten

Die Korallenküste

Alle Welt spricht vom Great Barrier Reef, das sich entlang der Ostküste Australiens erstreckt. Doch nur wenige wissen, daß auch die Westküste Australiens eine Wunderwelt aus Korallen beherbergt. Unter der Wasserwüste des Indischen Ozeans verbirgt sich eine bunte und artenreiche Tier- und Pflanzenwelt, die der des weltbekannten Great Barrier Reef in nichts nachsteht.
Das Ningaloo Reef – obwohl mit einer Länge von „nur" knapp 300 km ein Zwerg im Vergleich zum Great Barrier Reef im Osten – ist das größte Korallenriff Westaustraliens und wurde 1987 zum Ningaloo Marine Park erklärt. Es zieht sich vom Bundegi Riff am North West Cape bis hinunter zu dem verschlafenen Fischer- und Ferienort Carol Bay. Gegenüber dem Great Barrier Reef hat das Ningaloo Reef einen gewaltigen Vorteil: Die Tauchgebiete sind sehr gut zu erreichen. Die Korallengärten beginnen nur 100 m, stellenweise sogar nur 50 m vom Festland entfernt. Das Riff wird aus nicht weniger als 220 Korallenarten aufgebaut, und bisher hat man in den Korallengärten weit über 500 verschiedene Fischarten registriert. Um die Fischbestände zu schützen, wurden innerhalb des Parks acht Schutzzonen eingerichtet, in denen Fischen grundsätzlich untersagt ist.
Kein Wunder also, daß mehr und mehr Taucher und Schnorchler die Korallenwunderwelt im Westen für sich entdecken. Eine besondere Attraktion sind die gewaltigen Walhaie, die – meist im März – im Riff auftauchen (s. Tip unten). Aber auch andere Großtiere tragen zum Ruhm des Marine Park bei: Das Riff liegt an der Wanderroute der Buckelwale auf deren Weg in die Antarktis, Seekühe finden in den ausgedehnten Seegraswiesen reichlich Nahrung, Delphine spielen im klaren Wasser der Lagunen, und Meeresschildkröten kommen im Sommer an die Strände, um dort ihre Eier abzulegen. Doch das Paradies ist nicht ungefährdet: Stellenweise hat sich das farbenfrohe Riff in eine trostlose Landschaft aus Korallenskeletten verwandelt, zerstört von einer Meeresschneckenart *(Drupella)*, die sich von Korallen ernährt und sich aus unbekannten Gründen plötzlich explosionsartig vermehrt hat.
Der wichtigste Ort am Riff ist Exmouth. Er wurde erst 1967 als Versorgungszentrum für die nahe gelegene Meeresnavigations-Station – benannt nach dem ehemaligen Premierminister Harold E. Holt – gegründet. In Exmouth finden sich die meisten Firmen entlang des Riffs, die für die wachsende Anzahl von Tauchern aus der ganzen Welt Tauchgänge und Tauchkurse organisieren.
Informationen: Exmouth Tourist Bureau, Payne Street, PO Box 149, Exmouth, WA 6707, Tel. (08) 99 49 11 76.

Kennedy Range National Park und den **Mt. Augustus National Park** 92 km östlich von Carnarvon. Ein Allradfahrzeug ist in beiden Parks unerläßlich.

Das bekannteste Schaustück des Mt. Augustus National Park ist der mächtige Monolith des **Mt. Augustus** (1.106 m). Obwohl er zweimal so groß ist wie der Ayers Rock, ist er wegen der Buschvegetation an seinen Flanken nicht so spektakulär anzusehen. Eine anstrengende sechsstündige Wanderung führt auf seinen Gipfel.

Tip

Tauchen mit Walhaien

Das Ningaloo Reef bietet jedes Jahr zwischen März und Anfang Juni die einzigartige Gelegenheit, Walhaie ganz aus der Nähe zu erleben und mit ihnen zu schwimmen. Walhaie können bis zu 40.000 kg schwer und bis zu 18 m lang werden. Sie ernähren sich ausschließlich von Plankton und kleinen Fischen und sind für den Menschen völlig ungefährlich. Zahlreiche Tauchunternehmen haben sich auf dieses Ereignis spezialisiert.
Informationen: Exmouth Tourist Bureau, PO Box 149, Exmouth, WA 6707, Tel. (08) 99 49 11 76.

Das rauhe Land der Pilbara

Das dunkle Rot des Gesteins, das tiefe Blau des Himmels, das schimmernde Gold des Spinifexgrases und das gespenstische Weiß der Eukalypten – das sind die Farben der Pilbara. Das rauhe Land umfaßt ein Gebiet von der Größe Frankreichs und reicht von der Küste bis zur Great Sandy bzw. Gibson Desert im Nordwesten. Noch nicht einmal 100.000 Menschen leben hier.

Wirtschaftlich dreht sich in der Pilbara alles um die Bodenschätze – neben Eisen kommen hier auch Asbest, Zinn, Blei, Nickel und Mangan vor. Die Bodenschätze sind auch der Grund dafür, daß sich Orte wie **Tom Price**, **Paraburdoo** oder **Newman** in der wüstenhaften Region etablieren konnten. In der Pilbara befinden sich die größten Eisenerzbergwerke Westaustraliens, das in Tom Price ist sogar das größte der Welt. Der gigantische Tagebau kann im Rahmen einer geführten Tour besichtigt werden. Auch die beiden großen Erzverladehäfen **Karratha** und **Port Hedland** profitieren von der florierenden Wirtschaft der Region. Die Minengesellschaften beider Orte veranstalten Hafenführungen.

Tip

Wandern durch Schluchten

Landschaftliche Höhepunkte des 6.000 km² großen Karijini National Park sind zweifelsohne die tiefen Schluchten am Nordrand des Schutzgebietes. Besonders faszinierend ist die Dales Gorge, von der aus man zum Circular Pool, einem großen Wasserbecken, und zu den Fortescue Falls gelangt. Die Dales Gorge ist – wie auch die geologisch interessante Hamersley Gorge, die reizvolle Kalamina Gorge sowie die Hancock Gorge und die Weano Gorge – für Wanderer zugänglich. Informationen: Karijini National Park, PO Box 29, Tom Price, WA 6751, Tel. (08) 91 89 81 57.

Die Nationalparks der Pilbara

Der Karijini (Hamersley Range) National Park und der Millstream-Chichester National Park bilden die beiden touristischen Höhepunkte der Region.

Die Hamersley Range zieht sich etwa 290 km südlich von Port Hedland mitten durch das Herz der Pilbara. Tiefe Schluchten zerschneiden das Gebirge. Sie liegen am Nordrand des Gebirges und verlaufen meist in Nord-Süd-Richtung.

Die Hamersley Gorge ist wie ein Fenster in die geologische Vergangenheit Australiens.

Fauna und Flora der Pilbara

Oft sind es die unscheinbaren Dinge, die – unbeachtet von den meisten – das Besondere darstellen. Das trifft auch für die Tier- und Pflanzenwelt der Pilbara zu. Wer sich tagsüber durch die Pilbara bewegt, wird mit Ausnahme einiger Emus und Gouldwarane kaum ein Lebewesen zu Gesicht bekommen – zu unerbittlich brennt die tropische Sonne während des Tages hernieder. Wenn es allerdings Nacht wird, erwachen die Tiere zu neuem Leben.
Eine kleine, unscheinbare Maus, die Pebble-Mound Mouse *(Pseudomys chapmani)*, leistet Ungewöhnliches: Sie baut charakteristische, bis zu 9 m² große Hügel aus kleinen Steinchen, die sie in mühseliger Kleinarbeit zusammensucht. Wie alle Tiere in der Pilbara mußte sich auch die Pebble-Mound Mouse, über deren Verhalten so gut wie nichts bekannt ist, den rauhen klimatischen Bedingungen dieser wüstenhaften Region anpassen: Sie meidet die Tageshitze und kommt erst in den Abendstunden zum Vorschein. Außerdem besitzt sie die Fähigkeit, lebenswichtiges Wasser über längere Zeit im Körper zu speichern und Feuchtigkeit aus Pflanzen zu gewinnen.
Auch die Pflanzen der Pilbara haben Überlebensstrategien entwickelt. Die meisten haben dünne nadelähnliche, dicht behaarte oder wachsartige Blätter, die dazu dienen, die Verdunstung des Wassers zu verringern. Weite Flächen der Pilbara sind mit Mulga-Trockenbusch und Spinifex-Grasland bedeckt. Die Mulga-Formation wird von Akazien beherrscht und ist nach einer der häufigsten Arten, der Mulga, benannt. Dazwischen ragen weißstämmige Eukalypten *(Eucalyptus leucopholia)* auf. Ein außergewöhnlicher Vertreter der Flora ist die sogenannte Eisenpflanze *(Astrotricha hamptoni)*. Sie bevorzugt die eisenerzreichen Bergketten der Hamersley Range und galt bei den frühen Prospektoren als Eisenerzindikator.

Der **Karijini National Park** umfaßt heute über 6.000 km² der schönsten Teile des Gebirges (s. Tip S. 90).

Nördlich des Karijini National Park liegt der **Millstream-Chichester National Park** (2.000 km²). Man erreicht ihn entweder von dem Bergwerksort **Pannawonica** aus (gut 100 km) – diese Strecke ist nur mit einem Allradfahrzeug befahrbar – oder auf einer gut ausgebauten Piste von **Karratha** aus (etwa 160 km). In dem Park tritt der meist unterirdisch fließende **Fortescue River** ans Tageslicht und bildet große, von Papierrindenbäumen gesäumte Teiche, in denen es sich herrlich schwimmen läßt. Der Rest des Parks ist – wie auch der Karijini National Park – wüstenhaft und trocken. Spinifexgras überzieht mit seinen goldenen Büscheln ganze Landstriche und ist die Charakterpflanze beider Parks.

Der heißeste Ort Australiens

In **Marble Bar** (383 Einwohner), einer ehemaligen Goldgräbersiedlung 1.495 km nördlich von Perth, zeigt sich das extreme Klima der Pilbara von seiner mörderischsten Seite: Marble Bar – benannt nach einem Felsgürtel aus Jaspis, der sich quer über den meist ausgetrockneten Coongan River erstreckt – genießt den zweifelhaften Ruf, der heißeste Ort Australiens zu sein. Hier mußten die Einwohner im Sommer 1923/24 die längste Hitzewelle erdulden, die je aufgezeichnet wurde. Unglaubliche 170 Tage hintereinander kletterten die Temperaturen zum Leidwesen der Bewohner auf über 38 °C.

Kimberley
Eine der letzten großen Wildnisse

Der tropische Norden Westaustraliens ist das letzte Grenzgebiet Australiens. Im Norden und Westen vom Meer umschlossen, im Süden durch den Fitzroy River und im Osten durch den Ord River begrenzt, ist die Kimberley-Region eine der letzten großen Wildnisse des Kontinents. In dem gewaltigen Sandsteinplateau aus dem Präkambrium haben zahlreiche Flüsse ihre Spuren hinterlassen und sich tief in den Fels geschnitten. Savannen- und Graslandschaften wechseln sich mit Bergketten aus Sand- und Kalksteinbrüchen ab.

Die Kimberley-Region leidet unter extremen Klimabedingungen: Auf lange Dürreperioden in der Trockenzeit folgen schwere Monsunregenfälle in der Regenzeit. Nach heftigen Niederschlägen können die Flüsse innerhalb kürzester Zeit zu reißenden Strömen anschwellen.

Tip

Entlang des Lennard River

Auf einem kurzen Abstecher (13 km) von der Gibb River Road kann man den Windjana Gorge National Park (21 km²) besuchen. Die Wände der Windjana Gorge ragen 90 m über dem Lennard River in die Höhe. Ein Wanderweg führt am rechten Ufer des Flusses durch die Schlucht. In der Trockenzeit trocknet der Lennard River zu einer Reihe von Wasserlöchern aus. Entlang der tiefen Pools und auf den Sandbänken sonnen sich tagsüber zahlreiche Süßwasserkrokodile. Informationen: Windjana Gorge National Park, PO Box 942, Kununurra, WA 6743, Tel. (08) 91 68 02 00 oder 91 92 10 36.

„Perle“ am Indischen Ozean

Das touristische Tor im Süden der Kimberley-Region – obgleich eigentlich außerhalb ihrer geographischen Grenzen gelegen – ist die alte Perlenstadt **Broome** (8.906 Einwohner). Der Friedhof zeugt heute noch von den Gefahren der Perlenfischerei zu den Zeiten, als Ausrüstung und Tauchtechniken noch nicht so fortschrittlich waren. Der japanische Teil der Friedhofs ist am größten und interessantesten. 6 km außerhalb der Stadt liegt der weitläufige **Cable Beach**, der schönste Badestrand von Broome. Weißer Sandstrand und türkisblaues Wasser dehnen sich bis zum Horizont soweit das Auge reicht. Die berühmten Dinosaurier-Fußabdrücke am **Gantheaume Point** wurden 1997 leider von Dieben aus dem Fels gemeißelt.

Broome ist ein idealer Ausgangspunkt für Exkursionen in das abgelegene Gebiet der Kimberleys. Dafür stehen zwei Routen zur Auswahl: Die **Gibb River Road**, eine unbefestigte und nur mit Allrad zu befahrene Piste, verläuft mitten durch das Herz der Kimberley-Region von Derby nach Wyndham. Der **Great Northern Highway** um-

Die Windjana Gorge hat sich in ein Korallenriff aus dem Devon geschnitten.

fährt die Region dagegen mehr oder weniger weitläufig.

Entlang der Gibb River Road

Ursprünglich wurde die Gibb River Road als sogenannte „beef road“ zum Abtransport des Viehs von den entlegenen Rinderfarmen gebaut. Sie ist nur in der Trockenzeit zwischen Mai und September befahrbar. Die Gibb River Road nimmt ihren Anfang in der Stadt **Derby**. Bereits nach den ersten 30 km verwandelt sich die geteerte Straße in eine Piste und dringt geradewegs in die Wildnis vor.

Links und rechts der Piste liegen zahlreiche Schluchten, die das ganze Jahr über Wasser führen. **Lennard Gorge, Adcock Gorge** und **Galvans Gorge**, vor allem aber die wunderschöne **Bell Gorge** und die **Manning Gorge** lohnen unbedingt einen Abstecher. Nach 306 km erreicht man die **Mt. Barnett Station**. Das ist auf der ganzen Strecke die einzige Gelegenheit, Proviant und Benzin zu kaufen. Gut 100 km hinter der Station zweigt eine Stichstraße zum **Mitchell Plateau** und den grandiosen **Mitchell Falls** ab.

Kurz vor der Einmündung der Gibb River Road in den Great Northern Highway liegt die berühmte **El Questro Station**. Auf der luxuriösen Rinderfarm gibt es verschiedene Unterkünfte. Auf ihrem Gelände befindet sich auch die sehenswerte **Emma Gorge**, an deren Ende ein Wasserfall in einen tiefen Teich stürzt – ein idealer Platz, um in der brennenden Tageshitze ein kühles Bad zu nehmen. Allerdings muß man für den Besuch der Schlucht eine Eintrittsgebühr berappen.

Tip

Abenteuer untertage

Der Tunnel Creek National Park – erreichbar vom Great Northern Highway über die ungeteerte Leopold Downs Road – schützt eine kleine Kuriosität der Natur: Der Tunnel Creek hat hier eine 750 m lange Höhle durch den Kalkstein der Napier Range geschnitten. Der Tunnel ist zwischen 3 m und 15 m breit. Ausgerüstet mit Taschenlampe und Badehose kann man dem Bachlauf durch den Tunnel bis auf die andere Seite folgen. In der Mitte ist die Höhlendecke eingebrochen, und Tageslicht fällt wie durch ein Fenster hinein.
Informationen: Windjana Gorge National Park, PO Box 942, Kununurra, WA 6743, Tel. (08) 91 68 02 00.

Auf dem Great Northern Highway

Wer sich das staubige und anstrengende Allrad-Abenteuer auf der

Gibb River Road lieber nicht antun möchte, folgt dem Great Northern Highway. Erster Halt entlang dieser durchgehend geteerten Straße ist der Ort **Fitzroy Crossing** (1.119 Einwohner). Der dortige Crossing Inn ist der älteste Pub in den Kimberleys.

Die meisten Besucher zweigen hier zum **Geike Gorge National Park** ab, wo der Fitzroy River eine tiefe Schlucht in den Kalkstein der Napier Range gegraben hat. In die Schlucht selbst gelangt man nur per Boot. Die Nationalparkverwaltung bietet dazu täglich Fahrten an. Unterwegs kann man vielerlei Wasservögel und Süßwasserkrokodile beobachten.

Der Highway führt nun in einem weiten Bogen um die Kimberley-Region herum und erreicht knapp 300 km hinter Fitzroy Crossing den Ort **Halls Creek** (1.305 Einwohner). Die Gegend um Halls Creek war 1885 Schauplatz eines kurzen Goldrausches, des ersten in Westaustralien. Alles, was von der ursprünglichen Siedlung **Old Halls Creek** noch übrig geblieben ist, sind die alte Post und der Friedhof. Wer es mag, kann hier auch selbst sein Glück versuchen und nach Gold graben. Halls Creek ist ein guter Ausgangspunkt für Ausflüge in den **Purnululu (Bungle Bungle) National Park** (s. Kasten S. 95). 108 km hinter Halls Creek biegt die nur mit Allrad zu befahrene Zubringerpiste vom Great Northern Highway ab.

Weiter in Richtung Wyndham erreicht man nach 55 km die kleine Siedlung **Turkey Creek**. Von hier aus kann man an klaren Tagen in der Ferne die Abraumhalden der **Argyle Diamond Mine** erkennen. 1979 hat man hier Diamanten entdeckt. Der Abbau begann erst vier Jahre später. Seit 1986 gilt die Diamantenmine als die größte der Welt. Eine ihrer „Spezialitäten" sind die seltenen, rosa gefärbten Diamanten. Touren zur Argyle Diamond Mine werden von Kununurra aus angeboten (Belray Diamond Tours, Tel. 08-91 68 10 14).

Der Great Northern Highway endet 207 km weiter in **Wyndham**, einer kleinen Stadt am westlichen Arm des Cambridge Gulf. Die Hafenstadt wurde zur Zeit des Goldrausches in Halls Creek gegründet.

56 km vor Wyndham zweigt der Victoria Highway vom Great Northern Highway ab und erreicht nach 45 km die Stadt **Kununurra** (4.061 Einwohner). Gilt Broome als das südliche Einfallstor zu den Kimberleys, so kann man Kununurra als das nördliche Pendant bezeichnen. Von Kununurra aus kann man einen schönen Ausflug zum **Mirima National Park** unternehmen (21 km^2). 70 km südlich des Schutzgebietes hat man den **Ord River** mit einem Damm gezähmt und den **Lake Argyle**, den größten Stausee Australiens, geschaffen. Der See ist ein wunderbarer Platz zum Fischen und für Wassersport. Der idyllische **Lake Kununurra**, ebenfalls ein Stausee, ist ein Vogelparadies. Für Vogelfreunde ist eine Bootsfahrt sehr zu empfehlen.

Der Purnululu National Park

Die australische Filmcrew, die 1982 eher zufällig über die Bungle Bungle Range flog und dabei Luftaufnahmen von der bizarren Landschaft unter sich machte, hatte keine Ahnung, was ihre Bilder bewirken würden. Was die Kamera aufzeichnete, war eine Landschaft wie aus einer anderen Welt: Tausende von gerundeten und tigerartig gestreiften Sandsteindomen erheben sich wie gigantische Bienenkörbe aus einer mit Spinifexgras bewachsenen Sandebene. Die zahllosen Pagoden, Kuppeln und Dome gehen über in ein massives Plateau, in das sich gewaltige Schluchten eingegraben haben. Der Kameramann schuf damals Bilder, die in vielen Zuschauern den Wunsch weckten, diese bizarre Steinwelt mit eigenen Augen zu sehen.
Nach der „Entdeckung" dieser einzigartigen Steinwelt ging alles sehr schnell. Bereits fünf Jahre später wurde das Gebiet um die Bungle Bungle Range zum Nationalpark erklärt, der seither Besucher aus aller Welt anzieht. Vor kurzem hat man das 2.087 km² große Schutzgebiet, das sich binnen kürzester Zeit zu einem der bekanntesten Nationalparks Westaustraliens entwickelt hat, in Purnululu National Park umbenannt.
Die Attraktion der East Kimberleys hat ihren Ursprung im Zeitalter des Devon. Flüsse und Bäche schwemmten damals Sand und Geröll in das Gebiet. Diese Ablagerungen verfestigten sich zu Sandstein und Konglomerat. Später wurde das ganze Gebiet durch tektonische Bewegungen angehoben, und im Laufe der Jahrmillionen schuf die Erosion eine Mondlandschaft von einzigartiger Schönheit.

Die meisten Besucher folgen den „Spuren" der Filmcrew und gehen in die Luft. Denn aus der Vogelperspektive läßt sich die wilde, größtenteils unzugängliche Landschaft am besten – und auch am bequemsten – erleben (Informationen: Slingair, Tel. 08-91 69 13 00).
Die Steinwelt der Bungle Bungle Range läßt sich während der Trockenzeit natürlich auch mit Allradfahrzeug und auf Schusters Rappen erkunden. Allein die 53 km lange Zubringerpiste vom Great Northern Highway ist ein kleines Abenteuer für sich: Wie eine Achterbahn windet sich das Staubband über Hügel und durch Täler, bis man nach mehr als zwei Stunden kräftig durchgeschüttelt den Park erreicht hat. An der Nordseite des Bungle Bungle-Massivs lockt die kühle Klamm der Echidna Chasm zahlreiche Besucher an. Eine schöne Wanderung führt in die Schlucht hinein (2 km hin und zurück, ca. 1,5 Std.). An den Steilabstürzen des Massivs und am Schluchtgrund wachsen *Livistonia*-Palmen. Unweit der

Die tigerstreifigen Sandsteindome sind ein Naturwunder.

Echidna Chasm können zwei weitere atemberaubende Schluchten zu Fuß erkundet werden: die Froghole Gorge (1,4 km, ca. 1,5 Std.) und die Mini Palms Gorge (3 km, ca. 2,5 Std.). Das Ziel der Begierde, die viel fotografierten Sandsteindome, allerdings verstecken sich auf der Südseite des Massivs. Sie sind über eine Piste erreichbar, die zum Teil durch tiefen Sand führt. Frühaufsteher – und das sollte man in den Kimberleys sowieso sein – dürfen sich den Sonnenaufgang an den Domen nicht entgehen lassen. Kurze Wanderziele sind hier die grandiose Cathedral Gorge, und auch ein Spaziergang entlang des ausgetrockneten Bachbetts

Zahlreiche wilde Schluchten durchziehen das Purnululu-Massiv.

des Piccaninny Creek beschert eindrucksvolle Landschaftsbilder.
Und noch ein Hinweis: Alle Wanderungen im Park sollten am Morgen oder Spätnachmittag unternommen werden. Denn wie heißt ein australisches Sprichwort so schön: „Only mad dogs and Englishmen go out in the midday sun!"
Informationen: Kununurra Visitor Centre, PO Box 446, Kununurra, WA 6743, Tel. (08) 91 68 11 77.

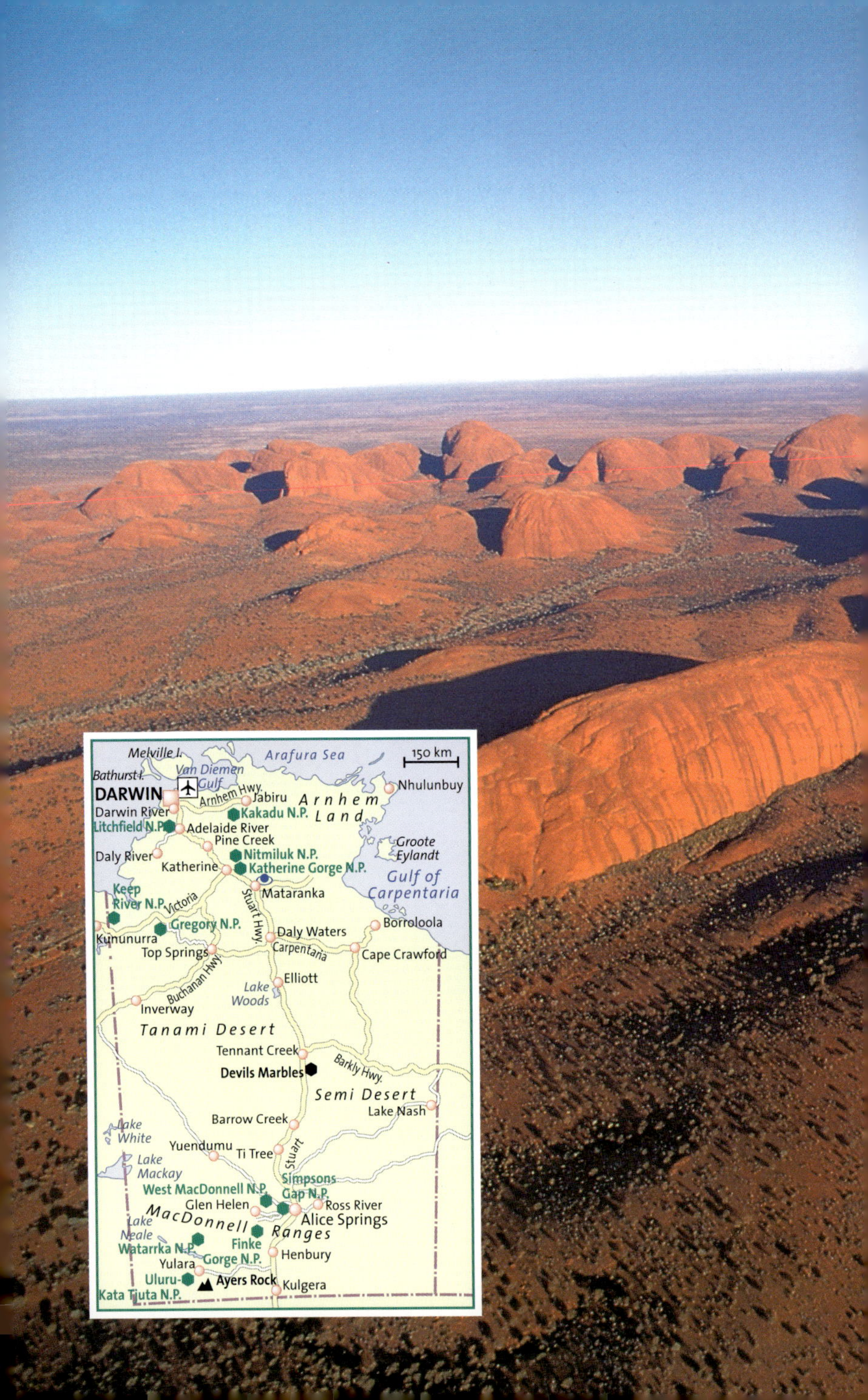

Melville I.
Arafura Sea
150 km
Bathurst I.
Van Diemen Gulf
DARWIN
Arnhem Hwy.
Jabiru
Arnhem Land
Nhulunbuy
Darwin River
Kakadu N.P.
Litchfield N.P.
Adelaide River
Pine Creek
Groote Eylandt
Daly River
Nitmiluk N.P.
Katherine
Katherine Gorge N.P.
Gulf of Carpentaria
Keep River N.P.
Victoria
Mataranka
Stuart Hwy.
Gregory N.P.
Kununurra
Daly Waters
Borroloola
Top Springs
Carpentaria
Cape Crawford
Buchanan Hwy.
Elliott
Lake Woods
Inverway
Tanami Desert
Tennant Creek
Barkly Hwy.
Devils Marbles
Semi Desert
Lake Nash
Barrow Creek
Lake White
Yuendumu
Ti Tree
Stuart
Lake Mackay
Simpsons Gap N.P.
West MacDonnell N.P.
Glen Helen
Ross River
MacDonnell Ranges
Alice Springs
Lake Neale
Watarrka N.P.
Finke Gorge N.P.
Henbury
Yulara
Uluru-Kata Tjuta N.P.
Ayers Rock
Kulgera

Nordterritorium

Land der Kontraste

Nirgendwo sonst in Australien scheinen die Extreme so aufeinanderzuprallen wie im Northern Territory: Während im Kakadu-Nationalpark am Top End des Staates tropische Vegetation das Landschaftsbild bestimmt, ist das „Rote Zentrum“ des Kontinents wüstenhaft und trocken. Hier, in der geographischen Mitte Australiens, ruht das gewaltige, rote Sandsteinmassiv des Uluru – Touristenmekka und Heiligtum zugleich.

Darwin und das Top End

Der erste Versuch schlug fehl: Bereits ein Jahr nach der Gründung von Palmerston an der Mündung des Adelaide River 1869 mußte die Siedlung wegen katastrophaler Überschwemmungen aufgegeben werden. Man fand einen neuen Standort am Port Darwin – benannt nach dem berühmten Naturforscher Charles Darwin. Obwohl der Ort eigentlich Palmerston hieß, setzte sich der Name Port Darwin immer mehr durch, und 1911 wurde der Ort offiziell in Darwin umbenannt.

Die abgelegene Siedlung im Norden Australiens wuchs nur sehr langsam. Erst die Fertigstellung des Stuart Highway – die Verbindung nach Alice Springs im Zentrum – während des Zweiten Weltkriegs änderte diese Situation ein wenig. Doch das Unglück verfolgte Darwin weiter: Während des Krieges wurde die Stadt von japanischen Kampfflugzeugen bombardiert und im Jahr 1974 von dem Wirbelsturm „Tracy“ fast völlig zerstört.

Heute ist Darwin eine moderne Stadt mit etwa 74.000 Einwohnern und Hauptstadt des Northern Territory. Die rasche Entwicklung in den letzten 20 Jahren basiert vor allem auf den reichen Bodenschätzen der Region – und zunehmend auch auf dem Tourismus. Dennoch ist Darwin eine Grenzstadt geblieben, eine letzte Bastion vor der tropischen Wildnis im Norden.

Stadtrundgang durch Darwin

Unter touristischen Gesichtspunkten hat Darwin im Vergleich zu anderen australischen Städten recht wenig zu bieten. Die Stadt ist dank des internationalen Flughafens in erster Linie das nördliche Einfallstor Australiens. Trotzdem lohnt sich ein kleiner Stadtrundgang durchaus.

Von der alten Bausubstanz ist wegen der starken Zerstörung im Zweiten Weltkrieg und durch den Wirbelsturm „Tracy" nicht mehr viel übrig. Dennoch sind einige historische Gebäude erhalten geblieben, etwa das im eleganten Kolonialstil erbaute **Government House** **1** am südlichen Ende der Esplanade. Nicht weit davon, Ecke Knuckey Street, steht das **Old Admirality House** **2**.

Direkt gegenüber der Esplanade erstreckt sich der **Bicentennial Park**. Ein Bummel entlang des Parks ist immer vergnüglich. Darwin besitzt auch sehr schöne und dank des tropischen Klimas besonders üppige **Botanic Gardens** **3** nördlich des Stadtzentrums.

Am Bullocky Point, hinter den Botanischen Gärten, befindet sich die **Museum and Art Gallery of the Northern Territory** (Conacher Street, Fannie Bay, geöffnet Mo–Fr 9–17 Uhr, Sa–So 10–17 Uhr). Das Museum beherbergt eine ausgezeichnete Sammlung von Kunstgegenständen der Aborigines, der Balinesen und aus Neuguinea. Ebenso sind hier Werke berühmter australischer Maler zu bewundern.

Im Norden der Stadt liegt das **East Point Reserve**, eine große Halbinsel, die als Naturreservat geschützt ist. Von Interesse sind hier das **Artillery War Museum** und der **Lake Alexander** – immer gut für eine kleine Abkühlung. Vom **East Point** selbst kann man die herrlichsten Sonnenuntergänge beobachten, für die Darwin zu Recht berühmt ist.

Vom East Point Reserve nahe Darvin kann man die schönsten Sonnenuntergänge beobachten.

Informationen: Darwin Region Tourism Association, PO Box 432, Darwin, NT 0801, Tel. (08) 89 81 43 00.

Die Umgebung von Darwin

Die nähere Umgebung Darwins wartet mit einer Fülle von Sehenswürdigkeiten auf, allen voran dem weltberühmten **Kakadu National Park** (s. Kasten S. 102). Doch schon auf dem Weg dorthin liegen eine Reihe von Attraktionen.

Ein beliebtes Ausflugsziel 31 km östlich der Stadt ist der **Howard Springs Nature Park**. Kristallklare

Quellbäche sprudeln hier aus dem Boden. Das von Monsun-Regenwald umgebene Wasserloch ist ein idealer Platz zum Baden. Vor Krokodilen braucht man hier keine Angst zu haben. Vogelfreunde können mit ein bißchen Geduld und Glück über 50 verschiedene Vogelarten in dem Schutzgebiet entdecken.

Tip

Zu Besuch bei seltenen Tieren

Tierfreunde kommen im Territory Wildlife Park 57 km südlich von Darwin auf ihre Kosten. Der 400 ha große Wildpark ist von natürlichem Buschland bedeckt. Viele in Nordaustralien zum Teil nur selten vorkommende Tierarten sind hier in großen Freigehegen untergebracht. Es gibt einen kleinen Zug, der die Besucher durch das weitläufige Gelände befördert. Man kann aber auf angelegten Wegen auch zu Fuß durch den Park spazieren. Der Territory Wildlife Park ist von Darwin aus über den Stuart Highway und die Cox Peninsula Road zu erreichen. Informationen: Tel. (08) 89 88 60 00, geöffnet tgl. 8–18 Uhr.

Knapp 60 km hinter Darwin zweigt der Zubringer zum **Fogg Dam Conservation Reserve** vom Arnhem Highway ab. Ein Stausee hat sich hier in ein Vogelparadies verwandelt. Ein Holzsteg führt durch einen Monsun-Regenwald und ein mit Papierrindenbäumen bestandenes Sumpfgebiet.

Ein paar Kilometer weiter auf dem Arnhem Highway erreicht man die **Adelaide River Crossing**. Hier kann man eine Bootstour auf dem **Adelaide River** unternehmen. Die Stars dieser Flußfahrt sind die großen Salzwasserkrokodile, die – angelockt durch einige Fleischhappen – gewaltige Sprünge aus dem Wasser machen.

Im **Window on the Wetlands Visitor Centre** erhält man eine Einführung in die Ökologie der Feuchtgebiete der Region. Das Besucherzentrum thront auf einem Hügel, von dem es die Überschwemmungsebenen des Adelaide River hervorragend überblicken kann.

Der Litchfield National Park

Für viele Einheimische ist der 140 km südlich von Darwin gelegene Litchfield National Park (657 km^2) längst eines der beliebtesten Naherholungsgebiete. Für Touristen hingegen ist der kleinere Nachbar des Kakadu National Park eher ein Geheimtip. Man erreicht den Park über den Stuart Highway. Von dort zweigt eine Straße in Richtung **Batchelor** ab, die sich dem Park von Osten her nähert.

Der Litchfield National Park umfaßt Teile der **Tabletop Range**, einem bewaldeten Sandsteinplateau. Die meisten Sehenswürdigkeiten des Reservats liegen am Rande des steil abfallenden Plateaus und sind durch die geteerte Litchfield Park Road erschlossen. Erster Stop entlang der Straße sind die sogenannten **Magnetic Termites**. Die Termitenhügel heißen deshalb so, weil sie alle exakt in Nord-Süd-Richtung ausgerichtet sind.

Nur wenige Kilometer später zweigt eine Stichstraße zu den **Florence Falls** ab. Auf dem Weg dorthin sollte man unbedingt den kurzen Abstecher zum **Buley Rockhole** unternehmen. In dem tiefen Pool eines kristallklaren Bachs kann man sich wunderbar abkühlen. Unweit von hier stürzen die Florence Falls über eine Felskante in ein von Regenwald umstandenes Felsbecken und bilden einen tiefen See. Ein kleiner Wanderweg führt zu diesem Naturjuwel.

Das nächste Ziel ist nur über eine schlechte Piste, die von der Litchfield Park Road abgeht, zu erreichen. Ohne ein Allradfahrzeug kommt man hier nicht weit. Gemeint ist die **Lost City,** eine Ansammlung bizarr verwitterter Sandsteintürme auf der Höhe des Tabletop-Plateaus.

Die Hauptstraße selbst beginnt bald darauf den Abstieg vom Plateau und führt zu den **Tolmer Falls**, dem **Greenant Creek**, einem munteren Bächlein inmitten eines kleinen Flecks von Monsun-Regenwald, und den **Wangi Falls**. Der große See am Fuße des Wasserfalls bildet den beliebtesten „Swimmingpool" im Park und ist dementsprechend überlaufen. Wer lieber Ruhe und Abgeschiedenheit sucht, für den sind – Allradfahrzeug vorausgesetzt – die 22 km weiter versteckt gelegenen **Tjaynera Falls** genau das Richtige.

Auf dem Weg ins „Rote Zentrum"

Die nächste größere Stadt nach Darwin ist **Katherine** (7.064 Einwohner), am gleichnamigen Fluß gelegen. 320 km sind es auf dem Stuart Highway von Darwin nach Katherine. Der Ort, der im Januar 1998 von einem Jahrhunderthochwasser heimgesucht wurde, ist Ausgangspunkt zu einem weiteren wichtigen Nationalpark am Top End, dem **Nitmiluk National Park** (1.800 km^2).

Die Hauptattraktion des Parks sind die Canyons, die der **Katherine River** in den Sandstein des Arnhem-Plateaus geschnitten hat. Eine Serie von insgesamt 13 Schluchten windet sich auf 12 km Länge durch den Sandstein und öffnet sich anschließend in ein breites Tal. In der Regenzeit schwillt der Katherine River zu einem tosenden Strom an. Die Engpässe zwischen den Schluchten werden dann zu tückischen Stromschnellen. In den übrigen Monaten trocknet der Fluß bis auf einige große Wasserbecken aus. In die faszinierende Welt der **Katherine Gorge** kann man entweder auf einer geführten Bootsfahrt oder auf eigene Faust per Kanu eindringen. Außerdem laden zahlreiche Wanderwege zu Exkursionen ein. Vom Visitor Centre (PO Box 344, Katherine, NT 0851, Tel. 08-89 73 87 70) führt ein fünftägiger Weitwanderweg zu den **Edith Falls** im Nordwesten des Parks. Die Wasserfälle und der große erfrischende See zu ihren Füßen können aber auch bequem mit dem Auto angefahren werden.

Weitere 27 km südlich von Katherine heißt es bereits wieder zu stoppen. In einer vor etwa 500 Mio. Jahren entstandenen wilden Karst-

Der Kakadu National Park

Er ist ein Ort der Superlative: Der Kakadu National Park ist nicht nur einer der größten, sondern auch einer der wichtigsten Nationalparks der Erde. Das 1987 von der UNESCO als „Erbe der Menschheit" ausgewiesene Naturjuwel schützt als einziger Nationalpark weltweit ein komplettes tropisches Flußsystem. Von der Quelle bis zur Mündung liegt der South Alligator River innerhalb der Parkgrenzen. Außerdem fließen der Wildman River und der West Alligator River durch den Park. Die Schwemmebenen versinken alljährlich während des Monsuns zwischen November und April meterhoch im Wasser. Der Name des Parks ist von dem Aborigine-Wort „Gagadju" abgeleitet und bedeutet „Kontraste": An der Küste heben sich grüne Mangroven vom Grau der Gezeitenzone ab. Daran grenzen unmittelbar die überschwemmten Tiefländer des Alligator River. Landeinwärts liegen die unzugänglichen Höhen des zerklüfteten Arnhem-Plateaus und die grandiose Abbruchkante des Hochlands – das Escarpment.

Der Jim Jim Creek unweit des gleichnamigen Wasserfalls

In dem nahezu 20.000 km² umfassenden Schutzgebiet leben etwa 275 Vogel-, 75 Reptilien- und 25 Amphibienarten sowie geschätzte 10.000 Insektenarten. Hinzu kommen zahlreiche Beuteltiere. Etwa ein Drittel aller Pflanzenarten des Northern Territory wachsen im Kakadu National Park.
Entscheidend zur Bedeutung des Parks hat aber neben der überwältigenden Natur auch das reichhaltige Erbe der australischen Ureinwohner beigetragen. Vermutlich seit etwa 50.000 Jahren leben die Aborigines in der Region und haben im Laufe der Zeit Tausende von Felsmalereien an Felswänden oder unter Felsüberhängen hinterlassen, die sich zu einem gigantischen Bilderbuch summieren. Die schönsten finden sich am Nourlangie Rock und am Ubirr Rock.
Dank einer ausgeklügelten Infrastruktur und inzwischen selbst zur Regenzeit befahrbarer Teerstraßen hat sich der Nationalpark zu einem Renner im Tourismusgeschäft entwickelt: Neben dem Uluru-Kata Tjuta National Park gehört er zu den meist besuchten Schutzgebieten des Kontinents. Hotels und andere Unterkünfte schaffen es in der Hauptsaison kaum, des Besucherandrangs Herr zu werden. Trotzdem darf man sich das riesige Schutzgebiet nicht als Touristenrummelplatz vorstellen. Ein Großteil des Parks ist nach wie vor Wildnis und sieht kaum je einen Besucher. Viele Reiseveranstalter bieten Touren in den Park an.
Trotzdem ist nicht alles eitel Sonnenschein in Australiens Vorzeigepark. Mitten im Schutzgebiet liegen der Ort Jabiru und die nahe Ranger Uranium Mine. Denn unter den verwitterten Sandsteinfelsen des Arnhem-Plateaus befindet sich eines der reichsten Uranerzvorkommen der Erde. Erst 1997 hat die australische Bundesregierung beschlossen, ein weiteres Uranbergwerk innerhalb des Parks zu eröffnen. Zwar gehört das Gelände offiziell nicht zum Schutzgebiet, aber da das neue Bergwerk von Nationalpark umgeben ist, befürchten Natur- und Umweltschützer gravierende Auswirkungen auf die Natur des Reservats.
Informationen: Kakadu National Park, PO Box 71, Jabiru, NT 0886, Tel. (08) 89 38 11 00.

Felsmalerei am Nourlangie Rock: Die rechte Figur zeigt Namarrkun, den „Blitzmann". Er trägt den Blitz über seinen Schultern.

landschaft liegt der **Cutta Cutta Caves Nature Park.** Unter der erosionszerfressenen Oberfläche des Kalkgesteins erstreckt sich ein ausgedehntes Höhlensystem. Ein Teil der Unterwelt kann im Rahmen einer Führung besichtigt werden.

Nach weiteren 80 km erreicht man die Thermalquellen von **Mataranka**. 34 °C heißes Wasser dringt hier an die Erdoberfläche und speist einen palmenumstandenen Pool – als Badeplatz sehr beliebt – mit nahezu 17.000 l pro Minute. Folgt man dem Stuart Highway weiter in Richtung Süden geht die tropische Vegetation des Nordens allmählich in die Halbwüste des Zentrums über.

In Richtung Westen

In Katherine zweigt der Victoria Highway vom Stuart Highway ab und schafft die Verbindung zu der Stadt Kununurra in Westaustralien. Die Region zu beiden Seiten des Victoria Highway hat bei Touristen noch keinen hohen Bekanntheitsgrad erlangt – in erster Linie deshalb, weil die Natur noch ungezähmt und nicht so gut erschlossen ist. Entlang des Highways liegen zwei großartige Naturreservate: der Gregory National Park und der Keep River National Park.

Der **Gregory National Park** ist in zwei Sektoren aufgeteilt und umfaßt eine Fläche von insgesamt 10.500 km^2 mit wilden Schluchten, Bergketten und Sandsteinplateaus. Hier vermischt sich der tropische Norden mit dem ariden Zentrum des Nordterritoriums. Auch einige Baobab-Bäume, die Charakterbäume der Kimberley-Region, wachsen im Park. Große Teile des Schutzgebiets sind unzugängliche Wildnis, andere sind durch Allradpisten erschlossen. Auf dem mächtigen **Victoria River** kann man Bootstouren unternehmen. Der Fluß sowie seine Zuflüsse sind von Salzwasserkrokodilen bewohnt – Schwimmen gehört hier also zu den Aktivitäten, die man besser bleiben läßt.

Der **Keep River National Park** (260 km^2) schmiegt sich eng an die Grenze zu Westaustralien. Höhepunkt der Sandsteinregion ist die Schlucht des Keep River. Sie ist durch einen faszinierenden Wanderweg erschlossen. 1996 geriet der Park in die Schlagzeilen, als man dort Ritzzeichnungen von Aborigines entdeckte, die möglicherweise 100.000 Jahre oder sogar älter sind. Alle Pisten im Park sind mit normalen Autos befahrbar.

Tip

Bootsfahrt auf dem Yellow Water

Das Yellow Water, ein abgeschnittener Altarm des mächtigen Jim Jim Creek, bildet ein wahres Vogelparadies. Zweistündige Bootsfahrten durch das ausgedehnte Feuchtgebiet des Kakadu National Park bieten die beste Möglichkeit, Salzwasserkrokodile und viele der über 200 dort lebenden Vogelarten aus der Nähe zu erleben. Besonders schön ist die erste Tour des Tages gleich bei Sonnenaufgang. Informationen: Yellow Water Cruise, Cooinda, Jim Jim, NT 0886, Tel. (08) 89 79 01 45.

Das „Rote Zentrum“

Herz des Kontinents

Keine andere Region Australiens – vom tropischen Nordqueensland mit dem Great Barrier Reef einmal abgesehen – übt solche Anziehungskraft auf Besucher aus wie das wüstenhafte „Rote Zentrum“. Hauptgrund dafür ist das Sandsteinmassiv des Uluru in der Mitte des Kontinents, das zugleich auch das Wahrzeichen Australiens ist.

Das letzte Stück

Der einzige größere Ort zwischen Katherine und Alice Springs ist die Gold- und Kupferstadt **Tennant Creek** (3.480 Einwohner). Obwohl Gold wirtschaftlich in Tennant Creek längst keine Rolle mehr spielt, lebt die Zeit des kurzen Goldrausches von 1932 im **National Trust Museum** und im **Mining Museum** in **Battery Hill** weiter. Die **Nobles Nob Open Cut Mine** – einstmals die reichste Goldmine Australiens – kann man 12 km östlich der Stadt besichtigen.

Tip

Natur aus Aborigine-Sicht

Nur zehn Autominuten westlich von Alice Springs, am Fuße der MacDonnell Ranges, findet sich die neueste Sehenswürdigkeit der Stadt: der Desert Park. Hier kann man die Fauna und Flora der zentralaustralischen Wüste in ihrer natürlichen Umgebung bewundern. Außerdem gibt der Park eine hervorragende Einführung in die Ökologie dieser Region. Besonderer Wert wurde auch darauf gelegt, die Bedeutung der Pflanzen und Tiere für die Aborigines hervorzuheben.

Informationen: Alice Springs Desert Park, Larapinta Drive, PO Box 1046, Alice Springs, NT 0871, Tel. (08) 89 51 87 88.

Fährt man von Tennant Creek aus auf dem Stuart Highway weiter in Richtung Süden, wird man feststellen, daß die Sehenswürdigkeiten entlang der Strecke recht dünn gesät sind. Erst kurz vor dem kleinen Ort **Wauchope** lohnt sich ein Halt wieder. In dem 18 km² großen **Devils Marbels Conservation Reserve** liegen Hunderte von kolossalen Granitkugeln, die Murmeln des Teufels, wie zufällig verstreut zu beiden Seiten der Straße.

Alice Springs

Ausgangspunkt für fast alle Unternehmungen in das „Rote Zentrum“ ist die Wüstenstadt Alice Springs. „The Alice“, wie der abgelegene Ort – Darwin, die nächste größere Stadt, ist fast 1.600 km entfernt – in Australien liebevoll genannt wird, ist etwas Besonderes. Die Stadt hat etwa 25.000 Einwohner und liegt nahe dem geographischen Zentrum des Kontinents. Alice Springs verdankt seine Gründung im Jahre 1871 der Überlandtelegrafenleitung, die Adelaide mit Darwin und weiter über Indonesien und Indien auch mit England verbinden sollte. An einem permanenten Wasserloch im sonst meist trockenen Todd River wurde eine Telegrafenstation errichtet, die die Keimzelle des heutigen Alice Springs bildete. Die Quelle wurde nach Alice, der Frau des Leiters der Station, benannt. Später gab man den Namen auch der Stadt.

Der Besuch der historischen Telegrafenstation im **Alice Springs Telegraph Station Historical Reserve** 3 km nördlich des Stadtkerns ist ein absolutes Muß. Die Originalgebäude wurden liebevoll restauriert, und in einem kleinen Museum sind die frühen Jahre der Station dokumentiert (geöffnet tgl. ab 8 Uhr). Unbedingt sehenswert ist auch der **Royal Flying Doctor Service** an der Stuart Terrace. Hier kann man mehr über die einzigartige Einrichtung der „Fliegenden Ärzte" erfahren. Typisch für das australische Outback ist auch die **School of the Air**, die in Alice Springs eine Basis hat. Die Funkschule bringt Bildung und Wissen via Funkgerät zu Kindern, die in abgelegenen Gemeinden des Outbacks aufwachsen. Vom **Anzac Hill**, einem Aussichtspunkt, hat man einen schönen Blick über die Stadt und auf die nahen MacDonnell Ranges – ein Erlebnis, daß bei Sonnenuntergang besonders eindrucksvoll ist.

Informationen: Tourism Office, Ecke Gregory Terrace und Hartley Street, Alice Springs, NT 0871, Tel. (08) 89 52 51 99.

Die East MacDonnell Ranges

Die meisten Besucher wenden sich von Alice Springs in Richtung der West MacDonnell Ranges oder des Uluru National Park. Die East Mac Donnell Ranges werden im wahrsten Sinne des Wortes – wenn auch zu Unrecht – oft links liegengelassen. Dieser Teil des grandiosen Wüstengebirges hat vielleicht keine bekannten Sehenswürdigkeiten aufzuweisen, dafür kann man sie aber in aller Ruhe genießen.

Die Felskolosse der Devils Marbles 400 km vor Alice Springs spielen in der Mythologie der Aborigines eine wichtige Rolle.

Schlägt man auf dem Ross Highway den Weg nach Osten ein, erreicht man nach etwa 16 km den **Emily and Jessie Gap Nature Park**. Die östliche Wand der Emily Gorge schmücken einige gut erhaltene Felsmalereien der Aborigines. Von hier aus sind es noch 27 km bis zum **Corroboree Rock Conservation Reserve** mit seinen bizarr geformten Felsen. Der **Trephina Gorge Nature Park** liegt einige Kilometer nördlich des Ross Highway. Entlang der Schlucht gibt es einen schönen Rundwanderweg (1 km, 1 Std.).

Giftigster Kontinent der Welt

Superlative sind grundsätzlich mit Vorsicht zu genießen. Fängt man an aufzuzählen, was auf diesem Kontinent alles an gefährlichen Lebewesen kreucht und fleucht, könnte man es sich zweimal überlegen, nach Australien zu reisen.
Der Kontinent kann mit zehn der giftigsten Schlangen der Welt aufwarten, darunter die tödlichste von allen, der Kleingeschuppte Taipan, der mit genügend Gift ausgerüstet ist, um mit einem Biß sage und schreibe 250.000 Mäuse zu töten! Gott sei Dank bewohnt er nur sehr abgelegene Gebiete im Inneren von Queensland.
Vorsicht ist aber auch noch vor anderen Giftschlangen geboten: dem Taipan, einer der größten Giftschlangen überhaupt, der in Südost- und Südwestaustralien häufigen Tigerotter, der als aggressiv geltenden Braunotter und mehreren ihrer Verwandten, der riesigen Mulgaotter sowie dem Kupferkopf aus den Bergländern des südlichen Australiens und Tasmaniens.
Die meisten Besucher Australiens werden auf ihrer Reise aber vergeblich nach tödlichen Schlangen Ausschau halten. Sie verschwinden normalerweise, wenn man sich ihnen nähert. Außer einer: Die Todesotter vergräbt sich im Laub und lauert dort ihren Opfern auf. Sie flüchtet auch dann nicht, wenn man sich direkt auf sie zubewegt.
Australien kann noch einen anderen Superlativ aufweisen: Die giftigste Spinne der Welt, die Trichterspinne, hat sich ausgerechnet die Weltmetropole Sydney und ihre Umgebung als Lebensraum ausgesucht. Vor allem die sehr aggressiven Männchen geraten auf ihrer Suche nach Weibchen nicht selten in Häuser, und das kann dann zu sehr unangenehmen Begegnungen führen. Hier – und praktisch überall sonst in Australien – lebt auch die ebenfalls hochgiftige Schwarze Witwe, die allerdings nicht als aggressiv gilt. Wenn man schon dabei ist, die Gifttiere Australiens Revue passieren zu lassen, dürfen Skorpione, Tausendfüßer und sogar manche Schmetterlingsraupen natürlich nicht fehlen.
Selbst im Meer ist man in Australien vor Schlangen nicht sicher: In den tropischen Gewässern leben zahlreiche Seeschlangen, deren Gift sehr gefährlich ist. Das Meer birgt noch einige andere Kreaturen, deren chemische Waffen tödlich sein können, z.B. die Seewespe, eine Qualle, deren Nesselgift zu einem äußerst schmerzhaften Tod führt. Mindestens 75 Menschen fielen dem im Wasser praktisch unsichtbaren Tier in den letzten 10 Jahren zum Opfer. Deshalb sollte man in der Zeit von September bis Mai lieber nicht in den tropischen Gewässern Australiens schwimmen. Auch der mit Giftstacheln bewehrte Steinfisch und der Blauringoktopus garantieren einen schmerzhaften Tod, wenn man mit ihnen in Berührung kommt.
Selbst Meeresschnecken sind nicht immer harmlos. Die Kegel- oder Konusschnecken besitzen ebenfalls einen Giftstachel, den sie weit herausschnellen können. Vor allem der Geographenkonus ist für mehrere Todesfälle verantwortlich. Daher heißt es auch hier: nicht berühren, selbst wenn die Schnecke noch so schön aussieht!
In den tropischen Regenwäldern entlang der Ostküste droht von ganz anderer Seite Gefahr: Die großen Blätter des Brennesselbaumes *(Dendrocnide moroides)* sind mit feinen Härchen bedeckt, die bei der leisesten Berührung abbrechen und ihre Giftkapseln unter der Haut entleeren. Das Ergebnis sind höllische Schmerzen, die wochenlang anhalten können.
Grund genug also, Australien von der Wunschliste der Reiseziele zu streichen? Zauderer haben zumindest die Statistik auf ihrer Seite: Die Gefahr, mit einem dieser Gifttiere in Kontakt zu kommen, ist so gering, daß man sie getrost vernachlässigen kann.

1 Schwarzotter / Black-bellied Black Snake / *Pseudechis porphyriacus*
2 Mulgaotter / Mulga Snake / *Pseudechis australis*
3 Östliche Braunotter / Eastern Brown Snake / *Pseudonaja textilis*
4 Westliche Braunotter / Western Brown Snake / *Pseudonaja nuchalis*
5 Dugite / Dugite / *Pseudonaja affinis*
6 Schwarze Tigerotter / Black Tiger Snake / *Notechis ater*
7 Östliche Tigerotter / Mainland Tiger Snake / *Notechis scutatus*
8 Taipan / Taipan / *Oxyuranus scutellatus*
9 Wüstentodesotter / Desert Death Adder / *Acanthophis pyrrhus*
10 Todesotter / Common Death Adder / *Acanthophis antarcticus*
11 Hardtwick's Seeschlange / Hardtwick's Sea Snake / *Lapemis hardtwickei*
12 Blauringoktopus / Blue-ringed Octopus / *Haplochaena maculosa*
13 Rotfeuerfisch / Red Firefish / *Pterois volitans*
14 Steinfisch / Stonefish / *Synanceja horrida*
15 Geographenkonus / Geography Conus / *Conus geographus*
16 Seewespe / Sea Wasp / *Chironex fleckeri*
17 Wüstenskorpion / Desert Scorpion / *Urodacus* spec.
18 Schwarze Witwe / Black Widow Spider / *Latrodectus hasseltii*
19 Trichterspinne / Sydney Funnel-web Spider / *Atrax robustus*
20 *Doratifera vulnerans* (Raupe)

1
ca. 1,50 m
2
ca. 2 m
3
ca. 1,50 m
4
ca. 1,50 m
5
ca. 1,50 m
6
ca. 1,50 m
7
ca. 1,20 m
8
ca. 2,50 m
9
ca. 50 cm
10
ca. 40 cm
11
ca. 1 m
12
KL 5 cm
13
30 cm
14
30 cm
15
12 cm
16
D 14 cm
17
10 cm
18
KL
1 cm
19
KL
4-5 cm
20
ca. 2 cm

84 km östlich von Alice Springs befindet sich die **Ross River Homestead**, eine ehemalige Rinderfarm, die heute Besuchern echte Outbackatmosphäre vermittelt. Genächtigt wird in bequemen, klimatisierten Holzhütten, und auf dem Veranstaltungsprogramm stehen unter anderem Kamelritte in die eindrucksvolle Landschaft der East MacDonnell Ranges. Mit einem Allradfahrzeug kann man von hier aus das **Arltunga Historical Reserve** mit den Ruinen einer ehemaligen Goldgräbersiedlung und den **Ruby Gap Nature Park** besuchen.

Tip

Outback aus der Vogelperspektive

Ein ganz besonderer Höhepunkt – im wahrsten Sinne des Wortes – ist eine Ballonfahrt über das Outback. Vom Korb eines Heißluftballons eröffnen sich spektakuläre Blicke über die unberührten Weiten des „Roten Zentrums“ – vorausgesetzt, man ist Frühaufsteher. Noch vor Morgengrauen erheben sich die Ballons in die Luft. Von dort oben ist der Sonnenaufgang ein besonderes Erlebnis. Fester Bestandteil dieses visuellen Festes ist auch ein Glas Champagner. Informationen: Outback Ballooning, Alice Springs, Tel. (08) 89 52 87 23.

Der Larapinta Trail in den West MacDonnell Ranges führt durch die Mesic Gully.

Die West MacDonnell Ranges

Seit 1994 werden die West Mac Donnell Ranges in einem durchgehenden Reservat geschützt. In dem neuen **West MacDonnell National Park** (2.100 km²) sind eine Reihe kleinerer Schutzgebiete und Nationalparks aufgegangen. Heute stellt der Park einen der eindrucksvollsten Nationalparks Australiens dar. Die MacDonnell Ranges sind das längste und mit durchschnittlich 600 m Höhe auch das höchste zentralaustralische Gebirge. Die mächtigen Bergketten sind von wasserführenden Schluchten zerschnitten.

Alle Sehenswürdigkeiten des Parks können über den durchgehend geteerten **Namatjira Drive**, der Alice Springs mit Glen Helen verbindet, erreicht werden. Erstes Ziel entlang dieser Straße ist die **Simpsons Gap**, ein imposanter Flußdurchbruch. Hier lebt eine Kolonie Felsenkänguruhs, die man am Spätnachmittag beobachten kann. **Standley Chasm,** einige Kilometer außerhalb des Nationalparks gelegen, ist vielleicht die atemberaubendste Klamm in der Umgebung von Alice Springs. Hier dringen die Sonnenstrahlen nur in der Mittagszeit, wenn die Sonne ihren höchsten Stand erreicht, bis auf den Grund der Schlucht. **Ellery Creek Big Hole** ist der nächste Halt entlang des Namatjira Drive. Der 18 m tiefe See lädt zum Schwimmen ein und bietet eine willkommene Abkühlung in der flirrenden Hitze des Outbacks. Geologisch interessant ist die **Serpentine Gorge** unweit des Big Hole. 11 km davon entfernt liegt **Ochre Pits**, ein heiliger Ort der Aborigines. Hier wurde früher Ocker gewonnen, ein Grundstoff für die Farben, die von den Aborigines zu zeremoniellen Zwecken benutzt werden. Die grandiose **Ormiston Gorge** ist durch einen Wanderweg erschlossen. Etwa 10 km weiter führt bei **Glen Helen** ein kurzer Fußweg zu der **Glen Helen Gorge**, wo der Finke River die Mac Donnell Ranges durchbricht.

Der Kings Canyon

Hinter Glen Helen endet die Teerdecke schließlich, und die Straße geht in eine staubige Outbackpiste über. Sie führt in einem weiten Bogen vorbei am Meteoritenkrater des **Gosse Bluff** – er liegt auf Aborigine-Gebiet und darf nur mit einer Genehmigung betreten werden – weiter in Richtung Hermannsburg.

Wandern auf dem Larapinta Trail

Seit ein paar Jahren arbeitet man in den West MacDonnell Ranges an einem Weitwanderweg, der bei seiner geplanten Fertigstellung im Jahr 2000 über 250 km weit durch die Bergketten des Wüstengebirges führen wird. Bereits geöffnet sind die ersten 64 km des Trails, die von der Old Telegraph Station bei Alice Springs **1** über die Wallaby Gap, die Simpsons Gap **2** bis zum Fish Hole Canyon **3** und weiter über die Chewing Range **4** zur Klamm der Standley Chasm **5** führen (Dauer ca. 5 Tage). Die Wege auf diesem Abschnitt sind markiert. Alle Campingplätze sind mit Wassertanks ausgestattet. Informationen: Parks and Wildlife, PO Box 1046, Alice Springs, NT 0871, Tel. (08) 89 51 82 11.

21 km vor dem Ort mündet die Piste in die Mereenie Loop Road, die seit ein paar Jahren ein alternativer Zubringer zum **Watarrka National Park** (760 km^2) ist. Die unbefestigte Mereenie Loop Road führt fast auf ihrer gesamten Länge durch Aboriginalland, und für ihre Benutzung benötigt man ebenfalls eine Erlaubnis. Sie ist kostenlos in der Touristeninformation in Alice Springs erhältlich. Die größte Sehenswürdigkeit im Watarrka National Park ist zweifellos der majestätische **Kings Canyon**, eine Schlucht, die über viele Jahrtau-

Im Palm Valley wachsen die seltenen Livistonia-Palmen, eine Relikt aus längst vergangenen Tagen.

sende hinweg in der **George Gill Range** entstanden ist. Die Wände der über 200 m tiefen, urwüchsigen Sandsteinschlucht fallen stellenweise senkrecht ab. Ein etwa vierstündiger Wanderweg erschließt die Region um die Schlucht und führt im oberen Bereich in den Canyon selbst. Auf der Höhe des Plateaus steht die sogenannte **Lost City**, gerundete, bienenkorbähnliche Sandsteindome. Am Grund der Schlucht gedeiht dank der Wasserlöcher im Inneren des Canyons eine üppige Vegetation, der **Garden of Eden**. Hier finden sich zahlreiche Reliktpflanzen aus einer Zeit, als das Klima noch wesentlich feuchter war. Seit 1997 gibt es im Park auch einen 21 km langen Wanderweg, der durch die zerklüftete Landschaft der George Gill Range führt. Vom Watarrka National Park aus kann man über die Ernest Giles Road und den Stuart Highway nach Alice Springs zurückkehren oder aber über den Lasseter Highway zum **Uluru-Kata Tjuta National Park** (s. Kasten S. 111) weiterfahren.

Das Palm Valley

Eine andere Straße, der **Larapinta Drive**, führt von Alice Springs in die 125 km entfernte ehemalige deutsche Missionsstation **Hermannsburg**. Die Stadt ist heute eine Aborigine-Siedlung. Die alte Missionskirche kann man besichtigen.

In Hermannsburg zweigt eine Allradpiste ab, die in das 10 km entfernte **Palm Valley** führt. Es ist Teil des **Finke Gorge National Park** (460 km^2). In dem weiten Tal des meist trockenen Palm Creek wächst ein wunderschöner Hain aus seltenen *Livistonia*-Palmen. Sie kommen nirgendwo sonst auf der Welt vor. Mehr als 400 weitere Pflanzenarten hat man im Palm Valley registriert. Ein Bummel durch den Palmenwald gehört zu den schönsten Erlebnissen im „Roten Zentrum“.

Uluru-Kata Tjuta National Park

Denkt man an Australien, fällt einem unwillkürlich zunächst der Ayers Rock ein. Der gewaltige Monolith, mit 348 m nach dem Mt. Augustus in Westaustralien der zweitgrößte der Erde, im Zentrum des Kontinents übt eine unerklärliche Faszination aus.
Der Ayers Rock – oder Uluru, wie er auch genannt wird – bildet den Anziehungspunkt im Uluru-Kata Tjuta National Park, und täglich findet der „Tanz" um den roten Felsen statt: Morgens Besteigung des Felsens, bei der die Gipfelstürmer wie Ameisen einer Duftspur der Eisenkette folgen, anschließend Sightseeing an der Basis, und abends versammeln sich die Besucher am sogenannten „sunset strip", um das Farbenspiel des Felsens in der untergehenden Sonne zu erleben. Nur in der brüllenden Mittagshitze kehrt Ruhe ein am wohl bekanntesten Felsmassiv der Welt.
Für die Aborigines dagegen ist der Uluru ein uraltes Heiligtum, das es zu behüten gilt, und der Rummel um den Monolithen schafft Probleme. Wer den Glauben der Ureinwohner respektiert, sollte deshalb auf eine Besteigung lieber verzichten.
Nur 30 km westlich des Uluru erhebt sich ein anderes Felsmassiv aus den umliegenden Ebenen, die Olgas. Die Aborigines nennen sie auch sehr treffend „Kata Tjuta", was so viel heißt wie „viele Köpfe". Der höchste „Kopf" ist der 546 m hohe Mt. Olga.
Wegen der überragenden kulturellen Bedeutung für die Aborigines und der einzigartigen Naturdenkmäler ist der Park als „Erbe der Menschheit" ausgewiesen. Der Grund und Boden gehört den Aborigines. Er ging 1985 im Zuge der Landrechtsbewegung an die Anangu – wie sich die Aborigines hier nennen – zurück. Der Park wurde anschließend von der Regierung für 99 Jahre gepachtet und wird seither gemeinsam von Aborigines und Weißen verwaltet.
Was den Park von anderen Schutzgebieten in Australien unterscheidet, ist die strikte Kanalisierung der Touristenströme. Verbote und Regulierungen schränken die Bewegungsfreiheit drastisch ein – eine Tatsache, die angesichts des großen Andrangs verstanden werden muß.
Das Ayers Rock Resort außerhalb der Grenzen des Nationalparks bietet Hotels, Swimmingspools, einen Campingplatz, Supermärkte und alles, was man sonst noch braucht. Hier gibt es sogar einen Flughafen. Der Uluru ist von dem Touristendorf 20 km entfernt, zu den Kata Tjuta sind es 52 km.
Informationen: Uluru-Kata Tjuta National Park Cultural Centre, Tel. (08) 89 56 31 38.

Der Uluru ist die bekannteste Touristenattraktion Australiens.

Erst aus der Nähe kann man die wahre Größe des Uluru ermessen.

Thursday I.
Cape York
Bamaga
Jardine River N.P.
Cape
Weipa
York
Peninsula
Coen
Gulf of Carpentaria
Coral Sea
Great Barrier Reef
Lakefield N.P.
Laura
Cooktown
Cape Tribulation
Port Douglas
Mornington I.
Staaten River N.P.
Woordon-ooran N.P.
Cairns
Innisfall
Karumba
Normanton
Undara Lava Tubes
Ingham
Townsville
Charters Towers
Great Dividing Range
Mt. Isa
Cloncurry
Flinders Hwy.
Bruce Hwy.
Proserpine
Hughenden
Eungella N.P.
Mackay
Landsborough Hwy
Winton
Clermont
Longreach
Emerald
Yeppoon
Rockhampton
Gladstone
Carnarvon N.P.
Bundaberg
Fraser I.
Charleville
Maryborough
Quilpie
Mitchell Hwy.
Roma
Kingaroy
Gympie
Dalby
Cunnamulla
Toowoomba
BRISBANE
Warwick
Gold Coast
Lamington N.P.
200 km

Queensland

Der „Sunshine State“

In Queensland, Australiens Ferienstaat, werden Tropenträume wahr: Entlang der Ostküste erstrecken sich lange einsame Sandstrände, zahllose kleine Koralleninseln liegen im Schutz des berühmten Great Barrier Reef vor dem Festland – ein Paradies für Sonnenhungrige, Surfer und Taucher. Die Cape York-Halbinsel beherrscht undurchdringliche Wildnis, und zahlreiche Wasserfälle verzaubern das üppige Atherton Tableland.

Brisbane

Miami der Ostküste

Im Jahr 1821 beauftragte der damalige Gouverneur von New South Wales den Vermesser John Oxley, das so gut wie unbekannte Land nördlich der Liverpool Plains zu erforschen. Oxleys Aufgabe war es in erster Line, einen geeigneten Standort für eine neue Sträflingskolonie zu finden. Seine Wahl fiel auf die Moreton Bay, und bereits 1824 kamen die ersten Soldaten und Strafgefangenen hier an. Die anhaltenden Feindseligkeiten der Aborigines und der Mangel an Trinkwasser zwang sie jedoch dazu, weiter nach Süden zu ziehen. Schließlich gründeten sie das Strafgefangenenlager an der Stelle der heutigen Stadt Brisbane. Mit der Ankunft freier Siedler im Jahr 1842 begann sich die Siedlung allmählich von New South Wales loszusagen, und am 10. Dezember 1859 wurde der Staat Queensland proklamiert.

Inzwischen hat sich aus dem grimmigen Straflager eine moderne, lebenswerte und lebendige Stadt entwickelt. Brisbane – die Hauptstadt von Queensland – ist das Finanz- und Wirtschaftszentrum des Bundesstaates. In der von der Sonne verwöhnten Stadt am Brisbane River gedeihen üppige Parks und Gärten – begünstigt durch das feuchte, subtropische Klima –, und auch das Freizeit- und Unterhaltungsprogramm der 1,4-Millionen-Metropole läßt nichts zu wünschen übrig. Brisbane besitzt einen internationalen Flughafen und ist das Einfallstor zum „Sonnenstaat".

Rundgang durch die City

Die beste Möglichkeit, einen Überblick über die Stadt zu bekommen, bietet sich von dem 284 m hohen Gipfel des **Mt. Coot-tha**, 8 km westlich des Stadtzentrums, in dem gleichnamigen Park. Über einen weiten Grüngürtel aus Buschland – hier befindet sich auch der jüngste Botanische Garten der Stadt – schweift der Blick hinüber zur Skyline der City.

Das Zentrum von Brisbane liegt auf einer Halbinsel, die von einer mächtigen Flußschleife des Brisbane River begrenzt wird. Die

Spitze dieser Halbinsel nehmen die **City Botanic Gardens** und das Gelände der **Queensland University of Technology** ein. Hier steht auch das 1868 im französischen Renaissancestil erbaute **Parliament House** **1**. Dahinter ragen die Wolkenkratzer der Banken und Geschäftszentren hoch in den Himmel auf. Direkt gegenüber, auf der anderen Seite des Flusses erstreckt sich das Gelände der Weltausstellung Expo 1988. Die großzügigen Gartenanlagen, Ausstellungshallen und Pavillons bereichern heute noch das Stadtbild.

Unweit des Parlaments, an der George Street, befinden sich **The Mansions** **2**, ein Gebäudekomplex mit zahlreichen Restaurants und Boutiquen im neoklassizistischen Stil. Die liebevoll restaurierten **Commissariat Stores** **3** liegen in einer Parallelstraße, der William Street. Sie gelten als das erste Steingebäude der Stadt und wurden von Strafgefangenen errichtet. Heute beherbergen sie die Royal Historical Society of Queensland. Nur wenige Schritte weiter bilden die **Queens Gardens** eine grüne Oase inmitten der geschäftigen City.

Die William Street mündet in die Queen Street, die sich stadteinwärts in eine Fußgängerzone verwandelt. Zahlreiche Palmen, Sonnenschirme und Straßencafés verleihen der Einkaufsmeile eine angenehme Atmosphäre. Das

Am gegenüberliegenden Ufer des Brisbane River ragt die Skyline der City auf.

sechsstöckige **Myer Centre** 4 ist der größte Geschäftskomplex der Stadt. Folgt man der **Queen Street Mall** im Herz der City weiter, erreicht man am anderen Ende das **Main Post Office** 5, ein imposantes, neoklassizistisches Gebäude. Schräg gegenüber steht die mächtige **St. Stephen's Cathedral** 6. Der Bau der ältesten Kirche Brisbanes begann 1850, die Einweihung des im neugotischen Stil erbauten Gotteshauses erfolgte allerdings erst 24 Jahre später.

Eine wunderbare und auch bequeme Möglichkeit, sich die Stadt näher anzusehen, ist ein Lunch Cruise auf dem **Brisbane River**. Die Schaufelraddampfer „Kookaburra Queen I und II" legen jeden Mittag von **The Pier** 7 unweit der St. Stephen's Cathedral ab.

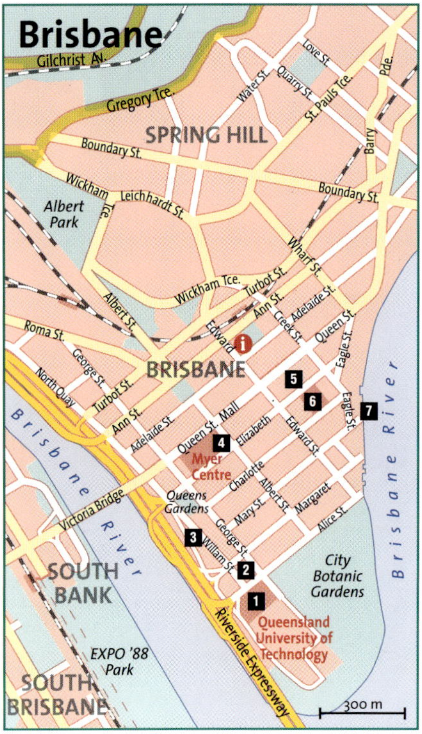

Informationen: Queensland Government Travel Centre, Ecke Adelaide und Edward Street, Brisbane, QLD 4000, Tel. (07) 32 21 61 11.

Die Umgebung von Brisbane

Nur zehn Autominuten von Brisbane entfernt liegt das **Lone Pine Koala Sanctuary**. Die beliebtesten Bewohner des Parks sind die Koalas. Aber auch Wombats, Emus, Schnabeltiere und Kakadus sind dort zu bewundern.

Im **Early Street Historical Village** im Vorort Norman Park kann man einen Blick zurück in die Anfänge des Bundesstaates Queensland werfen.

Das 75 ha große Areal des **Mt. Coot-tha Park** beinhaltet nicht nur die **Botanic Gardens**, sondern auch einen Kaktusgarten, einen Japanischen Garten, der eigens zur Weltausstellung Expo 1988 angelegt wurde, einen australischen Regenwald, einen Kräutergarten und nicht zuletzt ein Planetarium.

Im Osten endet der Großraum Brisbane am seichten Wasser der **Moreton Bay**. Eingerahmt wird die flache Meeresbucht – abgesehen von zahlreichen kleineren Inseln – von drei Hauptinseln: South Stradbroke, North Stradbroke und Moreton Island. Alle Inseln in der Bay haben eins gemeinsam: Sie bestehen fast ausschließlich aus Sand. **More-**

Die Gold Coast

Vermutlich kommt es darauf an, aus welchem Blickwinkel man die Sache betrachtet. Tourismusmanager strecken ihre schützende Hand über die Gold Coast, wohlwissend, daß der Küstenabschnitt eine wahre Goldgrube ist: Jedes Jahr zieht die Gold Coast mehr als 3 Mio. Urlauber an. Puristen dagegen lästern, daß in Surfers Paradise die Betonburgen so nahe an den Strand gebaut seien, daß ab spätestens drei Uhr nachmittags keine Sonne mehr dorthin fällt.
Die goldene Küstenmeile rühmt sich nahezu 300 Sonnentage im Jahr. Sie beginnt in Coolangatta, direkt an der Grenze zu New South Wales, und endet in Southport. Dazwischen liegen 42 km fast ununterbrochener Sandstrand. Entlang des Gold Coast Highway reihen sich etwa zwei Dutzend Badeorte, von denen Coolangatta, Mermaid Beach und Surfers Paradise die beliebtesten sind. Die Orte sind verwaltungstechnisch als City of Gold Coast zusammengeschlossen.
35.000 Zimmer mit 55.000 Betten garantieren den Besuchern immer ein Dach über dem Kopf. Und auch das Kulinarische kommt nicht zu kurz: Die Cold Coast hat angeblich die meisten Restaurants pro Quadratmeter in ganz Australien.
Der Strand ist aber nicht die einzige Attraktion an der Gold Coast. Etliche Vergnügungspark wie Sea World, Wet 'n' Wild Park, Warner Brothers Movie World oder Dreamworld ziehen Besucher an und lassen Disneyland-Atmosphäre aufkommen. Natur wird an der Gold Coast nicht großgeschrieben. Nur zwei Schutzgebiete sind erwähnenswert: 6 km nördlich von Coolangatta zieht sich das Vogelschutzgebiet Currumbin den Küstenstreifen entlang. Neben Känguruhs, Koalas und Emus lenken vor allem die farbenprächtigen Loris die Aufmerksamkeit auf sich. An der Mündung des Tallebudgera Creek liegt der Burleigh Head National Park, ein kleines Waldreservat.

ton Island selbst ist von unberührter Wildnis bedeckt und nahezu vollständig als Nationalpark geschützt. Dichter Busch bewächst die gewaltigen Sanddünen der Insel, von denen der **Mt. Tempest** mit einer Höhe von 285 m als die höchste der Welt gilt. An der Ostküste erstreckt sich ein 30 km langer Sandstrand. Im Inneren der Insel liegen Wälder, Seen und Sümpfe. Über 125 Vogelarten hat man auf der Insel registriert. Es gibt nur wenige Straßen, und für Exkursionen benötigt man neben einer Genehmigung unbedingt auch ein Allradfahrzeug. Moreton Island ist mit Fähren von Brisbane und dem Vorort Scarborough aus zu erreichen.

North Stradbroke Island, von den Einwohnern Brisbanes kurz „Straddie" genannt, ist ebenfalls einen Besuch wert. Hier kann man wunderbar fischen, surfen, reiten, kanufahren und schnorcheln. Der 500 ha umfassende **Blue Lake National Park** im Zentrum der Insel beherbergt zahlreiche Tierarten und kann auf Wanderwegen erkundet werden. North Stradbroke Island ist mit einer Fähre oder einem Wassertaxi von Cleveland aus erreichbar.

South Stradbroke Island war einst mit der Nordinsel verbunden, bis sich während eines Wirbelsturms im Jahr 1896 ein Kanal, der Jumpinpin, zwischen den beiden Inseln öffnete. Man kann die unbewohnte Insel im Zuge einer Tagestour von Southport aus besuchen. Eine Fähre operiert von der Runaway Bay aus. Fahrzeuge sind auf der Insel nicht erlaubt.

Regenwaldparks rund um Brisbane
Im Hinterland der Gold Coast locken zwei weitere Sehenswürdigkeiten und lohnen eine Tagestour oder auch einen Wochenendausflug. Es handelt sich um den in drei Sektoren aufgeteilten Springbrook National Park und den Lamington National Park. Beide Parks haben eine gebirgige Topografie, führen viel Wasser und sind von dichtem, subtropischem Regenwald überwuchert. Sie liegen in einer vulkanischen Region im Umfeld des einst mächtigen Vulkans **Mt. Warning**. Hauptattraktion des **Springbrook National Park** (26 km^2) ist ein Wasserfall, der durch das Dach einer verwitterten Basalthöhle in die Tiefe stürzt. Die Überreste der Höhle formen einen nahezu perfekten Felsbogen.

Wesentlich bekannter noch als der Springbrook National Park ist der **Lamington National Park**, eines der schönsten Reservate in Queensland. Der Park schützt das größte zusammenhängende Stück subtropischen Regenwaldes in Queensland. In Höhen über 900 m geht der subtropische Regenwald in temperierten Regenwald über. Hier, auf den Gipfeln der **McPherson Range**, wachsen die knorrigen und moosbedeckten Südbuchen – eine Reliktpflanze aus der Zeit des Superkontinents Gondwana. Eine zoologische Besonderheit in dem wasserreichen Schutzgebiet ist der blauweiß gefärbte Lamington-Flußkrebs, ein Süßwasserkrebs, der sonst nirgendwo vorkommt.

Die Elabana Falls im Lamington National Park sind nur zu Fuß zu erreichen.

Tip

Dome aus Fels

Nur 65 km nördlich von Brisbane ragen unvermittelt bizarre, vegetationslose Felsdome, erodierte Reste erloschener Vulkane, aus der tropischen Flora der Ebene auf: die Glass House Mountains. Drei der vier Gipfel – Mt. Beerwah, Mt. Ngungun und Mt. Tibrogargan – sind durch schwierige und steile Wanderwege erschlossen. Wer sich die Mühe macht, einen der Felskegel zu erklimmen, wird mit einem herrlichen Panoramablick belohnt.
Informationen: Glass House Mountains National Park, Roy's Road, Beerwah, QLD 4519, Tel. (074) 94 66 30.

Wandern im Lamington National Park

Große Beliebtheit genießt der Lamington National Park aber vor allem bei Wanderern: Der 200 km² umfassende Regenwaldpark ist von einem ausgedehnten, insgesamt 160 km langen Netzwerk von Wanderwegen durchzogen (s. Karte). Ausgangspunkt für die meisten Exkursionen im Park ist entweder das schöne O'Reilly's Rainforest Resort (Green Mountains, via Canungra, QLD 4275, Tel. 07-55 44 06 44) oder die versteckt gelegene Binna Burra Mountain Lodge (Beechmont, via Nerang, QLD 4211, Tel. 07-55 33 36 22).

Eine der schönsten Wanderungen im Lamington National Park nimmt ihren Anfang am O'Reilly's Rainforest Resort **1**. Man folgt von hier erst dem Main Border Track **2**, zweigt dann ab auf den Box Forest Circuit **3** und erreicht unten im Tal das Kleinod der Elabana Falls **4**. Wenig später gelangt man zum Toolona Creek Circuit **5**, dem man – vorbei an zahlreichen Wasserfällen – bis zum Kamm folgt. Hier wachsen die knorrigen Südbuchen und bilden einen oft nebelverhangenen Zauberwald. Über den Main Border Track **6** geht es dann wieder zurück zum Ausgangspunkt (18 km, 4–5 Std.).
Informationen: Lamington National Park, via Nerang, QLD 4211, Tel. (075) 33 35 84.

Cape York Peninsula

Die Spitze Queenslands

Mit der Nordspitze Queenslands, der Cape York Peninsula, trumpft Australiens Wildnis noch einmal richtig auf. Mächtige Flußsysteme – Heimat der gefürchteten Salzwasserkrokodile –, kristallklare Bäche und spektakuläre Wasserfälle wechseln sich mit weiten Graslandschaften, Mangrovensümpfen und üppigen Eukalyptus- und Regenwäldern ab.

Die Halbinsel hat die Größe des Bundesstaates Victoria, aber die Einwohnerzahl beträgt nur 10.000 Menschen. Etwa die Hälfte davon lebt in dem Bergwerksort **Weipa** an der Westküste. Hier befindet sich das größte Bauxitbergwerk der Welt. Der Rest der Bevölkerung verteilt sich auf den Ort Cooktown, Aborigine-Gemeinden und vereinzelte Rinderfarmen.

Die Cape York-Halbinsel ist eine der letzten großen Wildnisse Australiens.

Weite Landflächen der Halbinsel sind als Nationalparks geschützt, einige von ihnen wie z.B. der gewaltige **Staaten River National Park** (4.670 km^2), der noch größere **Lakefield National Park** – mit 5.370 km^2 der zweitgrößte Nationalpark Queenslands –, der **Mungkan Kandju National Park** (4.560 km^2) oder der **Jardin River National Park** (2.350 km^2) im Norden der Halbinsel sind schwierig zu erreichen. Wer diese Naturreservate besuchen möchte, muß gut ausgerüstet sein und über ein zuverlässiges Allradfahrzeug verfügen.

Nur eine einzige Straße, die unbefestigte Peninsula Development Road, windet sich von Cooktown bis hinauf zum **Cape York**. Noch vor zehn Jahren galt die über 800 km lange Reise als großes Abenteuer. Inzwischen befahren Reiseveranstalter aus Cairns die holprige und nur in der Trockenzeit passierbare Trasse regelmäßig. Trotzdem verlangt die Route in den hohen Norden Queenslands Fahrzeug und Fahrer immer noch einiges ab. Natürlich kann das Kap auch bequem per Flugzeug erreicht werden. Flight West und Sunstate Airlines bieten regelmäßige Flüge an.

In die Stadt Cooktown

Das Abenteuer Cape York beginnt in **Port Douglas**, 67 km nördlich von Cairns. Eine größtenteils unbefestigte Straße führt von hier aus in den kleinen, verschlafenen Tropenort Cooktown vorbei am **Cape Tribulation**, wo Captain Cook seine „Endeavour" auf ein Riff setzte. Eine andere, etwas längere Route verläuft weiter im Landesinneren und ist mit konventionellen Fahrzeugen befahrbar.

In **Cooktown** (1.342 Einwohner) selbst ist dann der letzte Vorposten der Zivilisation erreicht. Die Stadt entstand 1873, als große Goldvorkommen am Palmer River gefunden wurden. Mit dem Ende des Goldrausches allerdings begann auch der Verfall Cooktowns – bis der Tourismus das Tropenstädtchen wiederentdeckte. Der Ort wird inzwischen per Ausflugsboot von Cairns regelmäßig angefahren. Sehenswert sind hier das **Sea Museum** an der Ecke Walker Street und Helen Street (geöffnet tgl. 8–17 Uhr) und das **James Cook Historical Museum** in der Helen Street (April–Jan. geöffnet tgl. 9.30–16 Uhr). Der berühmte Seefahrer verbrachte hier, an der Mündung des Endeavour River, 48 Tage, um sein Schiff zu reparieren.

Der Weg zum Cape York

Auf dem Weg nach **Musgrave**, knapp 300 km von Cooktown entfernt, liegen neben dem alten Buschort **Laura** und dem **Lakefield National Park** auch das **Quinkan Reserve**. Die dortigen Felsmalereien zählen zu den schönsten ganz Australiens (Genehmigung beim dortigen Ranger).

Von Musgrave sind es noch 107 km bis zu dem ehemaligen Goldgräberort **Coen**. Nach weiteren 66 km erreicht man den **Archer River**. Das gleichnamige Roadhouse hier bildet die letzte Gelegenheit, Treibstoff nachzufüllen. Die nächste Tankstelle befindet sich erst in Bamaga, 390 km weiter nördlich, kurz vor dem Kap.

Hinter dem Archer River zweigt eine Stichstraße zum **Iron Range National Park** (350 km^2) ab, der eine Reihe verschiedenster Lebensräume umfaßt, darunter auch unberührte Tieflandregenwälder. Hier finden Vögel wie z.B. der Arakakadu, der eigentlich in Neuguinea zu Hause ist, ihr südlichstes Verbreitungsgebiet.

46 km hinter dem Archer River Roadhouse wendet sich die Straße dann Richtung Westen nach Weipa, und die Trasse zum Cape York zweigt rechts ab. Der **Wenlock River** bildet das erste große Flußhindernis auf dem langen Weg nach Norden. Nur 37 km weiter hat man die Wahl: Entweder man folgt dem rauhen **Old Telegraph Track** mit seinen zahlreichen, zum Teil schwierigen Flußüberquerungen, oder aber man benutzt die neue Piste bis zum **Jardine River** und passiert den mächtigen Fluß dann mit der Fähre. Von dort sind es nur noch 75 km bis zum nördlichsten Punkt des australischen Festlands.

Wunderwelten unter Wasser

Weiches, warmes Wasser umspült den Körper. Man rückt die Tauchermaske zurecht und schiebt den Schnorchel zwischen die Zähne. Dann holt man tief Luft, verläßt die gleichförmige Wasseroberfläche und taucht ein in eine völlig andere, faszinierende Welt – an Leben, Farben und Formen geradezu überbordend.
Es fällt leicht, sich im Zusammenhang mit dem Great Barrier Reef in Superlativen zu verlieren. Da haben winzige Organismen in unermüdlicher, jahrtausendelanger Arbeit ein Bauwerk aus Kalk geschaffen, das sich über 2.000 km von Neuguinea entlang der Ostküste Queenslands bis hinunter zu der Stadt Bundaberg zieht. Das Great Barrier Reef ist das größte Korallenriff der Erde. Es bildet allerdings keine einheitliche, durchgehende Barriere zum offenen Meer hin, wie der Name vielleicht vermuten läßt, sondern besteht aus über 2.500 Einzelriffen.
Das Great Barrier Reef sitzt auf dem Kontinentalsockel auf und verläuft mehr oder weniger parallel zur Küste. Je weiter sich das Riff nach Süden erstreckt, desto größer wird auch der Abstand zum Festland. Der äußere Riffsaum, das sogenannte Outer Reef, befindet sich dort, wo der Kontinentalsockel abrupt in Tiefen bis zu 2.000 m abfällt. Dieser Riffsaum bildet das Bollwerk zum offenen Meer hin. Zwischen dem äußeren Riffsaum und dem Festland liegt der sogenannte Barrier Reef Channel mit Wassertiefen zwischen 50 und 100 m.
Um der Bedeutung dieses gigantischen Riffsystems gerecht zu werden, muß man sich in die Welt der Zahlen flüchten: Mehr als 340 verschiedene Korallenarten – darunter Gehirn-, Geweih-, Pilz-, Stein- und Tischkorallen – sind am Aufbau des Riffs beteiligt, und über 1.500 Fischarten sowie mehrere Tausend Weichtierarten leben entlang des erstaunlichen Bauwerks.
Doch das Leben am Great Barrier Reef beschränkt sich nicht nur auf die Wunderwelt unterhalb der Wasseroberfläche. Zahllose Sandinseln, sogenannte „coral keys", haben sich entlang des Riffs aus Korallensand gebildet. Manche davon, wie etwa Green Island nordöstlich von Cairns, sind dicht mit Wald bewachsen. Andere zeigen sich bar jeglicher Vegetation, erfüllen aber als Brutstätten für Seeschildkröten und eine große Anzahl von Seevögeln eine wichtige Aufgabe.
Seit 1983 steht das gesamte Riff als Great Barrier Reef Marine Park unter Naturschutz. Bereits zwei Jahre zuvor wurde das Weltwunder in die Liste „Erbe der Menschheit" aufgenommen.
Ein Besuch Queenslands ohne eine Exkursion zum Riff ist fast undenkbar. Jedes Jahr zieht es weit über 1,5 Mio. Menschen dorthin. Das erste, was dem Taucher am Riff auffällt, ist die überwältigende Fülle an bunt gefärbten Fischarten. Um die überall wuchernden Seeanemonen schwimmen Scharen gestreifter Anemonenfische, Wimpelfische, Pinzettfische und die sehr verschiedenartig gebänderten Schmetterlingsfische gaukeln umher, aus kleinen Höhlen glotzen dicke Zackenbarsche heraus, Schwärme von Schnappern und Preußenfischen schwimmen vorbei, in schreienden Farben gemusterte Drückerfische und Doktorfische knabbern an Korallenstöcken – einer von ihnen heißt sogar sehr treffend Picassofisch – und, wenn man Glück hat, kann man die kleinen blaugestreiften Putzerfische bei der Arbeit beobachten.
Deshalb: Maske und Schnorchel anlegen, tief einatmen und abtauchen – in die Wunderwelt des Great Barrier Reef.

1 Zebrabarsch / Five-banded Sergeant-major / *Abudefduf saxtilis*
2 Gebänderter Anemonenfisch / Black-finned Orange Clownfish / *Amphiprion percula*
3 Gestreifter Schmetterlingsfisch / Threadfin Coralfish / *Chaetodon auriga*
4 Gestreifte Süßlippe / Eastern Sweetlips / *Plectorhynchus orientalis*
5 Blauflecken-Zackenbarsch / Coral Trout / *Cephalopholis miniatus*
6 Langschnabel-Schmetterlingsfisch / Beaked Coralfish / *Chelmon rostratus*
7 Roter Soldatenfisch / Horned Squirrelfish / *Holocentrus cornutus*
8 Wimpelfisch / Pennant Coralfish / *Heniochus acuminatus*
9 Pinzettfisch / Long-snouted Coralfish / *Forcipiger longirostris*
10 Halfterfisch / Moorish Idol / *Zanculus cornutus*
11 Schwarzschwanz-Preußenfisch / Black-tailed Humbug / *Dascyllus melanurus*
12 Gebänderter Kugelfisch / Black-saddled Puffer / *Canthigaster cinctus*
13 Fledermausfisch / Angel Fish / *Platax pinnatus*
14 Putzerlippfisch / Cleaner Wrasse / *Labroides dimidiatus*
15 Blauer Doktorfisch / Flag-tailed Surgeon Fish / *Paracanthurus hepatus*
16 Blaugebänderter Schnapper / Blue-banded Hussar / *Lutianus kasmira*
17 Langschnauzen-Drückerfisch / Beaked Leatherjacket / *Oxymonocanthus longirostris*
18 Picassofisch / White-barred Triggerfish / *Rhinecanthus aculeatus*
19 Hochrücken-Zackenbarsch / Humped Rock-cod / *Chromileptus altivelis*
20 Mandarinfisch / Mandarin-fish / *Synchiropus splendidus*

1
2
3
4
5
6
7
8
9
10
11
12
13
14
15
16
17
18
19
20
ad.
juv.

Der Bruce Highway

Von Cairns nach Brisbane

Der Bruce Highway – auch Highway 1 genannt – verbindet Queenslands Hauptstadt Brisbane mit Cairns, der quirligen und rasant wachsenden Touristenmetropole im Norden. Entlang dieser 1.430 km langen Hauptverkehrsader liegen viele der attraktivsten Sehenswürdigkeiten Queenslands, darunter unzählige idyllische Tropeninseln und endlose weiße Sandstrände.

Cairns (64.463 Einwohner), eine Stadt, die sich mit Haut und Haaren dem Tourismus verschrieben hat, ist ein beliebter Ausgangspunkt für Exkursionen zum Great Barrier Reef, in die Regenwälder am Cape Tribulation und in das kühle Atherton Tableland. Man könnte spielend zwei Wochen in Cairns verbringen und täglich eine andere Tour planen.

Von Cairns nach Townsville

Südlich von Cairns dehnen sich endlose Zuckerrohrfelder aus. Schon nach wenigen Kilometern auf dem Bruce Highway ragen die ersten Berge einer Gebirgskette auf, die in dem **Mt. Bartle Frere** – mit 1.657 m Höhe der höchste Berg Queenslands – gipfelt. Diese etwa 1.000 km^2 große wildzerklüftete und regenwaldbewachsene Region wird durch den **Woordonooran National Park** (s. Tip S. 126) bewahrt.

Lohn für Frühaufsteher: tropischer Sonnenaufgang am Myall Beach am Cape Tribulation

Das Atherton Tableland

Es waren bewegte Zeiten: Die Erde öffnete sich, glühendes Gestein quoll aus Spalten und Schloten, es regnete Asche, gewaltige Explosionen schleuderten Fels und Gase in den Himmel. Als nach dem Inferno – vor etwa 10.000 Jahren – endlich wieder Ruhe einkehrte, hatte sich eine neue Landschaft gebildet: das Atherton Tableland. Heute präsentiert sich die Region zwischen Cairns und Innisfail als ein sanftes, 600 bis 1.000 m aufragendes Hochplateau. Dank der fruchtbaren Böden und des tropisch-feuchten Klimas hat die Landwirtschaft hier das Sagen. Tabak, Mais und Erdnüsse sind nur einige Beispiele für die Vielfalt landwirtschaftlicher Erzeugnisse, die auf dem Atherton Tableland angebaut werden. Wo sich heute Felder und Plantagen erstrecken, stand früher dichter tropischer Regenwald, der sich nach Abklingen der vulkanischen Aktivitäten gebildet hatte. Zwei Drittel dieses einzigartigen Biotops sind inzwischen vernichtet und mußten den Feldern und Siedlungen weichen.
Die Reste der einst üppigen Wälder können heute in den zahlreichen, verstreuten Schutzgebieten bewundert werden. Von Cairns aus können Besucher mit der Skyrail, einer Gondelbahn, über dem Blätterdach des Regenwaldes nach Kuranda hinaufschweben.
Das Dorf im Regenwald ist auch Ziel einer weiteren großen Attraktion: einer Zugfahrt von Cairns aus. Die abenteuerliche Bahnstrecke windet sich in zahlreichen Kurven, über Brücken und Tunnel bis hinauf nach Kuranda.
Weitere beliebte Ausflugsziele auf dem Hochplateau sind der Curtain Fig Tree, eine gewaltige Würgefeige, die Millaa Millaa Falls südlich der Ortschaft Malanda und der Millstream National Park am Südrand des Hochlands.
Die Zeugnisse der vulkanischen Vergangenheit sind inzwischen zwar verwischt, aber immer noch unübersehbar: Vulkankegel wie die Seven Sisters und Maare wie die wunderschönen, regenwaldumstandenen Seen Lake Eacham und Lake Barrine erinnern daran. Im Mt. Hypipamee National Park erstaunt ein gewaltiger, durch eine Gasexplosion entstandener Krater die Besucher.

Kurz vor dem malerisch am **Johnstone River** gelegenen Städtchen **Innisfail** zweigt der Palmerston Highway vom Bruce Highway ab und führt durch dichten Regenwald in das **Atherton Tableland** hinauf (s. Kasten).

Ab Innisfail hält der Bruce Highway etwas Abstand zur Küste. Nach wenigen Kilometern geht eine Straße zum palmengesäumten **Mission Beach** ab, einem schmalen Küstenstreifen östlich von Tully. Hier legt auch die Fähre nach **Dunk Island** ab. Auf dem kleinen Eiland gibt es traumhafte Badestrände, und etliche Wanderwege führen durch die üppige Vegetation.

Tully (2.715 Einwohner) ist der nächste Halt auf der Reise nach Süden. Der Ort genießt den zweifelhaften Ruf, der regenreichste Ort Australiens zu sein. Die durchschnittliche Niederschlagsmenge überschreitet 4.500 mm im Jahr, und schwere Überflutungen sind in der Region nichts Besonderes.

Zwischen Tully und **Cardwell** befindet man sich vorübergehend in touristischem Niemandsland. Cardwell selbst ist – neben **Lucinda** einige Kilometer weiter südlich – einer der beiden Ausgangspunkte nach **Hinchinbrook Island**. Die Tropeninsel wird komplett von dem **Hinchinbrook Island National Park** (390 km^2) eingenommen und bildet den größten Inselnationalpark der Welt. Sie ist bis auf ein Resort am **Cape Richards** nahezu unerschlossen. Ein wunderschöner 3–4tägiger Wanderweg (32 km), der **Thorsborne Trail**, zieht sich entlang der Ostküste. Doch die Tropenwildnis beschränkt sich nicht nur auf Hinchinbrook Island. Auch das gebirgige Landesinnere zwischen Cardwell und Ingham – als **Lumholtz National Park** (880 km²) geschützt – ist von undurchdringlichem Regenwald bedeckt.

Tip

Über wilde Wasser

Ein Outdoor-Abenteuer der besonderen Art kann man im tropischen Norden von Queensland erleben: Die Raft N Rainforest Company bietet 5tägige Raftingtouren auf dem wilden, urwaldgesäumten North Johnstone River im Woordonooran National Park an. Mit einem Hubschrauber werden die Rafter in die gewaltige Schlucht des Flusses eingeflogen, auf dem sie dann die nächsten fünf Tage – in der Obhut erfahrener Guides – verbringen werden. Informationen: Raft N Rainforest Company, 74 Abott Street, Cairns, QLD 4070, Tel. (070) 51 77 77.

Townsville und Magnetic Island

Wenig später gelangt man in die Stadt **Townsville**. Mit mehr als 110.000 Einwohnern bildet Townsville die drittgrößte Stadt Queenslands. Hier fällt besonders der klimatische Wechsel auf: Während die Region um Hinchinbrook Island noch in ein üppiges feuchtgrünes Kleid gehüllt ist, herrscht in Townsville eher Trockenheit. Besonders sehenswert in der Hafenstadt sind die schönen Kolonialgebäude, das **Great Barrier Reef Wonderland** am Ende der Flinders Street East und das **Omnimax Theatre**, ein 3-D-Kino. Einen herrlichen Überblick über Townsville bekommt man von dem Gipfel des 285 m hohen **Castle Hill**. Den Stadtberg von Townsville kann man zu Fuß oder mit dem Auto erreichen.

Das bekannteste Ausflugsziel in der Nähe von Townsville ist das **Magnetic Island**, so benannt von Captain Cook, der beim Vorbeisegeln eine leichte Abweichung seines Kompasses registrierte. Die Insel besteht aus einem mächtigen Granitmassiv und ist zum größten Teil als **Magnetic Island National Park** (27 km²) geschützt. An der Ostküste der Insel liegen die Ortschaften Horseshoe Bay, Arcadia, Nelly Bay und Picnic Bay. Auf Magnetic Island befindet sich eines der größten Koalaschutzgebiete, in dem man die putzigen Tiere in freier Wildbahn erleben kann. Zahlreiche Wandermöglichkeiten und feine Sandstrände sind zwei weitere Pluspunkte der familienfreundlichen Insel.

Von Townsville nach Rockhampton

In **Proserpine,** etwa 268 km hinter Townsville, zweigt eine Stichstraße nach **Airlie Beach** und **Shute Harbour** ab. Beide Orte bilden die Ausgangspunkte für die **Whitsunday Islands** (s. Kasten S. 127).

In der Gegend um **Mackay** (40.250 Einwohner) wird schon seit 1865 Zuckerrohr angebaut. Die Stadt liefert ein Drittel der gesamten australischen Zuckerproduk-

Tropische Inselträume

In kaum einer anderen Region Australiens kommt man dem Paradies so nah wie hier: Gemeint sind die Whitsunday Islands. Die gebirgige Inselgruppe liegt in einem Radius von ungefähr 50 km vor Shute Harbour im blauschimmernden Wasser des Pazifischen Ozeans. Subtropische Üppigkeit, versteckte Fjorde, einsame Traumbuchten, undurchdringliche Buschwälder und fischreiche Korallenriffe – all das verleiht den Whitsundays, die aus insgesamt 74 Inseln bestehen, einen paradiesischen Anstrich. Und noch etwas ist einzigartig an den Whitsundays: die Kombination aus Luxus und Natur. Einige der Inseln, z.B. Hayman Island, Hamilton Island, South Molle Island, Lindeman Island, Daydream Island und Long Island, sind durch zum Teil teure und exklusive Resorts erschlossen.

Fast alle Inseln, zum Teil auch die Resortinseln, sind als Whitsunday Islands National Park unter Naturschutz gestellt, und ein Großteil der Inseln ist unbewohnt. Abgesehen von Hamilton Island mit seinem Flughafen und seinen großen Hotelburgen bewegt man sich in den Whitsundays in einem gigantischen Naturraum, der quasi am Eingangstor der Resorts beginnt.

Die Inselgruppe gilt als das beste Segelrevier Australiens, weltweit nur übertroffen von der Karibik. Außerdem sind die Whitsundays ideal zum Tauchen, Schnorcheln, Wandern oder auch einfach nur zum Faulenzen. Kein Wunder also, daß die Inseln zu einer der beliebtesten Ferienregionen Australiens avancierten.

Die am 4. Juni 1770 von Kapitän James Cook entdeckte Inselgruppe liegt zwar im Bereich des Great Barrier Reef, besteht aber nicht aus Koralleninseln. Die Whitsunday Islands sind sogenannte Festlandinseln, im Wasser versunkene Berge, die ihre geologische Fortsetzung am Festland finden. Doch die farbenfrohen und fischreichen Riffe des Outer Reef sind nicht weit entfernt, das sogenannte Bait Reef z.B. gehört zu den besten Tauchrevieren entlang des gesamten Riffsystems. An einigen Inseln haben sich Saumriffe gebildet, die ebenfalls zum Schnorcheln und Tauchen verführen.

Die vielleicht schönste Art und Weise, das Inselparadies zu erkunden, ist ein mehrtägiger Segeltörn. Mehrere alte Segelschiffe, darunter auch der Rahsegler „Coral Trekker“, ermöglichen dieses Abenteuer. Nachts wird in geschützten Buchten und Fjorden geankert, tagsüber wird gesegelt, gebadet, geschnorchelt, getaucht, gewandert ...

Es stimmt schon: Wenn in Australien das Paradies beheimatet ist, dann hier auf den Whitsunday Islands.

Das tropische Inselparadies der Whitsundays liegt geschützt vom Great Barrier Reef vor der Küste Queenslands.

tion und ist der größte Zuckerverladehafen der Welt. Von hier aus ist das vor allem von Tauchern und Schnorchlern hochgelobte **Brampton Island** gut zu erreichen. Weiter im Landesinneren liegt ein anderes Naturjuwel, der **Eungella National Park** (500 km²). Von Mackay führt eine ca. 80 km lange Stichstraße in den Park, in dem sich subtropischer und tropischer Regenwald miteinander mischen. Der Park ist von zahlreichen Wanderwegen durchzogen, und am **Broken River** hat man in den frühen Morgenstunden gute Chancen, Schnabeltiere in den tiefen Pools beobachten zu können.

36 km südlich von Mackay führt der Bruce Highway durch **Sarina**, eine weitere wichtige Zuckerrohrstadt der Region. In der Nähe gibt es wunderschöne Strände. Knapp 300 km weiter verlockt das ausgedehnte Höhlensystem **The Caves** zu Erkundungstouren.

Verspielte Naturen: Eine Schule Delphine surft in der Brandung vor der Ostküste von Fraser Island.

Nach weiteren 23 km erreicht man **Rockhampton** (55.768 Einwohner) oder Rocky, wie die Australier die Stadt am Fitzroy River kurz nennen. Es gibt zahlreiche Gründe, die Fahrt nach Süden in Rockhampton zu unterbrechen, denn die Stadt ist mit ihren historischen Gebäuden und kulturellen Einrichtungen durchaus sehenswert. Daneben lohnen auch die **Botanic Gardens** und der **Zoo** einen Besuch. Der Botanische Garten wurde 1869 gegründet und ist eine der ältesten und ausgedehntesten Anlagen dieser Art in Australien. Etwa 8 km nördlich der Stadt, direkt am Bruce Highway gelegen, entführt das **Dreamtime Aboriginal and Torres Trait Islander Cultural Centre** Besucher in die reiche Mythenwelt und Kultur der australischen Ureinwohner. Das Zentrum wurde an einem Platz errichtet, wo sich früher die Stämme und Clans der Aborigines trafen. Es ist das erklärte Ziel des

Zentrums, Verständnis für die Kultur der australischen Ureinwohner zu wecken.

Der Ort **Yeppoon** (7.452 Einwohner), 40 km nordöstlich der Stadt gelegen, bildet Rockhamptons Badevorort. 48 km lange goldene Strände sorgen hier für Abwechslung. Von **Rosslyn Bay**, wenige Kilometer südlich von Yeppoon, starten Schiffe zum **Great Keppel Island**. Nur 12 km vom Festland entfernt, bildet die Insel ein beliebtes Ziel für einen Tagesausflug. Wer länger Zeit hat, kann es sich – mit ein wenig Geld – in den Luxushotels der Insel gutgehen lassen.

Von Rockhampton nach Brisbane

Ein paar Kilometer südlich von Rockhampton überquert man dann den Wendekreis des Steinbocks und verläßt damit offiziell die Tropen. Wird Rockhampton gemeinhin als „Fleischhauptstadt" von Queensland bezeichnet, so ist die nächste Stadt auf der Reise nach Süden ein wichtiger Seehafen und gilt als einer der bedeutendsten Industriestandorte Australiens. Die Rede ist von **Gladstone** (23.462 Einwohner). Trotz der Schwerindustrie – hier befindet sich u.a. die größte Aluminiumschmelze Australiens – ist Gladstone eine freundliche Stadt. Von hier aus kann man – per Hubschrauber oder per Katamaran – auf das bekannte **Heron Island** reisen. Die Koralleninsel am Great Barrier Reef ist etwa zur Hälfte als Nationalpark geschützt. Die Strände sind das Brutgebiet von Meeresschildkröten und zahlreichen Vogelarten. Die Insel ist ein Paradies für Taucher und Schnorchler.

Hinter Gladstone entfernt sich der Bruce Highway wieder etwas von der Küste und läßt das **Fraser Island** (s. Tip) auf der Höhe von **Hervey Bay** links liegen. Wenige Kilometer weiter kommt man in den historisch bedeutenden Ort **Maryborough** (20.790 Einwohner) mit seinen liebevoll restaurierten viktorianischen Gebäuden. Kurz darauf folgt die ehemalige Goldgräberstadt **Gympie**, wo noch bis 1920 nach Gold gegraben wurde. Ein Abstecher nach **Noosa** (17.776 Einwohner), schon seit den frühen 60er Jahren ein Mekka für Surfer, ist ebenfalls ein Muß. Brisbane ist dann von hier aus nur noch etwa eineinhalb Autostunden entfernt.

Tip

Größte Sandinsel der Welt

Ein Superlativ der Inselwelt ist Fraser Island, die größte Sandinsel der Welt. Rund 124 km erstreckt sich Fraser Island parallel zur Küste Queenslands und nimmt eine Fläche von 1.630 km^2 ein. Die Insel ist vollständig als „Erbe der Menschheit" geschützt, die Nordhälfte zusätzlich als Great Sandy National Park. Fraser Island ist geprägt von gigantischen Sanddünen, dichten Urwäldern, tiefblauen Süßwasserseen, kristallklaren Bächen und einer einzigartigen Flora und Fauna. Zur Erkundung der Insel ist ein Allradfahrzeug notwendig, denn die einzigen „Straßen" sind Sandpisten und Strände.
Informationen: Queensland Government Travel Centre, Tel. (07) 32 21 61 11.

Zentralqueensland

Entlang des Matilda Highway

Wendet man sich von der Ostküste in Richtung Westen, wird das Land hinter der Great Dividing Range schon bald trockener, und die Städte liegen weiter auseinander. Obwohl Zentralqueensland, das Outback des Bundesstaates, nur dünn besiedelt ist, ist die Region mit einem guten Verkehrsnetz ausgestattet, dessen Rückgrat der Matilda Highway bildet. Die Straße folgt ab **Cunnamulla**, dem ersten Ort hinter der Grenze zu New South Wales, erst dem Mitchell Highway, dann dem Landsborough Highway und schließlich der Burke Development Road und endet in **Karumba** am **Gulf of Carpentaria**. Zentralqueensland zieht zwar nur wenige Besucher an, das heißt aber nicht, daß es im Inneren des Bundesstaates nichts zu entdecken gäbe – ganz im Gegenteil.

Tip

Tunnel aus Lava

Etwa 500 km nördlich von Longreach verbirgt sich eines der größten Naturwunder Queenslands unter der ausgedörrten Waldsteppe des Savannah Country: die Lavahöhlen von Undara. Der erst 1994 gegründete Park umfaßt das größte Lavahöhlensystem der Erde. Es besteht aus vielen Hunderten von Metern langen Segmenten, die sich auf eine Gesamtlänge von 100 km addieren. Die Lavatunnel entstanden vor etwa 190.000 Jahren. Heiße Lavaströme flossen nach der Erkaltung ihrer Oberflächen im Inneren weiter und hinterließen die hohlen Lavaröhren. Einige der Höhlen sind im Zuge von Führungen zugänglich. Informationen: Undara Experience, Tel. (070) 31 79 33.

Opale und Schluchten

Nur 67 km von Cunnamulla entfernt liegen der Ort **Eulo** und die **Yowah Opal Fields**. Hier werden seit den 80er Jahren des 19. Jahrhunderts Opale abgebaut.

Über **Charleville** (3.513 Einwohner), dem Zentrum der Schaf- und Wollindustrie der Region, folgt man dann dem Matilda Highway weiter bis nach **Tambo**, dem ältesten, im Jahr 1863 erbauten Ort im westlichen Zentralqueensland.

Von Tambo bietet sich ein Abstecher in das zerklüftete Tafelland des **Carnarvon National Park** (2.520 km^2) an. Wegen der großen Distanzen sollte man für den Besuch des Parks mindestens drei Tage einplanen. Die Hauptattrak-

Der Wind Tunnel im Undara Volcanic National Park ist nur mit Hilfe von Guides zugänglich.

tion des Parks ist die spektakuläre **Carnarvon Gorge**, die sich 30 km weit durch ein Sandsteinplateau hindurchzieht. Ihre Felswände ragen bis zu 200 m hoch über den mit üppigem Grün bewachsenen Schluchtgrund auf. Die Schlucht ist durch einen Wanderweg erschlossen, der die Sehenswürdigkeiten miteinander verbindet, darunter auch zwei Felsgalerien mit Zeichnungen der Aborigines. Für die anderen Bereiche des großen Nationalparks benötigt man ein Allradfahrzeug.

Die Reise in Richtung Norden geht weiter durch ausgedehntes Rinder- und Schafland. 316 km hinter Tambo erreicht man **Longreach** mit dem **Australian Stockman's Hall of Fame and Outback Heritage Centre**. Hinter dem langen Titel verbirgt sich ein ausgezeichnetes Museum, das den Forschern, Pionieren und Siedlern Australiens gewidmet ist. Das Museum ist eine der beliebtesten Attraktionen des Outbacks und zieht jährlich mehr als 300.000 Besucher an (geöffnet tgl. 9–17 Uhr).

Der Moss Garden in einer Seitenschlucht der Carnarvon Gorge ist ein verstecktes Kleinod.

Dinosaurier und Silberminen

Winton (1.156 Einwohner), 148 km von Longreach entfernt, ist der Ausgangspunkt zu einer Sehenswürdigkeit ganz besonderer Art: Gemeint ist **Lark Quarry**, 115 km südwestlich des Ortes. Die Region war vor etwa 100 Mio. Jahren Schauplatz einer wilden Flucht zahlreicher Dinosaurier. Die Fußabdrücke der aufgeschreckten Tiere sind bis heute in einer Felsplatte perfekt erhalten.

345 km hinter Winton folgt die Stadt **Cloncurry**. Hier wurde der Royal Flying Doctor Service gegründet. Von Cloncurry lohnt sich unbedingt ein Ausflug in den Bergwerksort **Mt. Isa** (23.667 Einwohner) 117 km weiter westlich. Der Ort verdankt seine Existenz den reichen Kupfer-, Silber-, Blei- und Zinkvorkommen. Hier befindet sich Australiens größtes Untertagebergwerk, außerdem wird in Mt. Isa weltweit das meiste Silber und Blei gewonnen.

In **Normanton**, dem nächsten größeren Ort entlang des Matilda Highway, startet der berühmte **Gulflander Train** nach **Croydon** – ein echtes Bonbon für Eisenbahnfans. 72 km weiter endet die Straße dann in **Karumba.**

Bass Strait
Clarke I.
Stanley
Smithton
Marrawah
Wynyard
Burnie
Murchison Hwy.
Devon-
port
George Town
Scottsdale
Mt. William
N.P.
Ulver-
stone
Beacons-
field
St. Helens
Waratah
Sheffield
Launceston
Deloraine
Bass Hwy.
Ben Lomond N.P.
St. Marys
Walls of
Jerusalem N.P.
Rosebery
Douglas
Apsley N.P.
Zeehan
Great
Lake
Campbell
Town
Bicheno
Cradle Mountain
Lake St. Clair N.P.
Queenstown
Swansea
Strahan
Lyell Hwy.
Oatlands
Franklin-Gordon
Wild Rivers N.P.
Lake
Gordon
Lyell Hwy.
Tasman Hwy.
Freycinet N.P.
Triabunna
Mt. Field N. P.
Strathgordon
New Norfolk
Sorell
Maria I.
HOBART
Lake
Pedder
Huonville
Kingston
Southwest N.P.
Geeveston
Port Arthur
Tasman
Peninsula
Melaleuca
Southport
Bruny I.
South West Cape
Cockle
Creek
50 km
Tasman Sea
South East Cape

Tasmanien

Der Inselstaat

Tasmanien ist Australiens kleinster Bundesstaat und zugleich die größte Insel des Kontinents. Das Eiland liegt gewissermaßen als letzte Bastion vor der Antarktis 240 km südlich des australischen Festlands. Trotz des für australische Verhältnisse relativ rauhen Klimas, ist die ehemalige Sträflingsinsel ein wahres Urlaubsparadies. Etwa ein Viertel Tasmaniens bedecken Nationalparks und Naturschutzgebiete.

Hobart

Hauptstadt am „Ende der Welt“

Hobart, die Haupstadt Tasmaniens, liegt – sogar für australische Verhältnisse – am Ende der Welt. Die geographische Randlage Hobarts und ganz Tasmaniens mag bei manchem Festlandaustralier milden Spott hervorrufen, gelegentlich fällt auch der Begriff „hinterwäldlerisch“. Es stimmt, Tasmanien hat seinen eigenen, etwas langsameren Rhythmus, aber gerade das macht den Charme der Insel und seiner Hauptstadt aus.

Stadtrundgang durch Hobart

Hobart (217.900 Einwohner) liegt an der Mündung des mächtigen **Derwent River** in die Tasmanische See. Im Rücken der Stadt ragt das Bergmassiv des 1.270 m hohen **Mt. Wellington** wie ein überdimensionaler Festungswall auf. Allein diese schöne Lage macht die Hauptstadt des Inselstaates zu einer der attraktivsten Städte Australiens.

In Hobart dreht sich alles um den Hafen am **Sullivans Cove**. Am **Victoria Dock** **1** finden die Langustenkutter der Fischereiflotte geschützte Ankerplätze. Sie geben vor der Kulisse der historischen, zum Teil liebevoll renovierten Gebäude entlang der Hunter Street ein malerisches Bild ab. In dem belebten Hafenviertel haben das **Centre for the Arts** **2**, das Kunstzentum, aber auch feine Restaurants eine Bleibe gefunden. Gleich neben dem Victoria Dock – getrennt durch den Fishermans Market mit dem bekannten Fischrestaurant **Mures on the Docks** **3** – liegen im **Constitution Dock** **4** Segeljachten und Ausflugsboote vor Anker.

Vom Hafen aus gelangt man entlang der Piers zum **Parliament House** **5** und dem vorgelagerten St. Davids Park. Im historischen Stadtteil **Battery Point** befindet sich der **Salamanca Place** **6**. Auf der dem Hafen zugewandten Seite des Platzes steht eine Reihe alter georgianischer Sandsteinhäuser – ehemals wilde Hafenkaschemmen und Lagerhäuser. In den Gebäuden haben sich heute Kunsthandwerksläden, Restaurants, Pubs und Cafés etabliert.

Eingezwängt zwischen zwei ehemaligen Lagerhäusern steigen

die **Kelly Steps** hinauf zur McGregor Street. Von dort gelangt man zu der alten Hafengegend am **Battery Point** 7. Vor einem Jahrhundert hatte man dort zur Verteidigung der Stadt ein Artilleriebataillon stationiert. Überall im Stadtteil Battery Point – einem begehrten Wohnviertel Hobarts – findet man liebevoll restaurierte Cottages, die noch an diese Zeit erinnern, so auch am **Arthur Circus** 8. Von hier lohnt sich ein Abstecher zum **Van Diemen's Land Folk Museum** 9 in der Hampden Road. In dem Museum werden Ausstellungsstücke aus der Pionierzeit Tasmaniens gezeigt (geöffnet Di–Fr 10.30–17 Uhr, Sa–So 14–17 Uhr).

Hinter dem Hafen erstreckt sich das Zentrum Hobarts in nordwestlicher Richtung. Der **Franklin Square** 10 ist von ausladenden Platanen bestanden. Gegenüber der Grünanlage, an der Macquarie Street, steht die **Town Hall** 11, das Rathaus von Hobart, gefolgt von der **Tasmanian Museum and Art Gallery** 12. Sie beherbergt eine Ausstellung über die Geschichte und Kultur der tasmanischen Aborigines sowie Gegenstände und Gemälde aus der Kolonialzeit Tasmaniens (geöffnet tgl. 10–17 Uhr). Nicht weit davon entfernt steht die eindrucksvolle **St. Davids Cathedral** 13. Sehenswert ist auch das **Theatre Royal** in der Sackville Street, ganz in der Nähe der Macquarie Street. Das Theater wurde 1837 erbaut und gilt als ältestes Theater Australiens.

Während eines Aufenthalts sollte man unbedingt dem **Mt. Wellington**, dem Hausberg Ho-

Im Constitution Dock in Hobart liegen Langustentrawler vor Anker.

barts, einen Besuch abstatten, entweder mit dem Auto oder – wer es sportlich angehen will – auch zu Fuß. Erreichbar ist der Gipfel über den Huon Highway, von dem die kurvenreiche und steile Pinnacle Road abzweigt und zum Gipfel hin-

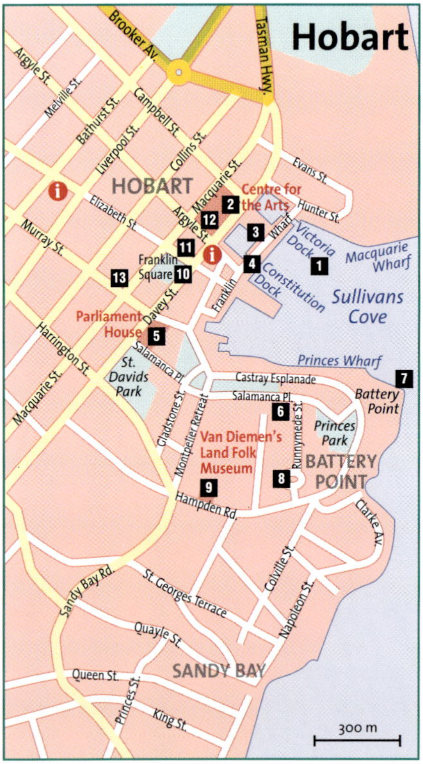

aufführt. Von einer geschlossenen Aussichtsplattform mit Panoramafenster – der Mt. Wellington ist berüchtigt für seine orkanartigen Winde – liegt einem bei gutem Wetter eines der schönsten Panoramen Tasmaniens zu Füßen: Direkt unter einem breitet sich die Stadt selbst aus, im Norden liegt das Tal des Derwent River, und im Süden erkennt man den D'Entrecasteaux Channel, der das langezogene Bruny Island vom Rest Tasmaniens trennt. Blickt man nach Westen, verliert sich das Auge an schönen Tagen in den Bergketten des wilden und ungezähmten Südwestens von Tasmanien.

Informationen: Tasmanian Travel & Information Centre, 20 Davey Street, Hobart, TAS 7001, Tel. (03) 62 30 82 33.

Die Umgebung von Hobart

Nur 72 km nordwestlich von Hobart liegt der kleine Mt. Field National Park. Er ist über den Lyell Highway und die Gordon River Road erreichbar. Die Anfahrt dorthin führt durch das liebliche Tal des Derwent River mit der Stadt **New Norfolk** (5.822 Einwohner). Sie ist das Zentrum der lokalen Hopfenindustrie.

Der **Mt. Field National Park** (170 km²) umfaßt eine sehr kontrastreiche Landschaft. Die Tieflagen des Schutzgebietes sind von dichten Regenwäldern und feuchten Hartlaubwäldern mit mächtigen Eukalypten, sogenannten Swamp Gums, geprägt. Die Swamp Gums erreichen Höhen von über 100 m und gelten als die höchsten Hartholzbäume der Erde. Bevorzugtes Ziel nahe dem Parkeingang sind die wunderschönen **Russell Falls**, die auf einem kurzen und einfachen Wanderweg erreichbar sind (600 m, 30 min). Wanderer ernsterer Ausrichtung folgen der **Dobson Road** in das gebirgige Herz des Parks hinauf. Die mächtigen Wälder bleiben allmählich zurück, und am **Lake Dobson**, dem Endpunkt der Straße und Startpunkt mehrerer Wanderwege, hat sich die Landschaft vollends geöffnet. Während der Eiszeit entstandene Seen, ausgedehnte Moore und Sümpfe kennzeichnen die alpine Landschaft der Hochlagen. Beliebte Wanderziele hier oben sind der Gipfel des **Mt. Field West** (1.434 m) und die Seenplatte der **Twisted Tarn** und der **Twilight Tarn.**

Ein anderes, attraktives Ausflugsziel von Hobart aus ist die etwa 100 km entfernte zerklüftete **Tasman Peninsula**. Die direkteste Verbindung dorthin ist der Tasman Highway bis zu dem Ort Sorell, dann geht es weiter über den Arthur Highway. Wichtigstes Ziel auf der Halbinsel ist die ehemalige Sträflingskolonie **Port Arthur** (s. Tip). Sehenswert ist aber auch das **Tasman Arch State Reserve**, das einen Teil der beeindruckenden Steilküste im Osten der Halbinsel schützt. Die ständig anrennende Brandung der Tasman Sea hat hier eindrucksvolle Felsformationen wie **The Blowhole**, die Naturbrücke des **Tasmans Arch** und die wilde Schlucht der **Devils Kitchen** geschaffen. Das Schutzgebiet ist auch Ausgangspunkt langer Wanderungen, die entlang der Ostküste zur **Fortescue Bay**, zum **Cape Huay** oder dem abgelegenen **Cape Pillar** im Cape Pillar State Reserve führen. Im **Palmers Hill Lookout Reserve** zieht die **Remarkable Cave**, eine nur bei Ebbe betretbare Meeresgrotte, Besucher an. Ein weiteres Highlight ist ein Besuch des **Tasmanian Devil Park** nahe der Ortschaft Taranna. Hier ist eine Begegnung mit dem berühmten Tasmanischen Beutelteufel, einem scheuen und nachtaktiven Raubbeutler, garantiert.

Die Ruinen der ehemaligen Gefängnisstadt Port Arthur erinnern an deren schreckliche Vergangenheit.

Tip

Schrecken der Vergangenheit

In der ehemaligen Sträflingskolonie Port Arthur lebt die düstere Vergangenheit Tasmaniens wieder auf. Viele Jahre lang wurden englische Gefangene in das berüchtigte Van Diemen's Land in die Verbannung geschickt. Die Ruinen ziehen jährlich rund eine Viertel Million Besucher an. Auf einem mehrstündigen Rundgang kann man die Überreste der Gebäude der weitläufigen Anlage besichtigen. Wer Englisch beherrscht, sollte an einer geführten Tour durch den geschichtlich so bedeutenden Ort teilnehmen. Informationen: Port Arthur Historical Site, Port Arthur, TAS 7182, Tel. (03) 62 50 23 63.

Die Ostküste

Tasmaniens Holiday Coast

Die Ostküste Tasmaniens – von cleveren Tourismusmanagern auch als „Ferienküste“ bezeichnet – besitzt etwas, worum sie der Rest der Insel beneidet: ein sonnenreiches, mediterranes Klima. Das hat in dem vom Wetter nicht gerade verwöhnten Tasmanien, in Kombination mit aufregenden Nationalparks und traumhaften Stränden, eine gewaltige Anziehungskraft. Trotzdem, wer nun etwa überfüllte Strände und Ferienzentren mit übergroßen Hotelkomplexen erwartet, täuscht sich. Die Ostküste hat sich ihren Charme und ihre Unberührtheit weitgehend bewahrt.

Flechten lassen das Granitgestade der Little Bluestone Bay im Freycinet National Park orangerot erglühen.

Entlang des Tasman Highway

Hauptverkehrsader der Küstenregion ist der Tasman Highway, der Hobart mit St. Helens im Norden der Ostküste verbindet. Bei **Orford**, einer kleinen Ortschaft nordöstlich von Hobart, erreicht der Highway die Küste. Der Küste vorgelagert liegt das gebirgige **Maria Island**, das gänzlich als Nationalpark geschützt ist. Einst befand sich auf der Insel eine britische Strafkolonie. Die Überreste sind bemerkenswert gut erhalten und können besichtigt werden. Maria Island ist ein Dorado für Wanderer und Vogelfreunde. Ein täglicher Fährservice des Eastcoaster Resort bei Loisville bringt Besucher auf die Insel.

Über Triabunna führt der Tasman Highway weiter nach **Swansea**. Der Ort hat einen schönen historischen Stadtkern. Kurz hinter Swansea wendet sich der Tasman Highway vom Meer ab und umfährt weiträumig das Vogelparadies der **Moulting Lagoon**. 11 km vor Bicheno zweigt die Straße rechts nach **Coles Bay** und zum **Freycinet National Park** (100 km^2) ab.

Der Nationalpark ragt wie ein langer Finger in die Tasman Sea hinein und bildet einen mächtigen Schutzwall zum offenen Meer. Mit seinem atemberaubenden Landschaftsmix aus weißen Sandstränden, wilden Granitfelsen, Lagunen, Sümpfen und Wäldern gehört der Freycinet National Park zu den schönsten Parks Tasmaniens. Er ist allein den Wanderern vorbehalten (s. Karte S. 139, Informationen: Tel.

03-62 57 01 07). Hinter dem Park liegt die weite **Great Oyster Bay**, die unter Fischern als erste Adresse in Tasmanien gilt.

Das nächste Ziel entlang des Tasman Highway heißt **Bicheno** (705 Einwohner). In diesem malerischen Ferienort spielt Fisch eine wichtige Rolle. Der Langustenfang ist die Haupteinnahmequelle des ehemaligen Walfangortes, frische Meeresfrüchte stehen überall auf

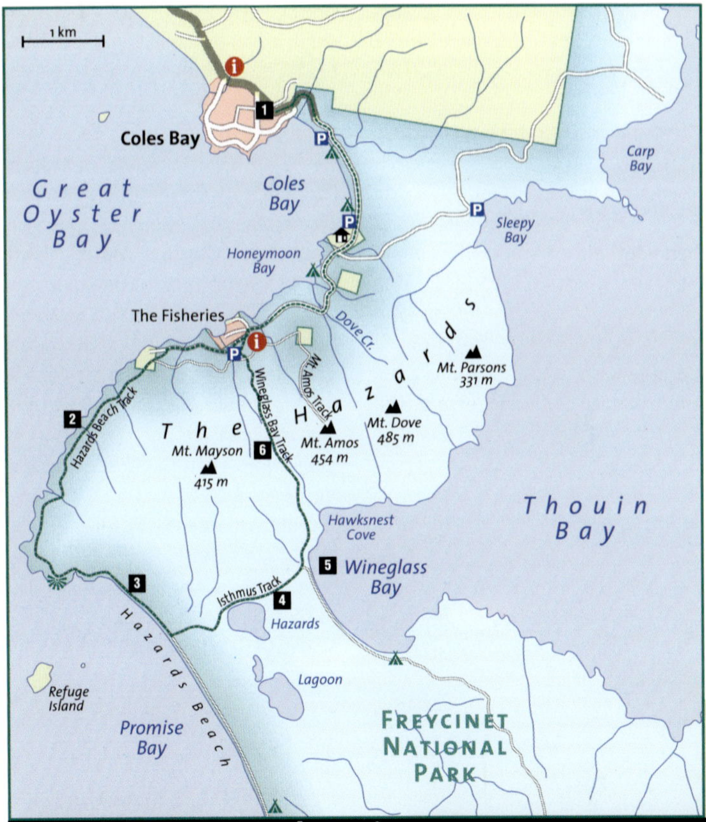

Wandern im Freycinet National Park

Die schönste Tagestour im Park beginnt am Ende der Teerstraße in Coles Bay **1**. Immer oberhalb des Meeres umrundet man den westlichen Teil des Granitmassivs der Hazards **2** und erreicht auf der anderen Seite den langgezogenen Hazards Beach **3**. Auf dem Isthmus Track **4** geht es weiter durch Moor- und Lagunenlandschaften zur berühmten Wineglass Bay **5** an der Ostseite des Parks. Der Rückweg erfolgt über den Wineglass Bay Track **6** zurück zum Ausgangspunkt.

den Speisekarten der Restaurants, und zahlreiche Feriengäste versuchen ihr Angelglück selbst entlang der Küste.

Von Bicheno ist es nicht mehr weit bis zum **Douglas-Apsley National Park**, der etwas zurückversetzt von der Küste große, unberührte Eukalyptuswälder schützt. Ein zweitägiger Wanderweg, der **Leeaberra Track**, führt durch den von Schluchten zerschnittenen Park.

Der Tasman Highway hält sich weiter entlang der Küste, führt durch kleine Ortschaften wie Symour, Chain of Lagoons, St. Marys, Falmouth, Scamander, Beaumaris und erreicht schließlich **St. Helens** (1.145 Einwohner). Der beliebte Ferienort liegt an der tief ins Land hineinragenden **Georges Bay** und ist der bedeutendste Fischereihafen Tasmaniens. Im März findet hier alljährlich ein Preisfischen, das Tasmanian Game-fishing Classic, statt.

Tip

Die Pinguine von Bicheno

Etwas außerhalb des Ortes Bicheno hat sich auf einem privaten Schutzgebiet an der Küste eine Kolonie Zwergpinguine angesiedelt. Man kann die putzigen Vögel auf einer nächtlichen Exkursion mit einem lokalen Veranstalter hautnah erleben, wenn sie von ihrem täglichen Futterstreifzug vom Meer zurückkehren. Die Tiere sind an Menschen gewöhnt und recht zahm. Informationen: Bicheno Penguin & Adventure Tours, PO Box 15, Bicheno, TAS 7215, Tel. (03) 63 75 13 33.

Der Nordosten

Verschwiegene Ecke Tasmaniens

Touristisches, kulturelles und administratives Zentrum des Nordostens von Tasmanien ist ohne Zweifel die Stadt **Launceston** (69.750 Einwohner). Neben Hobart und dem Fährhafen Devonport ist Launceston eines der drei Einfallstore der grünen Insel. Die Stadt ist auch ein Verkehrsknotenpunkt, von dem aus mehrere Straßen sternförmig in alle Himmelsrichtungen verlaufen.

Launceston, die zweitgrößte Stadt Tasmaniens, liegt am Zusammenfluß des Tamar River mit dem North und dem South Esk River. Wegen der zahlreichen Gärten und Parks wird Launceston oft auch als Gartenstadt bezeichnet. Neben der Stadt selbst mit ihren gepflegten Gebäuden und dem beeindruckenden Barockbrunnen am **Princes Square**, ist es vor allem die nähere Umgebung, die Launceston so anziehend macht.

Nur 2 km vom Stadtzentrum entfernt ist die spektakuläre **Cataract Gorge**. Nahezu senkrecht abfallende Steilwände begrenzen das Ufer des South Esk River. Zu beiden

Seiten der Schlucht sind Wanderwege angelegt. Ganz in der Nähe der Cataract Gorge befindet sich die **Penny Royal World**, ein Freilichtmuseum mit einer historischen Wassermühle, einer Schießpulvermühle und einer Festung.

Rund um Launceston

Von Launceston lohnt sich ein Abstecher nach **Green Beach** an der Mündung des Tamar River. Dort befindet sich der **Asbestos Range National Park**. Eine Vielzahl schöner Wanderwege ziehen sich durch das Naturreservat.

Über den Bass Highway und den Lake Highway erreicht man 115 km südwestlich von Launceston das **Land of Three Thousand Lakes**, eine ausgedehnte Seenplatte. Die Gegend ist ein Paradies für Angler, besonders auch für Fliegenfischer, die hier den großen Forellen nachstellen.

In Richtung Osten

Über den Tasman Highway gelangt man zu dem gebirgigen **Ben Lomond National Park** 48 km südöstlich von Launceston. Das aus säulenförmigem Doritgestein aufgebaute Felsmassiv gipfelt in dem 1.572 m hohen **Legges Tor**. An den Flanken des Berges hat man das **Alpine Village**, Tasmaniens bekanntestes Skigebiet, gebaut. In den Sommermonaten von November bis April lockt der wilde Gebirgspark zahlreiche Wanderer und Kletterer an. Interessant ist auch die Anfahrt zum Alpine Village. Durch ein weites Kar schlängelt sich eine ungeteerte Straße in Serpentinen zur Plateauhöhe hinauf. Sie wird **Jacobs Ladder** genannt. Im Winter sind hier oft Schneeketten erforderlich.

Abgesehen von den beiden touristischen Hauptanziehungspunkten Launceston und Ben Lomond National Park ist der Nordosten eine eher verschwiegene Ecke Tasmaniens. **Scottsdale** (2.020 Einwohner), wenige Kilometer hinter dem Nationalpark, ist das Zentrum der reichen Land- und Forstwirtschaft der Region. Von dort sind es nur noch 26 km nach **Bridport** (1.165 Einwohner). Der beliebte Ferienort an der Nordküste ist bekannt für seine schönen Strände. Von Bridport führt eine Landstraße nach **Gladstone**, dem Tor zum **Mt. William National Park** (65 km^2) an der Ostküste.

Tip

Kunstgalerie unter freiem Himmel

In Sheffield gibt es wohl eine der außergewöhnlichsten Kunstgalerien der Welt. Als dem Ort wegen der schwachen Wirtschaftsstruktur der Region vor ein paar Jahren das Aus drohte, kam eine Bürgerin auf die ausgefallene Idee, den Ort durch Wandmalereien zu retten. Die Aktion hatte Erfolg. Heute zieren mehr als 30 Wandmalereien, die meisten davon mit geschichtlichem Inhalt, die Gebäude des Ortes. Die Freiluftgemälde brachten Sheffield auf die touristische Landkarte und erfreuen sich wachsender Beliebtheit. Man erreicht Sheffield von dem 96 km entfernten Launceston aus über den Bass Highway bis Elizabeth Town und weiter über Landstraßen.

Der Westen

Ungezähmte Wildnis

Die geographische Bezeichnung „Westen“ bedarf in Tasmanien eines erklärenden Adjektivs: wild. Wild ist hier nicht nur das Wetter – die Schlechtwetterfronten der „roaring forties“, benannt nach dem 40. Breitengrad, fallen regelmäßig über die exponierte Westküste Tasmaniens her –, auch die stellenweise von undurchdringlicher Vegetation überwucherten Bergmassive rechtfertigen diese Bezeichnung.

Wegen dieser widrigen klimatischen und topographischen Bedingungen ist die Region nur dünn besiedelt, und ein Blick auf die Karte von Tasmanien zeigt, daß weite Teile der Westhälfte als ein zusammenhängendes, aus mehreren Nationalparks bestehendes Wildnisgebiet geschützt sind. Dieses Konglomerat aus Schutzgebieten wird als **Tasmanian Wilderness World Heritage Area** (14.000 km^2) bezeichnet und steht unter dem Protektorat der UNESCO. Das Gebiet umfaßt den **Cradle Mountain-Lake St. Clair National Park** (s. Kasten S. 143), die subalpine, seenreiche Wildnis des **Walls of Jerusalem National Park**, die Berg- und Flußlandschaft des **Franklin-Gordon Wild Rivers National Park**, den gut erschlossenen **Mt. Field National Park** und den gewaltigen, die gesamte Südwestecke der Insel einnehmenden **Southwest National Park**. Hinzu kommen entlang der Westküste noch die ausgedehnten Schutzgebiete der **Southwest Conservation Area** und der **Arthur Pieman Protected Area**. Gemeinsam bilden diese Parks einen der größten gemäßigten Regenwälder der Welt.

Auf dem Weg nach Strahan

Nur eine einzige große Straße durchbricht die Tasmanian Wilderness World Heritage Area, der Lyell Highway, der Tasmaniens Hauptstadt Hobart mit Strahan, dem letzten Außenposten der Zivilisation, verbindet.

Das Örtchen **Derwent Bridge**, 168 km von Hobart entfernt, liegt am Rande des gigantischen Schutzgebiets. Hier zweigt ein Straßenzubringer zum **Lake St. Clair** ab. Australiens tiefster See liegt im Süden des Cradle Mountain-Lake St. Clair National Park. Während auf der einen Seite des Lyell Highway der Cradle Mountain-Lake St. Clair National Park endet, beginnt auf der anderen Straßenseite der Franklin-Gordon Wild Rivers National Park.

Nach etwa 20 km zeigt ein Schild den Beginn der Trekkingroute auf die **Frenchmans Cap**, einen 1.443 m hohen Quarzitgipfel, an. Drei bis vier Tage muß man für die Besteigung und die Rückkehr zum Ausgangspunkt veranschlagen. Wegen des unbeständigen

Cradle Mountain-Lake St. Clair National Park

And the winner is ... Würde man einen Preis für Tasmaniens schönsten Nationalpark vergeben, so würde die Wahl auf den Cradle Mountain-Lake St. Clair National Park fallen. Der Park erfüllt einfach alle Kriterien dafür. Er umfaßt den schönsten Teil der Bergwelt des zentralen, tasmanischen Hochlands. Die Landschaft ist von einer rauhen, durch Gletscher geformten Bergszenerie geprägt. Weitläufige Moore und Sümpfe, zahllose Seen, kühlgemäßigte Regenwälder und wildromantische Wasserfälle liegen zu Füßen der Berge.
Etwa 60 km Luftlinie trennen die beiden namengebenden Zentren des Parks voneinander, den Cradle Mountain im Norden und den Lake St. Clair im Süden. Der von einem Gletscher geschaffene Lake St. Clair ist der tiefste See Australiens. Beide Parkzentren sind durch Straßen erschlossen und somit leicht erreichbar.
Von dort lassen sich zahlreiche Tageswanderungen unternehmen, die einen guten Einblick in die urwüchsige Eiszeitlandschaft dieses Gebirgsparks geben. Beliebt ist die Umrundung des Lake Dove und die Besteigung des Cradle Mountain (1.545 m). Der 60 km lange Overland Track zwischen Cradle Valley und Lake St. Clair ist eine der schönsten Wildniswanderungen Australiens (Dauer 5–6 Tage).
Das und die außergewöhnliche Fauna und Flora führten dazu, daß der Nationalpark zum „Erbe der Menschheit" erklärt wurde. Zu den häufigen, auch tagsüber zu beobachtenden Bewohnern des Parks zählen der Rotbauchfilander, das Bennett's Känguruh und der Fuchskusu. Viele Tiere des Parks dagegen leben eher im Verborgenen wie der Tüpfelbeutelmarder oder der Tasmanische Beutelteufel. Bei Streifzügen durch den Park augenfällig ist aber in erster Linie die Vegetation. Typisch für die Gebirgsregionen Tasmaniens sind die mit den runden Graspolstern des „Buttongras" *(Gymnoschoenus sphaerocephalus)* bewachsenen Sumpfebenen. Das Gras scheidet große Mengen an Tannin, einer Gerbsäure, aus, wodurch sich das Wasser der Bäche und Seen rostrot färbt.
Charakteristisch sind auch die meterhohen Richea *(Richea dracophylla)*, die mit ihrem palmenähnlichen Aussehen der Vegetation einen tropischen Anstrich verleihen. Es handelt sich dabei allerdings um ein überdimensionales Heidegewächs.
In den windumtosten Höhen der Berggipfel findet man die sogenannte Cushion Plant, die große, leuchtendgrüne Polster bildet. Neben dem Tasmanischen Schnee-Eukalyptus ist auch die Pencil Pine *(Athrotaxis cupressoides)* ein typischer Vertreter der Bergwälder.
Ein anderer Nadelbaum des Parks, die King Billy Pine *(Athrotaxis selaginoides)*, bevorzugt dagegen die dunklen Regenwälder in den geschützten Tälern. Zusammen mit Sassafras-Bäumen *(Atherosperma moschatum)*, der Myrtle Beech *(Nothofagus cunninghamii)*, einer Südbuchenart, dem weißblühenden Leatherwood und der Celery Top Pine *(Phyllocladus aspleniifolius)* bilden sie verwunschene Zauberwälder. Eine weitere Besonderheit der Bergregionen des Parks bildet der einzige laubabwerfende Baum Tasmaniens, die Fagus Beech – ebenfalls eine Buchenart.
Informationen: Tel. (03) 64 92 11 33.

Hinter dem kristallklaren Lake Dove ragt der schroffe, 1.545 m hohe Gipfel des Cradle Mountain auf.

Wetters müssen Bergwanderer gut ausgerüstet sein.

An dem künstlich aufgestauten **Lake Burbury** verläßt man die Wildniszone und erreicht nach wenigen Kilometern die Stadt **Queenstown** (3.368 Einwohner) und das umliegende Bergbaugebiet. Hier ist von Natur nicht viel zu spüren. Soweit das Auge reicht, sind die Berge bar jeglicher Vegetation. Die Wälder wurden entweder abgeholzt oder gingen an den giftigen Dämpfen der Schmelzanlagen zugrunde. Die bizarre Mondlandschaft um die sich nach wie vor in Betrieb befindlichen Kupferminen von Queenstown haben eine gewisse touristische Berühmtheit erlangt. Hinter Queenstown schließlich zweigt der Lyell Highway nach links ab und erreicht nach 36 km den Küstenort Strahan.

Ein anderer großer Zubringer führt von **Burnie** an der Nordküste über den Murchison/Zeehan Highway nach Strahan. An der Strecke liegen ebenfalls einige Bergwerksorte, die von den reichen Bodenschätzen des Westens, wie Kupfer, Zinn und Gold, zeugen. Zu nennen sind Tullah, Rosebery, Renison Bell und vor allem **Zeehan** (1.132 Einwohner). Das **Pioneers' Memorial Museum** in der Main Street in Zeehan vermittelt einen guten Eindruck vom Bergbau in der Region. Sehenswert ist auch der **Pioneer Cemetery**, der Pioniersfriedhof, etwas außerhalb der Stadt. Von Zeehan sind es noch 53 km nach Strahan.

Strahan (597 Einwohner) ist das touristische Zentrum der Westküste. Es scheint fast so, als liege der kleine Ort am Ende der Welt: Blickt man vom Ocean Beach ein paar Kilometer außerhalb der Stadt Richtung Westen, breitet sich eine endlose Wasserfläche vor einem aus, die erst 22.000 km entfernt an der chilenischen Küste endet.

Strahan bietet eine ganze Reihe ausgezeichneter Unterkünfte und ist ein idealer Ausgangspunkt für Unternehmungen in die Umgebung, z.B. Allradausflüge entlang des **King River** in das Reich der endemischen Huon Pine, Bootstouren auf die ehemalige Gefängnisinsel **Sarah Island** und zum von temperierten Regenwäldern gesäumten **Gordon River**, Fischexkursionen im **Macquarie Harbour**, Rundflüge über die als Erbe der Menschheit geschützte Region (s. Tip), Ausritte entlang des 40 km langen, stürmi-

Tip

Wilderness Flight

Eine der aufregendsten Möglichkeiten, die größtenteils unzugängliche Wildnis im Westen Tasmaniens zu erleben, ist ein Rundflug von Strahan aus. Mit einem Wasserflugzeug startet man direkt vom Hafen des Ortes, fliegt zum Ocean Beach, überquert den riesigen Macquarie Harbour und folgt dann dem regenwaldgesäumten Gordon River bis tief in die Wildnis. Höhepunkt ist die Landung auf dem Fluß in einer der mächtigen Schluchten des Gordon River. Eine kurze Exkursion führt zu einem bezaubernden, im Regenwald verborgenen Wasserfall. Informationen: Wilderness Air, PO Box 92, Strahan, TAS 7468, Tel. (03) 64 71 72 80.

Die Deception Range im Franklin-Gordon Wild Rivers National Park hüllt sich in Wolken.

schen **Ocean Beach** und Wanderungen in die Dünenlandschaft der **Henty Sand Dunes**.

Der einsame Südwesten

Im Südwesten Tasmaniens bahnt sich die Gordon River Road ihren Weg durch die Wildnis. Sie führt nach **Strathgordon** am **Lake Pedder** und endet etwa 12 km weiter am **Gordon Dam**. Der Lake Pedder ist – wie der Lake Gordon – ein Stausee. Die Errichtung der Dämme am Lake Pedder war heftig umstritten und hatte zur Folge, daß die schneeweißen Sandstrände für immer unter den Fluten des Stausees verschwanden. Dieses Ereignis führte zur Gründung der Tasmanian Wilderness Society, die federführend an der erfolgreichen Kampagne gegen die geplante Aufstauung des **Franklin River** beteiligt war. Der grandiose Wildfluß befindet sich heute innerhalb der Grenzen des **Franklin-Gordon Wild Rivers National Park** (4.400 km^2). Zwischen Dezember und März sind auf dem Fluß Raftingtouren möglich.

Wer dagegen in die kühlgemäßigte Wildnis des Südwestens eindringen will, muß das zu Fuß tun. Einige der interessantesten Trekkingrouten Australiens sind hier angesiedelt, z.B. der 81 km lange **South Coast Track** (7 Tage) oder der 64 km lange **Port Davey Track** (4 Tage). Beständig schlechtes Wetter und schwierige Wege verlangen allerdings etwas Erfahrung. Der South Coast Track hat seinen Ausgangspunkt in **Cockle Creek** nahe der Südspitze Tasmaniens und endet in dem abgelegenen Bergwerksort **Melaleuca**. Von hier aus läßt man sich entweder mit einer lokalen Fluggesellschaft zurückfliegen (Par Avion, Tel. 03-62 48 53 90 oder Tas Air, Tel. 03-62 48 50 88) oder wandert auf dem Port Davey Track zurück zum Scotts Peak Dam am Lake Pedder.

1 **Schnabeltier** Platypus *Ornithorhynchus anatinus (Ornithorhynchidae)*

KR 40–55 cm G 750–2.000 g

Merkmale Der breite Entenschnabel und der Paddelschwanz machen das Schnabeltier zum eigentümlichsten Säugetier der Welt. Die mit Schwimmhäuten versehenen Beine werden zum Schwimmen und Steuern benutzt. Der sehr weiche Pelz schützt im Wasser vor Auskühlung.

Vorkommen Entlang der gesamten Ostküste Australiens von Nordqueensland bis ins östliche Südaustralien, außerdem auf Tasmanien; an und in großen und kleinen stehenden Gewässern sowie in ruhigen Abschnitten von Flüssen und Bächen.

Wissenswertes Das Schnabeltier ist eines der ganz wenigen Säugetiere, deren Junge noch aus Eiern schlüpfen. Die beiden Eier werden vom Weibchen bebrütet. Nach dem Schlüpfen werden die Jungtiere einige Monate lang gesäugt. Die Männchen haben am Hinterbein einen scharfen Dorn, der mit einer Giftdrüse in Verbindung steht. Er dient zur Verteidigung und kann bei kleineren Tieren durchaus tödlich wirken.

2 **Schnabeligel** Spiny Anteater *Tachyglossus aculeatus (Tachyglossidae)*

KR 30–45 cm G 2–7 kg

Merkmale Röhrenförmige Schnauze mit extrem langer Zunge; wie unser Igel kann der Schnabeligel seine langen, harten und sehr spitzen Stacheln aufrichten und sich dabei noch zusammenrollen.

Vorkommen Ganz Australien und Tasmanien; vom Regenwald bis zur Wüste und selbst in den hohen Gebirgen des südlichen Australiens und Tasmaniens.

Wissenswertes Der Schnabeligel ist ebenfalls eierlegend. Das einzige Ei wird allerdings in den Beutel gelegt, wo sich das Jungtier nach dem Schlüpfen noch etwa drei Monate lang aufhält und von der Muttermilch ernährt. Mit den gewaltigen Grabkrallen kann der Schnabeligel auch die härtesten Termitenbauten aufreißen, um mit seiner klebrigen Zunge nach den Bewohnern zu fischen.

3 **Beutelteufel** Tasmanian Devil *Sarcophilus harrisi (Dasyuridae)*

KR 55–65 cm G 6–8 kg

Merkmale Der Beutelteufel ist leicht an seiner Größe, seiner schwarzen Färbung mit dem auffälligen weißen Halsring und an der bulligen Gestalt zu erkennen.

Vorkommen Heutzutage ist er nur noch auf Tasmanien zu finden, und auch dort ist er inzwischen aus vielen Gebieten verschwunden. Vor gar nicht langer Zeit gab es ihn aber noch in fast ganz Australien, wo er ausgerottet wurde oder infolge der Konkurrenz des Dingos ausstarb. Auf Tasmanien bewohnt er die verschiedensten Lebensräume, vorausgesetzt, er findet tagsüber einen Unterschlupf, denn er ist ein ausgesprochenes Dämmerungs- und Nachttier.

Wissenswertes Er wirkt wegen seines überdimensionalen Kopfes und des gewaltigen Gebisses sehr gefährlich. In Wirklichkeit ernährt er sich vor allem von Aas, das er von weither wittern kann. Seinen Ruf als Schafräuber hat er wohl zu Unrecht.

4 **Tüpfelbeutelmarder** Eastern Quoll *Dasyurus viverrinus (Dasyuridae)*

KR 30–45 cm G 700–2.000 g

Merkmale Nach dem Beutelteufel sind die Beutelmarder die größten noch existierenden fleischfressenden Beutler in Australien; sie sind aber viel leichter gebaut als der Beutelteufel. Der Tüpfelbeutelmarder ist wie seine nächsten Verwandten am ganzen Körper weiß gesprenkelt, im Unterschied zum im gleichen Gebiet lebenden **Fleckenschwanzbeutelmarder** ist sein Schwanz aber ungefleckt.

Vorkommen Er kommt wahrscheinlich nur noch auf Tasmanien vor, wo er nicht selten ist. Er bewohnt vorzugsweise lichte Wälder, vor allem wenn sie an Wiesen oder kultiviertes Land angrenzen.

Wissenswertes In der Tat nimmt dieser Beutler zusammen mit seinen Gattungsgenossen in Australien die Nische unserer Marder ein. Er ist ein unermüdlicher Jäger, der sich von Insekten und kleinen Wirbeltieren ernährt. Er frißt aber auch größeres Aas.

2

3

4

1 **Hasenbeutler** Bilby *Macrotis lagotis (Thylacomyidae)*

KR 30–55 cm G 800–2.500 g

Merkmale Der deutsche Name beschreibt diesen Beutler sehr treffend, denn seine enorm großen Ohren und die langen Hinterbeine verleihen ihm ein hasenartiges Aussehen, vor allem wenn er hoppelt.

Vorkommen Früher in allen Trockengebieten Australiens mit Ausnahme des Nordens verbreitet; heute nur noch in einigen getrennten Populationen in Zentralaustralien. Er bewohnte früher die verschiedensten Savannen- und Graslandhabitate, findet sich heute aber nur noch in Spinifex-Grasland und Akazien-Buschland, also in recht extremen Trockengebieten.

Wissenswertes Mit seinen kräftigen Vorderbeinen gräbt der Hasenbeutler lange und tiefe Baue, die über 3 m weit und fast 2 m tief in den Boden hinabreichen können. Seinen Bau verläßt er nur nachts zur Nahrungssuche. Er verzehrt sowohl Insekten als auch Samen, Früchte und Pilze.

2 **Kultarr** Kultarr *Antechinomys laniger (Dasyuridae)*

KR 7–10 cm G 20–30 g

Merkmale Der Kultarr entspricht den Springmäusen anderer Kontinente. Man erkennt ihn an den langen Hinterbeinen und dem am Ende dicht behaarten Schwanz, der als Gleichgewichts- und Steuerorgan dient.

Vorkommen Trockengebiete Zentral- und Südaustraliens, vor allem in Spinfex-Grasland und Buschland.

Wissenswertes Wie seine Verwandten ist der Kultarr ein Nachttier, das sich großenteils von Insekten ernährt.

3 **Dickschwanzbeutelmaus** Fat-tailed Dunnart *Sminthopsis crassicaudata (Dasyuridae)*

KR 6–9 cm G 10–20 g

Merkmale Erkennbar an dem verdickten Schwanz und den relativ großen Ohren.

Vorkommen In trockeneren Habitaten in der gesamten Südhälfte Australiens, fehlt aber im Osten in Küstennähe; in offenen Wäldern und Savannen, aber auch in Steppen- und Wüstengebieten Inneraustraliens.

Wissenswertes Die Dickschwanzbeutelmaus ist eine recht häufige Beutelmaus; die Populationen in den Trockengebieten Inneraustraliens und der Eyre Peninsula variieren sehr stark je nach Regenfällen und Nahrungsvorrat. Der dicke Schwanz dient als Fettspeicher und wird im Winter oder während längerer Trockenperioden abgebaut.

4 **Ameisenbeutler** Numbat *Myrmecobius fasciatus (Myrmecobiidae)*

KR 20–27,5 cm G 300–550 g

Merkmale An Gestalt, Querstreifung und langem, behaartem Schwanz zu erkennen.

Vorkommen Heute eine seltene Art, die nur noch in einem eng begrenzten Gebiet in Südwestaustralien vorkommt. Er lebt vorzugsweise in Wäldern aus bestimmten Eukalyptusarten.

Wissenswertes Die gleichen Baumarten werden auch von Termiten bevorzugt, die in die Höhlungen ihre Nester bauen. Termiten und Ameisen sind daher auch die Nahrung des Numbats, die er mit seiner langen, klebrigen Zunge aus ihren Löchern herausholt. Im Gegensatz zu den meisten kleineren Beuteltieren geht er tagsüber auf Nahrungssuche.

5 **Dunnart** Common Dunnart *Sminthopsis murina (Dasyuridae)*

KR 6,5–10,5 cm G 15–30 g

Merkmale Eine typische Beutelmaus, von der Dickschwanzbeutelmaus unterscheidbar durch den schlankeren Schwanz und die kleineren Ohren; wie alle Beutelmäuse mit einem kräftigen Gebiß bewaffnet.

Vorkommen In drei voneinander getrennten Populationen in Südost-, Südwest- und Nordostaustralien; lebt vor allem in lichten Wäldern, Savannen und Heidegebieten.

Wissenswertes Der Dunnart ist eine häufige und weit verbreitete Beutelmaus. Er ist ein Insektenfresser, den man nur nachts zu Gesicht bekommt. Um Ausfälle während längerer Trockenperioden wettzumachen, können die Würfe bis zu 10 Jungen umfassen.

1

2

4

3

5

1 **Beutelmull** Marsupial Mole *Notoryctes typhlops (Notoryctidae)*

KR 12–16 cm G 40–70 g

Merkmale Sofort erkennbar – wenn man ihn zu Gesicht bekommt – an seiner maulwurfsähnlichen Gestalt, seiner goldgelben Farbe und dem Fehlen von Augen und Ohrmuscheln. Darin gleicht er auffällig dem südafrikanischen Goldmull.

Vorkommen In den Wüsten- und Steppengebieten Zentral- und Westaustraliens, vorzugsweise in Sandgebieten.

Wissenswertes Obgleich der Beutelmull in Australien die Nische der echten Maulwürfe einnimmt, unterscheidet er sich in manchem beträchtlich. Er gräbt nicht mit der ganzen Hand, sondern nur mit zwei verbreiterten Krallen. Auch errichtet er keine permanenten Wohnhöhlen, sondern schwimmt sozusagen durch den Sand. Es ist nur wenig von seiner Lebensweise bekannt, noch weniger von seiner Fortpflanzung.

2 **Fuchskusu** Common Brushtail Possum *Trichosurus vulpecula (Phalangeridae)*

KR 35–55 cm G 1,5–4,5 kg

Merkmale Ein großes „Possum"; erkennbar an dem – im Unterschied zum Ringschwanzbeutler – behaarten Schwanz.

Vorkommen Ganz Ostaustralien, außerdem Unterarten in Zentralaustralien, Südwestaustralien und auf Tasmanien; in Gebieten mit Baumbewuchs.

Wissenswertes Der Fuchskusu ist das häufigste und wohl auch am verschiedenartigsten gefärbte „Possum" in Australien, das in den Außenbezirken Sydneys und Melbournes ebenso vorkommt wie im Regenwald. Er ist ein Allesfresser, der Insekten ebenso verzehrt wie Früchte aller Art, aber auch die Kehrichttonnen plündert. Jedes Jahr kommt meist nur ein Junges zur Welt, das sich 4–5 Monate lang im Beutel der Mutter aufhält und dann noch einige Monate lang bei der Mutter bleibt.

3 **Langschwanz-Zwergpossum**
Long-tailed Pygmy-possum *Cercartetus caudatus (Burramyidae)*

KR 10–11 cm G 25–40 g

Merkmale Ein sehr kleines „Possum"; von dem nahe verwandten Zwergpossum unterscheidbar durch den langen Schwanz.

Vorkommen In einem kleinen Gebiet in Nordostqueensland, außerdem in Neuguinea. Es ist ein Regenwaldbewohner, der vor allem auf Bäumen lebt und dort mit Hilfe seines langen Schwanzes äußerst geschickt herumklettert.

Wissenswertes Obgleich wenig über seine Lebensweise und Fortpflanzung bekannt ist, dürfte es dem gewöhnlichen Zwergpossum darin ähneln. Man weiß, daß es außer Insekten aller Art auch Nektar und Pollen aus den Blüten einiger Baumarten verzehrt. Tagsüber verbirgt es sich in einem selbstgebauten Nest aus Blättern oder Farnzweigen, das in Asthöhlen oder zwischen Farnen angelegt wird.

4 **Zwergpossum** Eastern Pygmy-possum *Cercartetus nanus (Burramyidae)*

KR 7–11 cm G 15–45 g

Merkmale Ein sehr kleines „Possum"; von den übrigen Zwergpossums schwierig zu unterscheiden, am besten noch durch seine Verbreitung in Südostaustralien.

Vorkommen In Südostaustralien von Südqueensland bis ins östliche Südaustralien, in einer eigenen Unterart auch auf Tasmanien. Es bewohnt die feuchten Gebiete entlang der Ostküste und lebt in Wäldern aller Art, vom Regenwald bis zu den küstennahen „Heidegebieten". Auf jeden Fall braucht es relativ dichten Baumbestand.

Wissenswertes Früher dachte man, die Zwergpossums seien hauptsächlich Insektenfresser. Inzwischen hat man festgestellt, daß sie sich in großem Umfang von Nektar und Pollen der Blüten verschiedener Bäume und Sträucher ernähren. Wie alle Zwergpossums ist es ein Nachttier, das auf der Suche nach Nahrung geschickt im Geäst herumklettert, wobei der Schwanz als Greiforgan dient. Im Winter kann es in eine Kältestarre verfallen, wobei seine Körpertemperatur sich fast der Umgebungstemperatur anpaßt. In dieser Zeit wird der Stoffumsatz stark herabgesetzt.

1

3

2

4

1 **Streifenbeutler** Striped Possum *Dactylopsila trivirgata (Petauridae)*

KR 25–27 cm G 250–400 g

Merkmale Leicht erkennbar an seinen auffallenden schwarzweißen Streifen, die an die eines Stinktiers erinnern. Dem Streifenbeutler ist ebenso ein durchdringender, nur schwer entfernbarer Geruch eigen.

Vorkommen In Nordostqueensland, in den Regenwäldern entlang der Küste; außerdem in Neuguinea.

Wissenswertes Der Streifenbeutler ist ein ausgesprochenes Regenwaldtier, das im Gezweig der Bäume mit erstaunlicher Geschicklichkeit und Geschwindigkeit herumklettert. Auf der Suche nach Insekten untersucht er vor allem Astlöcher, hohle Bäume und Spalten unter der Rinde. Er frißt aber auch Beeren, Früchte und Honig. Zum Herausziehen holzbewohnender Larven benutzt er seine langen, meißelartigen unteren Schneidezähne. Obwohl weit verbreitet, ist der Streifenbeutler doch scheu und wird – als Nachttier – nur selten beobachtet.

2 **Queensland-Ringschwanzbeutler**

Herbert River Ringtail Possum *Pseudocheirus herbertensis (Petauridae)*

KR 30–37,5 cm G 700–1.400 g

Merkmale Ebenfalls ein recht großes „Possum“, das sich wie unten beschrieben vom Ringschwanzbeutler unterscheidet.

Vorkommen Nur in einem begrenzten Gebiet in Nordostqueensland; ein ausgesprochenes Tier des tropischen Regenwaldes.

Wissenswertes Er ist wie seine Verwandten ein Baumbewohner, der mit Hilfe seiner opponierbaren Finger und Zehen sehr geschickt im Geäst herumklettert, wobei ihm der lange Greifschwanz zusätzlich gute Dienste leistet. Er ist ein Nachttier, das den Tag in seinem selbstgebauten Nest aus Blättern oder Rinde, meist in einem hohlen Baum angelegt, verschläft. Wie beim Ringschwanzbeutler werden meist zwei Junge geboren, die 4–5 Monate im Beutel verbringen und danach auf dem Rücken der Mutter reitend mitgenommen werden. Anschließend machen sie vom sicheren Nest aus zunehmend weitere Streifzüge in die Umgebung.

3 **Ringschwanzbeutler** Common Ringtail Possum *Pseudocheirus peregrinus (Petauridae)*

KR 30–35 cm G 700–1.100 g

Merkmale Charakteristischer, meist eingerollter Greifschwanz, dessen Ende auf der Unterseite kahl ist. Der Ringschwanzbeutler unterscheidet sich vom Queensland-Ringschwanzbeutler durch die größeren Ohren und die weiße Schwanzspitze.

Vorkommen In mehreren Unterarten im gesamten Ost- und Südostaustralien von der Cape York-Halbinsel bis ins östliche Südaustralien, außerdem auf Tasmanien und im äußersten Südwestaustralien, kaum über den Westabhang der Great Dividing Range hinaus. Er bewohnt Wälder und Gebiete mit dichtem Gebüsch.

Wissenswertes Nach dem Fuchskusu ist der Ringschwanzbeutler das häufigste „Possum“. Er kommt wie dieser in Gärten und Parks vor, selbst in den großen Städten der Ostküste. Vorzugsweise ernährt er sich von Blättern, aber auch von Blüten und Früchten, und plündert zuweilen die Gärten. Im Gegensatz zu den meisten anderen „Possums“ frißt er kaum tierische Nahrung.

4 **Honigpossum** Honey Possum *Tarsipes rostratus (Tarsipedidae)*

KR 4–9,5 cm G 8–20 g

Merkmale Ein winziges „Possum“; leicht erkennbar an seiner langen, spitzmausartigen Schnauze, dem sehr langen Schwanz und der Längsstreifung auf dem Rücken.

Vorkommen In Südwestaustralien, vor allem in den küstennahen Sandgebieten mit einer „Heidevegetation“, die vor allem aus Proteaceen und Myrtaceen besteht.

Wissenswertes Das Honigpossum ernährt sich vermutlich ausschließlich von Pollen und Nektar aus den großen Blüten seiner Futterpflanzen und gehört zu den wichtigsten Blütenbestäubern. Den Nektar saugt es mit der langen, bürstenartigen Zunge. Da es nachtaktiv ist, spielt der Blütenduft wohl eine wichtige Rolle für das Auffinden der Pflanzen.

1

2

3

4

1 **Federschwanz-Gleitbeutler** Feathertail Glider *Acrobates pygmaeus (Burramyidae)*

KR 6,5–8 cm G 10–14 g

Merkmale Ein winziges „Possum"; leicht erkennbar an dem federähnlichen, langen Schwanz mit regelmäßig angeordneten Seitenhaaren.

Vorkommen Im gesamten Ostaustralien in einem breiten Streifen entlang der Ostküste, im Süden bis ins östliche Südaustralien. Er ist ein Charaktertier der Eukalyptuswälder, lebt am Westrand der Great Dividing Range, auch in offeneren Savannen.

Wissenswertes Ein echter Gleitbeutler **(1a)**, auch wenn die Gleithäute zwischen Ellenbogen und Knie schmaler sind als bei seinen größeren Verwandten. Vor allem in offenen Wäldern ist die Fähigkeit, kürzere Gleitflüge zu unternehmen, von großer Bedeutung, denn damit kann der Federschwanz-Gleitbeutler Distanzen von 20 m und mehr von Baum zu Baum leicht überbrücken. Beim Gleiten dient der breite Schwanz als Steuer und zugleich als Segel, das die Fallgeschwindigkeit noch weiter herabsetzt. Der Gleitbeutler klettert aber auch sehr geschickt **(1b)**, wobei die breiten Zehenpolster als Haftflächen dienen. Seine Nahrung ist sehr verschiedenartig und besteht aus Insekten, Früchten, Blüten, Nektar und Baumsäften.

2 **Tüpfelkuskus** Spotted Cuscus *Phalanger maculatus (Phalangeridae)*

KR 35–45 cm G 1,5–3,5 kg

Merkmale Ein großes, massiges und plumpes „Possum" mit rundlichem Kopf und kleinen Ohren; unterscheidet sich vom **Grauen Kuskus** durch das Fehlen eines schwarzen Rückenstreifs und die kleineren Ohren.

Vorkommen Nordhälfte der Cape York-Halbinsel, außerdem in Neuguinea; vorzugsweise in Regenwäldern, auch in offenen Wäldern und Palmdickichten.

Wissenswertes Der Kuskus ist ein Baumtier, was man an seinen enormen Krallen erkennen kann. In der Tat ist es fast unmöglich, ihn von einem Ast zu lösen, den er umkrallt hat. Er ist fast ausschließlich Vegetarier.

3 **Gestreifter Bandicoot** Eastern Barred Bandicoot *Perameles gunnii (Peramelidae)*

KR 27–35 cm G 450–900 g

Merkmale Leicht an der Querstreifung auf der hinteren Rückenhälfte erkennbar. Er kann nur mit dem westlichen **Streifenbandicoot** verwechselt werden, der aber heute nur noch auf zwei Inseln in der Shark Bay vor der westaustralischen Küste vorkommt.

Vorkommen Südwestliches Victoria und Tasmanien. Er besiedelt natürliches Grasland und Weiden, braucht aber eine Möglichkeit, sich ein geschütztes Nest in Grasbülten oder am Boden zu errichten.

Wissenswertes Neben dem beweglichen Rüssel dienen die Vorderbeine mit den kräftigen Klauen dazu, nach Regenwürmern und Insektenlarven zu wühlen. An den flachen konischen Löchern im Boden kann man erkennen, daß hier nachts Bandicoots gegraben haben. Wie bei allen Beutlern findet die Geburt sehr bald nach der Befruchtung statt. Die winzigen Embryonen halten sich mehrere Monate im mütterlichen Beutel auf und werden erst nach 4–5 Monaten selbständig.

4 **Großer Bandicoot** Long-nosed Bandicoot *Perameles nasuta (Peramelidae)*

KR 30–42 cm G 850–1.100 g

Merkmale Abgesehen von seiner Größe ist dieser Bandicoot durch seinen vergleichsweise langen Rüssel sowie das Fehlen einer deutlichen Streifung gekennzeichnet.

Vorkommen Ganz Ostaustralien bis ins südliche Victoria, aber nur in einem schmalen Streifen entlang der Küste; überschreitet kaum die westlichen Abhänge der Great Dividing Range. Er kommt vom dichten Regenwald bis zu Gebieten mit schütterer Vegetation vor.

Wissenswertes Bandicoots sehen wie kleine Schweinchen aus. Mit dem Rüssel untersuchen sie Erdboden und Laubstreu nach Eßbarem, insbesondere nach Insekten und deren Larven, aber auch nach pflanzlichen Stoffen. Der Große Bandicoot dringt auch in die Außenbezirke großer Städte vor, wo er nachts in den Gärten herumwühlt.

1a

1b

3

2

4

1 Rattenkänguruh Long-nosed Potoroo *Potorus tridactylus (Potoroidae)*

KR 34–38 cm G 650–1.650 g

Merkmale Eines der kleinsten Känguruhs in Australien; leicht erkennbar an der langgezogenen Schnauze. Es sieht einer großen Ratte ähnlich, da die Hinterbeine nicht so lang sind wie bei echten Känguruhs.

Vorkommen In mehreren Populationen im küstennahen Südostaustralien vom südlichen Queensland bis ins westliche Victoria, in einer eigenen Unterart auch auf Tasmanien. Ob es in Südwestaustralien noch vorkommt, ist fraglich. Es lebt in relativ feuchten Gebieten und braucht dichten Unterwuchs.

Wissenswertes Das Rattenkänguruh bietet nicht gerade das typische Bild eines Känguruhs, wenn es meist geduckt am Boden entlanghoppelt. Tatsächlich gehören die verschiedenen als „Rattenkänguruhs" vereinigten kleinen Känguruhs einer stammesgeschichtlich ursprünglicheren Gruppe an als die großen Känguruhs und die Wallabies. Das Rattenkänguruh lebt in dichter Vegetation und sucht am Boden nach allerlei Pflanzenmaterial, aber auch nach Insekten, Würmern und anderen Kleintieren, die es mit den Vorderbeinen herausscharrt.

2 Tasmanisches Rattenkänguruh Tasmanian Bettong *Bettongia gaimardi (Potoroidae)*

KR 31,5–33,5 cm G 1,2–2,2 kg

Merkmale Ein sehr kleines Känguruh, aber mit etwas kürzerer Schnauze und etwas längeren Hinterbeinen als das Rattenkänguruh, wirkt daher mehr känguruhartig.

Vorkommen Heute in einer eigenen Unterart nur noch auf Tasmanien, wo es häufig ist. Ehemals bevorzugte es natürliche Grasländer, wegen der Umwandlung in Viehweiden hat es sich mehr in die offenen Eukalyptuswälder zurückgezogen.

Wissenswertes Ein striktes Nachttier, das den Tag in seinem Nest aus Blättern und Rinde verschläft. Das Nest wird in einer flachen Mulde unter Holz oder in dichten Grasbülten angelegt. Dazu trägt das Tier Material ein. Die Nahrung besteht fast ausschließlich aus pflanzlichem Material. Ob das Tasmanische Rattenkänguruh auf dem Festland durch den Europäischen Rotfuchs ausgerottet wurde oder ob die Konkurrenz mit den Kaninchen es verdrängt hat, ist fraglich. Da der Fuchs bisher noch nicht nach Tasmanien vorgedrungen ist und Kaninchen dort viel seltener sind als auf dem Festland, ist sein Überleben dort wohl gesichert.

3 Rotfuß-Pademelon Red-legged Pademelon *Thylogale stigmatica (Macropodidae)*

KR 40–55 cm G 4–6,5 kg

Merkmale Eines der kleineren Känguruhs; wie seine nächsten Verwandten durch relativ untersetzten Körperbau und rötliche Färbung gekennzeichnet; unterscheidet sich von den übrigen Pademelons durch seine rötlichen Hinterfüße.

Vorkommen In mehreren Unterarten entlang der Ostküste vom nördlichen New South Wales bis zur Spitze der Cape York Peninsula; ein Tier der gemäßigten bis tropischen Regenwälder, daher ziemlich leicht zu erkennen.

Wissenswertes Dies ist wohl das Känguruh, das man in den Regenwäldern der Ostküste am häufigsten zu Gesicht bekommt. Als Dämmerungs- und Nachttier kommt es abends zum Fressen aus dem Dickicht auf Waldlichtungen heraus, wo man es gut beobachten kann. Es ernährt sich vor allem von abgefallenen Blättern, verzehrt aber auch Früchte und Pilze.

4 Quokka Quokka *Setonix brachyurus (Macropodidae)*

KR 40–55 cm G 2,7–4,2 kg

Merkmale Ein ziemlich kleines, kompaktes Känguruh mit auffallend dickem Kopf und dichtem Pelz.

Vorkommen Südwestaustralien, ursprünglich hier weit verbreitet, dann vom Festland fast verschwunden, inzwischen wieder häufiger geworden. Es bevorzugt dichte Vegetation, hat sich aber auch an trockenere Verhältnisse und offenes Land angepaßt.

Wissenswertes Das Quokka ist eines der ersten Känguruhs, das Europäern auffiel und 1696 als „eine Art Ratte, so groß wie eine Hauskatze" beschrieben wurde.

1
2
3
4

1 **Parmawallaby** Parma Wallaby *Macropus parma (Macropodidae)*

KR 45–53 cm G 3,2–6 kg

Merkmale Ein mittelgroßes Wallaby mit weißer Kehle und einem dunklen Mittelstreifen auf der Vorderhälfte des Rückens.

Vorkommen Nordöstliches New South Wales, in einem schmalen Streifen entlang der Küste. Es bewohnt Eukalyptuswälder mit dichtem Unterwuchs, braucht aber zum Grasen auch kleine Waldlichtungen.

Wissenswertes Eine zeitlang wurde das Parmawallaby als ausgestorben angesehen, und man versuchte, aus früher nach Neuseeland eingeführten Tieren und Zoonachzuchten Wildpopulationen zurückzuzüchten. Vor 30 Jahren wurden im östlichen New South Wales erstmals freilebende Tiere wiederentdeckt. Heute ist die Art zwar nicht häufig, ihr Bestand scheint aber gesichert.

2 **Tammarwallaby** Tammar Wallaby *Macropus eugenii (Macropodidae)*

KR 52–68 cm G 4–10 kg

Merkmale Etwas größer als das Parmawallaby, in Gestalt und Färbung sehr ähnlich.

Vorkommen Früher in zahlreichen isolierten Populationen an verschiedenen Stellen in Südaustralien und Südwestaustralien verbreitet, darunter auch auf verschiedenen Inseln, auf denen es zum Teil ausgestorben ist. Heutzutage noch in Südwestaustralien und auf der Eyre Peninsula in Südaustralien sowie auf Kangaroo Island, wo es häufig ist. Es besiedelt Gebiete mit dichter Vegetation, wie sie sich in offenem Eukalyptuswald, in den küstennahen Heideformationen und im Mallee finden.

Wissenswertes Auf einigen kleineren Inseln vor der westaustralischen Küste muß das Tammarwallaby einen Großteil des Jahres ganz ohne Süßwasser auskommen. Erstaunlicherweise können diese Populationen ihren Durst mit Meerwasser stillen, ohne daß es ihnen schadet. Wie die meisten Känguruhs ist das Tammarwallaby ein Dämmerungs- und Nachttier, das erst bei Einbruch der Dunkelheit sein Versteck in der dichten Vegetation verläßt.

3 **Schwarzfuß-Felsenkänguruh** Black-footed Rock-wallaby *Petrogale lateralis (Macropodidae)*

KR 45–55 cm G 4,25–5,5 kg

Merkmale Ein mittelgroßes Felsenkänguruh, leicht unterscheidbar an den dunklen Hinterfüßen und der schwarzen Schwanzspitze.

Vorkommen In mehreren Unterarten in Zentralaustralien und im trockenen Teil Westaustraliens verbreitet. Wie der Name sagt, kommt es in felsigen Gegenden vor.

Wissenswertes Alle Felsenkänguruhs finden sich ausschließlich in Felsgebieten, vor allem wenn diese von Spalten und Höhlungen durchzogen sind. Dort finden die Känguruhs nämlich tagsüber Schutz vor Hitze und Sonneneinstrahlung. Felsenkänguruhs sind Dämmerungs- und Nachttiere, die am Abend zum Grasen zwischen den Felsen herauskommen.

4 **Gelbfuß-Felsenkänguruh** Yellow-footed Rock-wallaby *Petrogale xanthopus (Macropodidae)*

KR 48–65 cm G 6–7 kg

Merkmale Mit seiner markanten Gesichts- und Körperzeichnung, den gelbroten Beinen und dem geringelten Schwanz eines der auffälligsten Känguruhs.

Vorkommen Kommt heute in zwei Unterarten im nordöstlichen Südaustralien und im südwestlichen Queensland vor; ehemals offensichtlich weiter verbreitet. Wegen seines schönen Fells wurde es bis vor einigen Jahrzehnten stark bejagt und galt lange Zeit als selten. In der Flinders Range in Südaustralien ist es aber jetzt wieder recht häufig.

Wissenswertes Felsenkänguruhs sind gute Kletterer, obwohl Känguruhs mit ihrem Körperbau eher an die energiesparende Fortbewegung im ebenen Gelände angepaßt sind. Das gleichen Felsenkänguruhs dadurch aus, daß die Kralle des vierten Zehs viel kürzer ist als bei den übrigen Känguruhs, während die Sohle rauh und seitlich mit einer Reihe von Haaren besetzt ist. Das erhöht den Reibungswiderstand und verhindert das Abrutschen. Der Schwanz wird über den Rücken hochgebogen und dient als Balancierstange, vor allem beim Landen.

1

2

3

4

1 **Westliches Riesenkänguruh** Western Grey Kangaroo *Macropus fuliginosus (Macropodidae)*

KR 50–120 cm G 15–55 kg

Merkmale Ein großes Känguruh, von den meisten großen Arten an der behaarten Nase zu unterscheiden, vom **Östlichen Riesenkänguruh** an der braunen Fellfärbung.

Vorkommen Südliches Australien vom westlichen New South Wales und Victoria bis nach Südwestaustralien. Im östlichen Teil seines Verbreitungsgebietes existieren Mischpopulationen mit dem Östlichen Riesenkänguruh.

Wissenswertes Wie die meisten großen Känguruhs ein Tier der Grasländer, Steppengebiete und offenen Eukalyptuswälder mit grasigem Unterwuchs. Tatsächlich füllen die großen Känguruhs in Australien die Nische der großen Weidetiere aus, die in anderen Kontinenten von Huftieren, Antilopen, Rindern und Pferden eingenommen werden. Dementsprechend treten sie häufig auch in großen Herden auf. Die im Vergleich zu den meisten kleineren Känguruharten extrem verlängerten und äußerst kräftigen Hinterbeine sind hervorragend für die schnelle und vor allem energiesparende Fortbewegung im Grasland geeignet. Dabei wird der kräftige und sehr muskulöse Schwanz unbedingt zum Balancieren und zum Schwungholen benötigt. Im Vergleich zu Vierbeinern ist die springende Fortbewegungsweise weit kräftesparender, weil durch die „Federung" der Hinterbeine weniger Energie verlorengeht.

2 **Bennett's Känguruh** Red-necked Wallaby *Macropus rufogriseus (Macropodidae)*

KR 65–90 cm G 10–25 kg

Merkmale Ein mittelgroßes, relativ untersetztes Känguruh mit ziemlich dichtem Pelz; erkennbar an seinem mehr oder weniger deutlich rötlichbraun gefärbten Nacken.

Vorkommen In zwei Unterarten in Südostaustralien von Südqueensland bis ins südöstlichste Südaustralien und auf Tasmanien. Es bevorzugt Wälder mit dichtem Unterwuchs, braucht aber zum Grasen offene Stellen. Die Rodung von Wäldern scheint ihm eher genützt als geschadet zu haben, weil dadurch mehr Übergänge zwischen Wald und Grasland geschaffen wurden.

Wissenswertes Das häufigste Känguruh der Eukalyptuswälder. Es ist vor allem in Queensland und im angrenzenden nördlichen New South Wales sowie auf Tasmanien noch sehr häufig. Tiere der tasmanischen Populationen, die recht winterhart sind, wurden mit Erfolg in andere Kontinente, selbst nach Mittel- und Nordeuropa, verpflanzt, wo sie keine Schwierigkeiten mit dem europäischen Winter haben. Einzigartig unter allen Känguruhs ist, daß die beiden Unterarten ganz verschiedene Fortpflanzungszeiten haben. Während bei der Festlandpopulation in allen Jahreszeiten Jungtiere geboren werden, haben die tasmanischen Tiere eine sehr deutliche saisonale Fortpflanzungszeit, nämlich im Februar bis März, dem Hochsommer der südlichen Hemisphäre. Dies ist sicherlich eine Anpassung an die härteren klimatischen Bedingungen auf Tasmanien.

3 **Sandwallaby** Agile Wallaby *Macropus agilis (Macropodidae)*

KR 60–85 cm G 9–27 kg

Merkmale Ein mittelgroßes, ziemlich schlankes Känguruh; erkennbar an seiner rotbraunen Oberseite, die mit der hellen Unterseite deutlich kontrastiert.

Vorkommen Tropisches Nordaustralien, vom nördlichen Queensland bis zum nördlichen Westaustralien, geht aber nicht sehr weit in die Trockengebiete des Landesinneren; ein typischer Bewohner der tropischen Baumsavannen und baumdurchsetzten Grasländer. Auch im Südteil Neuguineas.

Wissenswertes Das häufigste größere Känguruh in den feuchteren tropischen Teilen Australiens, gern in der Nähe von Flüssen. Wie bei allen Känguruhs wird das winzige, embryonenartige, blinde und nackte Jungtier bereits einen Monat nach der Befruchtung geboren. Es klettert danach aus eigener Kraft in den Beutel der Mutter, wobei es sich nach oben orientiert, sucht die Zitzen auf und verwächst mit dem Mund rund um die Zitze. Es bleibt 7–8 Monate im Beutel und benutzt diesen anschließend auch noch mehrere Monate als Zufluchtsort. Da noch weitere befruchtete Eier in Reserve gehalten werden, entwickelt sich nach dem Tod eines Jungtieres sehr bald eines dieser Eier weiter.

1

2

3

1 Hübschgesichtwallaby Pretty-face Wallaby *Macropus parryi (Macropodidae)*

KR 65–90 cm G 7–25 kg

Merkmale Ein mittelgroßes Känguruh; erkennbar an seiner auffälligen Gesichtszeichnung, dem langen Schwanz mit schwarzer Spitze und den schwarzen Händen.

Vorkommen Mittel- und Südqueensland sowie nordöstliches New South Wales, in Südqueensland auch bis in die westlichsten Ausläufer der Great Dividing Range. In ebenem und hügeligem Gelände mit offenen Eukalyptuswäldern oder Baumsavannen.

Wissenswertes Das Hübschgesichtwallaby ist eines der häufigen Känguruhs in Savannengebieten Queenslands, es ist oft in Herden von 10–50 Tieren zu sehen. Obgleich die Hauptaktivitätsperiode die Nacht ist, kann man sie am späteren Nachmittag oder frühmorgens beim Grasen beobachten.

2 Rotes Riesenkänguruh Red Kangaroo *Macropus rufus (Macropodidae)*

KR 75–140 cm G 20–85 kg

Merkmale Das größte lebende Känguruh. Männchen können mannshoch werden und sind leicht an ihrer rötlichen Färbung zu erkennen. Die Weibchen sind oft graublau gefärbt, immer aber mit heller Unterseite.

Vorkommen Ganz Australien mit Ausnahme der feuchteren Gebiete. Grasland- und Steppenbewohner.

Wissenswertes Es ist das Charaktertier Inneraustraliens. Man sieht es meist in Gruppen von 10–50 Tieren, zuweilen aber in großen Herden. Büsche und Bäume nutzen sie als Schattenspender. Entsprechend der sehr wechselhaften Klimabedingungen im Inneren Australiens mit zuweilen extremen Trockenperioden schwankt auch die Populationsdichte der Känguruhs beträchtlich.

3 Graues Riesenkänguruh Eastern Grey Kangaroo *Macropus giganteus (Macropodidae)*

KR 50–120 cm G 10–65 kg

Merkmale Ein großes, wie der Name sagt, überwiegend graues Känguruh.

Vorkommen Ganz Ostaustralien in Gebieten mit mehr als 250 mm Jahresniederschlag; daher sowohl in offenen Eukalyptuswäldern wie in fast baumlosen Grassteppen.

Wissenswertes Es ist das häufigste Känguruh in den trockeneren Gebieten, das zuweilen in großen Herden zu sehen ist. Wie bei den übrigen Riesenkänguruhs sind die Männchen viel größer als die Weibchen und können das doppelte oder dreifache Gewicht erreichen. Zuweilen kann man Männchen beim Rivalenkampf beobachten, wie sie – auf die muskulösen Schwänze gestützt – versuchen, sich gegenseitig mit den kräftigen Hinterfüßen in den Bauch zu treten.

4 Bennett's Baumkänguruh
Bennett's Tree-kangaroo *Dendrolagus bennettianus (Macropodidae)*

KR 50–65 cm G 5–13 kg

Merkmale Wie alle Baumkänguruhs von untersetzter Statur. Ihm fehlt das helle Band an Vorderkopf und Gesicht seines Verwandten, dem Lumholtz's Baumkänguruh.

Vorkommen Regenwälder in einem kleinen Gebiet in Nordostqueensland.

Wissenswertes Es ist kaum vorstellbar, wie Känguruhs in Bäumen herumklettern können, zumal ihr Schwanz nicht zum Greifen, sondern nur als Gegengewicht dient. Am besten vergleicht man sie mit den südamerikanischen Faultieren, wenn die Baumkänguruhs auch nicht ganz so langsam sind.

5 Lumholtz's Baumkänguruh
Lumholtz's Tree-kangaroo *Dendrolagus lumholtzi (Macropodidae)*

KR 48–60 cm G 4–10 kg

Merkmale Mit auffälligem hellen Streifen im Gesicht.

Vorkommen Regenwälder in Nordostqueensland.

Wissenswertes Beide Baumkänguruhs ernähren sich von Blättern. Sie können auch auf den Waldboden herabkommen, wo sie sich gemächlich hüpfend oder auf allen vieren fortbewegen.

1

4

2

5

3

1 Nacktnasenwombat Common Wombat *Vombatus ursinus (Vombatidae)*

KR 90–115 cm G 22–38 kg

Merkmale Unterscheidet sich von den Haarnasenwombats durch seine Größe, die nackte Nase und den viel gröberen Pelz.

Vorkommen Heute in drei Unterarten in zum Teil isolierten Populationen in New South Wales, Victoria und Südaustralien sowie auf Tasmanien und Flinders Island. Im nördlichen Teil seines Areals bevorzugt er relativ feuchte Bergwälder, im Süden und auf Tasmanien lebt es auch in offeneren Habitaten und in niedrigeren Lagen.

Wissenswertes Wichtig für den Wombat ist ein Boden, in dem er seine langen und tiefen Gänge anlegen kann. Mehrere Arten von Gängen werden unterschieden. Die eigentlichen Wohnbauten können über 20 m lang sein. In ihnen verbringt er als Einzelgänger den Tag und kommt erst in der Dämmerung zum Grasen heraus.

2 Südlicher Haarnasenwombat
Southern Hairy-nosed Wombat *Lasiorhinus latifrons (Vombatidae)*

KR 75–95 cm G 19–32 kg

Merkmale Im Unterschied zum Nacktnasenwombat etwas kleiner, mit behaarter Nase und auffallend seidigem Fell.

Vorkommen Einst war dieser Wombat über weite Gebiete im südlichen Südaustralien und östlichen Westaustralien verbreitet, heute findet er sich nur noch in einigen isolierten Vorkommen in der Nullarbor Plain und auf der Eyre Peninsula. Er bewohnt halbtrockene Grasländer und Steppen.

Wissenswertes Im Gegensatz zum gewöhnlichen Wombat bewohnt er ausgedehnte Gangsysteme in Gruppen von 5–10 Tieren, ist also eher sozial. Er ist sehr langlebig und kann nachweislich bis zu 20 Jahre alt werden. Dies ist wohl eine Anpassung an den trockenen Lebensraum, denn das Überleben der Jungtiere ist nur gesichert, wenn mehrere Jahre lang genügend Regen fällt und ausreichend Grünfutter zur Verfügung steht. Die Fortpflanzungsrate ist daher sehr niedrig.

3 Koala Koala *Phascolarctus cinereus (Phascolarctidae)*

KR 68–82 cm G 4–9 kg

Merkmale Nicht zu verkennen, die auffallend graublaue Nase und die Plüschohren kennzeichnen ihn hinreichend.

Vorkommen Ehemals in ganz Ostaustralien vom mittleren Queensland bis ins östliche Südaustralien verbreitet. Heutzutage ist das Areal sehr zerrissen, und in vielen Gebieten ist der Koala ausgestorben oder selten.

Wissenswertes Die heutige Gefährdung des Koalas ist wohl zunächst eine Folge der Überjagung am Ende des letzten Jahrhunderts, als sein weicher Pelz sehr gefragt war. Heute sind es die Abholzung und der Autoverkehr, die den Bestand am meisten gefährden. Koala bedeutet in der Sprache der Aborigines „trinkt nicht", und tatsächlich gewinnt er alle benötigte Feuchtigkeit aus seiner Nahrung, den Eukalyptusblättern. Da diese zeitweise Giftstoffe enthalten, muß der Koala einen genauen Speiseplan einhalten und Blätter verschiedener Bäume verzehren. Dazu muß er regelmäßig zum Erdboden hinabsteigen. Dort war er früher eine leichte Beute für den Dingo. Er klettert mit Hilfe seiner kräftig bekrallten Beine. Die meiste Zeit des Tages verbringen Koalas dösend oder schlafend in einem Baum.

4 Dingo Dingo *Canis familiaris dingo (Canidae)*

KR 85–100 cm G 10–20 kg

Merkmale Der einzige Wildhund in Australien; meist rötlich gefärbt, gelegentlich treten auch Schwärzlinge auf.

Vorkommen Ganz Australien, fehlt aber auf Tasmanien. Früher besiedelte er alle Habitate, heute in vielen landwirtschaftlich genutzten Gebieten ausgerottet.

Wissenswertes Der Dingo wurde von einwandernden Aborigines aus Südasien mitgebracht. Wahrscheinlich gibt es ihn seit etwa 10.000 Jahren in Australien. Das Aussterben des Beutelwolfs auf dem Festland, den es auf Tasmanien noch bis in die 30er Jahre gab, ist wohl der Konkurrenz des Dingos zuzuschreiben.

3

1

2

4

1 Spinifex-Springmaus Spinifex Hopping-mouse *Notomys alexis (Muridae)*

KR 9,5–11,2 cm G 25–45 g

Merkmale Erkennbar an den sehr langen Hinterfüßen und dem langen, am Ende buschigen Schwanz.

Vorkommen Das trockene Innere Australiens; bevorzugt in Gebieten mit Spinifex.

Wissenswertes Eine echte Hüpfmaus, die sich auf den stark verlängerten Hinterfüßen hüpfend fortbewegt, in Ruhe aber auch auf ihnen steht. Wie die großen Augen zeigen, ist sie ein Nachttier, das den Tag in tiefen Erdbauten unter und zwischen Spinifex-Bülten verbringt. Sie verzehrt pflanzliche Teile aller Art, und – wie viele echte Wüstentiere – braucht sie nicht zu trinken, sondern deckt ihren Wasserbedarf mit der Nahrung.

2 Schwarzer Flughund Black Flying-fox *Pteropus alecto (Pteropodidae)*

KR 24–26 cm G 500–700 g

Merkmale Ein ziemlich großer, fast einfarbig schwarzer Flughund.

Vorkommen Die feuchten, küstennahen Gebiete des gesamten tropischen Australiens; in Queensland sogar noch südlich des Wendekreises.

Wissenswertes Dies ist einer der häufigsten Flughunde in Nordaustralien, wo seine großen Kolonien häufig im Galeriewald der Flüsse oder in Mangroven zu finden sind. Zuweilen umfassen die Kolonien mehrere tausend Tiere, und es ist ein eindrucksvolles Schauspiel, den abendlichen Zug so vieler Fledermäuse zu ihren Futterplätzen zu beobachten. Schwarze Flughunde ernähren sich vorzugsweise von Eukalyptusblüten, aber auch von reifen Früchten.

3 Dugong Dugong *Dugong dugong (Dugongidae)*

KR 2–3 m G 300–400 kg

Merkmale Die einzige Seekuh in australischen Gewässern; erkennbar an ihrer vorgestülpten, bärtigen Schnauze und dem horizontalen, dreieckigen Schwanz.

Vorkommen Seichte küstennahe Gewässer des tropischen Australiens.

Wissenswertes Der Dugong ist sehr entfernt mit den Elefanten verwandt, was man ihm als Wassertier aber nicht ansieht. Er ernährt sich vor allem von Seegras in ruhigen, seichten Buchten und Ästuaren. Er ist sehr langlebig und wird frühestens mit 10 Jahren geschlechtsreif. Das einzige Junge wird im Wasser gesäugt und bleibt 1–2 Jahre bei der Mutter. Seine wichtigsten Feinde sind große Haie, das Leistenkrokodil und der Schwertwal.

4 Australischer Seelöwe Australian Sea-lion *Neophoca cinerea (Otariidae)*

KR 1,55–2,35 m G 80–300 kg

Merkmale Unterscheidet sich vom Australien-Seebär durch etwas schlankere Gestalt und breitere Schnauze.

Vorkommen Küsten und vorgelagerte Inseln Südwestaustraliens und Südaustraliens; nur in australischen Gewässern.

Wissenswertes Wie bei vielen Robben sind die Männchen viel größer und massiger als die Weibchen. Erwachsene Bullen sind an ihrem goldgelben Schulterpelz erkennbar. Während der Fortpflanzungszeit hüten sie einen Harem von Weibchen, den sie erbittert gegen Rivalen verteidigen.

5 Australien-Seebär Australian Fur-seal *Arctocephalus pusillus (Otariidae)*

KR 1,25–2,25 m G 45–360 kg

Merkmale Etwas massiger als der Australische Seelöwe, mit spitzerer Schnauze.

Vorkommen Gewässer der Bass-Straße und rings um Tasmanien. Eine andere Unterart lebt in Südafrika.

Wissenswertes Der Australien-Seebär ist die häufigste und am leichtesten zu beobachtende Robbe in den australischen Küstengewässern. Die Nahrung besteht aus Tintenfischen und Fischen, aber auch aus verschiedenen anderen Meerestieren, die dieser vorzügliche Schwimmer und Taucher aus Tiefen von bis zu 120 m heraufholen kann. Seine Feinde sind in erster Linie der Schwertwal und der Weiße Hai.

1

3

2

4

5

1 **Emu** Emu *Dromaeus novaehollandiae (Dromaiidae)*

H 1,70 m

Merkmale Der größte eingeborene australische Vogel; leicht zu erkennen an seiner Größe, dem grauen Gefieder und dem blauen Hals. Im Gegensatz zu dem in einigen Gegenden eingeführten afrikanischen Strauß ist der Fuß dreizehig.

Vorkommen Ursprünglich ganz Australien; heute auf Tasmanien und auf dem Festland in dichter besiedelten Gebieten ausgerottet. Vor allem in Gras- und Buschländern, Savannen, offenen Eukalyptuswäldern und Heidegebieten.

Wissenswertes Der Emu hat seine Flügel und damit auch die Flugfähigkeit verloren, ist aber ein ausdauernder und schneller Läufer, der beim Rennen bis zu 60 km/h erreichen kann. Seine Unbefangenheit Hindernissen gegenüber hat zu einer Dezimierung in dichter besiedelten Gebieten geführt, denn der Emu kümmert sich wenig um Weidezäune und rennt sie einfach um. Wie bei den übrigen Straußenvögeln werden die 8–10 grün gefärbten Eier **(1b)** vom Männchen bebrütet, anschließend führt der Vater die Jungvögel. Das einfache Nest liegt in einer flachen Mulde und ist mit Pflanzenmaterial ausgelegt. Es befindet sich meist in offenem Gelände. Der Emu ist ein Pflanzenfresser, der sich von Knospen, Samen, Knollen und Blättern ernährt. Erwachsene Emus haben, vom Menschen abgesehen, keine Feinde, denn sie können sich mit Fußtritten ihrer mächtigen Beine gut verteidigen.

2 **Kasuar** Cassowary *Casuarius casuarius (Casuariidae)*

H 1,50 m

Merkmale Etwas kleiner als der Emu, aber massiger, mit kürzeren, noch kräftigeren Beinen. In Australien kann der Kasuar mit seinem glänzend schwarzen Gefieder und dem helmartigen Knochenkamm auf dem Kopf mit keinem anderen Vogel verwechselt werden. In Neuguinea dagegen gibt es noch einige verwandte Arten.

Vorkommen In dichten Regenwäldern Nordostqueenslands; auch in Neuguinea.

Wissenswertes Im Gegensatz zum Emu ist der Kasuar ein reiner Regenwaldbewohner. Gestalt und Beine weisen auf seine Lebensweise als Wald- und Dickichtschlüpfer hin. Tatsächlich kommt er auch im dichtesten Gestrüpp vor, sucht dieses geradezu auf und hat auch keine Mühe, durch verfilztes, stacheliges Gebüsch zu brechen. Abgesehen von seinen enorm kräftigen Beinen unterstützen ihn dabei wohl der Knochenkamm auf dem Kopf und das sehr rauhe, feste Gefieder. Der Kasuar ist, im Gegensatz zum geselligen Emu, ein Einzelgänger. Er ist ein gefährlicher Gegner und weiß sich mit dem verlängerten Nagel der Innenzehe ausgezeichnet zu wehren. Er ernährt sich von Früchten und Beeren.

3 **Zwergpinguin** Little Penguin *Eudyptula minor (Spheniscidae)*

H 40 cm

Merkmale Der kleinste Pinguin; erkennbar an seiner schmucklosen, oberseits grauen, unterseits hellen Färbung und an dem Fehlen von auffälligen Zeichnungen oder Federanhängen am Kopf.

Vorkommen In den küstennahen australischen und neuseeländischen Gewässern. In Australien brütet der Zwergpinguin auf küstennahen Inseln entlang der ganzen Südküste inklusive Tasmaniens und entlang der Ostküste bis hinauf nach Südqueensland.

Wissenswertes Dieser Pinguin überschreitet auf seiner Nahrungssuche die küstennahen Gewässer selten. Er ernährt sich vorzugsweise von kleineren Fischen und Tintenfischen, die er schwimmend und tauchend erbeutet. An Land kommt er erst bei Anbruch der Dämmerung, vor allem um seine Jungen, meist zwei an der Zahl, zu füttern, die er tagsüber im Nest zurückgelassen hat. Das Nest befindet sich unter Felsen oder großen Grasbülten oder in kurzen, selbstgegrabenen Erdhöhlen. Wie auf Philipp Island in der Nähe von Melbourne gut zu sehen, ist die abendliche Ankunft der Pinguine gut synchronisiert. Man spricht deshalb von der „Pinguinparade". Der Zusammenhalt in der Gruppe ist deshalb von Vorteil, weil die Gefahr, im Wasser oder auch an Land von Freßfeinden erbeutet zu werden, in der Gruppe weit geringer ist als bei Einzelgängern.

1a

2

1b

3

1 **Brillenpelikan** Australian Pelican *Pelecanus conspicillatus (Pelecanidae)*

L 1,60 m

Merkmale Der einzige Pelikan Australiens; erkennbar an seiner Größe, dem schwarzweißen Gefieder und dem großen, breiten Schnabel mit dem riesigen Kehlsack.

Vorkommen Ganz Australien; in der Nähe größerer Gewässer, auch an der Küste.

Wissenswertes Der Brillenpelikan lebt meist gesellig. Er ernährt sich von Fischen, Krebsen und sonstigem Wassergetier, das er mit seinem riesigen Schnabel aus dem Wasser fischt. Manchmal bildet auch eine Gruppe von Pelikanen eine „Armada", um Fischschwärme ans Ufer zu treiben.

2 **Kurzschwanzsturmtaucher** Short-tailed Shearwater *Puffinus tenuirostris (Procellariidae)*

L 40 cm

Merkmale Ein großer Sturmvogel; von ähnlichen Arten unterscheidbar durch seinen vergleichsweise kurzen Schwanz und die unterseits dunklen Schwingen.

Vorkommen Brütet auf küstennahen Inseln vom östlichen Südaustralien bis ins nördliche New South Wales und um Tasmanien; häufig vor allem auf Inseln in der Bass-Straße.

Wissenswertes Der „Muttonbird" der Bass-Straße. Früher wurden die fast erwachsenen Jungtiere in großer Zahl gesammelt. Das ist ein nicht ganz ungefährliches Geschäft, weil die Jungvögel zuweilen ihre Nesthöhlen mit hochgiftigen Tigerottern teilen. Der Kurzschwanzsturmtaucher führt wohl die ausgedehntesten jährlichen Wanderungen durch, die wir im Tierreich kennen. Alljährlich überquert er den Pazifik, verbringt den Südwinter in der Beringstraße und kehrt im Südfrühjahr entlang der amerikanischen Westküste wieder zurück – ein Flug von insgesamt etwa 15.000 km.

3 **Dreizehentölpel** Masked Booby *Sula dactylatra (Sulidae)*

L 80 cm

Merkmale Ein großer Tölpel mit schwarzweißen Flügeln; gut erkennbar an dem blauen Gesicht.

Vorkommen Tropische und subtropische Küstengewässer Australiens; außerdem auf allen tropischen Ozeanen verbreitet.

Wissenswertes Er brütet auf einigen küstennahen Inseln, aber auch auf Lord Howe und Norfolk Island. Die Nester liegen dicht beieinander in großen Kolonien am Boden, in der Regel im Hackabstand. Es sind flache Vertiefungen im Sand, umgeben mit Zweigen, Blättern oder Seegras.

4 **Brauner Tölpel** Brown Booby *Sula leucogaster (Sulidae)*

L 75 cm

Merkmale Etwas kleiner als der Dreizehentölpel; erkennbar an seiner braunen Oberseite, der dunklen Kehlpartie und dem dazu scharf kontrastierenden weißen Bauch.

Vorkommen Tropische und subtropische Küstengewässer Australiens; außerdem auf allen tropischen Ozeanen verbreitet.

Wissenswertes Der Braune Tölpel brütet in großen Kolonien auf küstennahen Inseln. Wie alle Tölpel ernährt er sich von Fischen und Tintenfischen, die er als Stoßtaucher aus beträchtlicher Höhe erbeutet. Der dabei entstehende gewaltige Wasserdruck wird durch den besonders kräftigen Bau der Schädelknochen aufgefangen.

5 **Großer Fregattvogel** Greater Frigatebird *Fregata minor (Fregatidae)*

L 95 cm

Merkmale Schmale, spitze Schwingen und langer Hakenschnabel.

Vorkommen Tropische und subtropische Küstengewässer Nord- und Ostaustraliens; außerdem auf allen tropischen Ozeanen verbreitet.

Wissenswertes Die in großer Höhe ohne Flügelschlag kreisenden Fregattvögel sind charakteristisch für tropische Gewässer. Sie machen Jagd auf andere Seevögel und bedrängen diese solange, bis sie ihre Beute fallen lassen. Diese greifen sie dann geschickt aus der Luft.

1

2

3

4

5

1 Schlangenhalsvogel Darter *Anhinga rufa (Anhingidae)*

L 85 cm

Merkmale Nicht zu verkennen an seinem langen, schlangenartigen Hals und dem geraden, spitzen Schnabel.

Vorkommen Ganz Australien, an Gewässern aller Art; fehlt auf Tasmanien.

Wissenswertes Der Schlangenhalsvogel bevorzugt ganz eindeutig ruhige, tiefe Gewässer, wo man ihn, zuweilen mit ausgebreiteten Flügeln, auf seiner Warte über dem Wasser sitzen sehen kann. Dann nämlich trocknet er seine Flügel, die im Unterschied zu den meisten anderen Vögeln benetzbar sind (sonst könnte er ja nicht gut tauchen!) und nach jedem Tauchgang an der Sonne getrocknet werden müssen. Seine Nahrung besteht aus Fischen, die er im Wasser schwimmend und tauchend erbeutet; dabei harpuniert er sie mit seinem spitzen Schnabel. An Land wirft er sie dann in die Luft und fängt sie geschickt wieder auf. Das große Nest ist eine Plattform aus Pflanzenmaterial und befindet sich meist auf einem Baum, dessen Äste auf das Wasser überhängen.

2 Zwergtaucher Hoary-headed Grebe *Podiceps poliocephalus (Podicipedidae)*

L 30 cm

Merkmale Der kleinste Taucher in Australien; oberseits braun, unterseits silbergrau, im Brutkleid mit einem gelben Fleck an der Schnabelbasis. Im Unterschied zu beiden anderen in Australien vorkommenden Tauchern ohne sonstige Merkmale am Kopf.

Vorkommen Ganz Australien in Gebieten mit ständig existierenden Gewässern; außerdem in Neuguinea und Indonesien. Er bevorzugt kleine, stille Gewässer.

Wissenswertes Wie bei allen seinen Verwandten sind die Zehen mit mehreren lappenförmigen Schwimmhäuten versehen. Der Zwergtaucher kann damit hervorragend tauchen und sucht im Wasser und auf dem Grund nach Wasserpflanzen und Wassergetier. Das Nest ist ein floßartiges Gebilde aus Pflanzenmaterial, das an Ästen befestigt wird. Wird der Zwergtaucher erschreckt, taucht er unter und kommt an einer entfernten Stelle wieder zum Vorschein.

3 Austernfischer Pied Oystercatcher *Haematopus ostralegus (Haematopodidae)*

L 45 cm

Merkmale Der auch an den europäischen Küsten vorkommende Austernfischer unterscheidet sich durch die schwarzweiße Färbung von seinem australischen Verwandten, dem **Schwarzen Austernfischer**. Beide Arten mit langem, rotem Schnabel.

Vorkommen Alle Küsten Australiens und Tasmaniens.

Wissenswertes Man findet ihn auf Sand- und Schlammflächen, aber auch auf Schotter und an Felsküsten, beispielsweise am Riff, wo er, oft in Gruppen, herumläuft und mit seinem langen Schnabel im Boden nach Krebsen, Würmern, Schnecken und Muscheln stochert. Er brütet im Südsommer an den südaustralischen Küsten und im Südfrühjahr in den Tropen.

4 Elsterscharbe Pied Cormorant *Phalacrocorax varius (Phalacrocoracidae)*

L 75 cm

Merkmale Ein großer, kontrastreich gefärbter Kormoran mit dunkler Oberseite und weißem Bauch; von ähnlichen Arten unterschieden durch einen weißen Streifen oberhalb des Auges, den grauen Schnabel und das rötliche Gesicht.

Vorkommen Küstennahe Gebiete Ost- und Westaustraliens, auch an einigen günstigen Plätzen im Landesinneren. Lebt an ruhigen Stellen von Gewässern aller Art, auch an der Meeresküste.

Wissenswertes Ein gewandter Fischjäger, der ausdauernd taucht und mit seinem Hakenschnabel vor allem Fische fängt. Als vorzügliche Taucher sind Kormorane ziemlich schwer gebaut und liegen daher beim Schwimmen tief im Wasser. Die mit großen Schwimmhäuten versehenen Füße setzen sehr weit hinten am Körper an. Das gibt einen hervorragenden Antrieb beim Schwimmen. Da das Gefieder benetzbar ist, muß es nach jedem Tauchgang ausgebreitet und an der Sonne getrocknet werden.

1

2

3

4

1 **Australienmöwe** Silver Gull *Larus novaehollandiae (Laridae)*

L 40 cm

Merkmale Die kleinste australische Möwe; erkennbar an dem silbergrauen Rücken und dem auffallend roten Schnabel.

Vorkommen Ganz Australien an geeigneten Gewässern und an allen australischen Küsten; auch in Südafrika und Neuseeland sowie auf verschiedenen Inseln im südlichen Indischen Ozean.

Wissenswertes Die Australienmöwe ist – vergleichbar unserer Lachmöwe – allgegenwärtig. Sie kommt normalerweise in größeren bis sehr großen Scharen an der Küste, aber auch an Seen, Lagunen und größeren Flüssen im Inland vor. Sie ernährt sich von Fischen und sonstigem Wassergetier, ist aber auch ein notorischer Nesträuber, der vor allem die Brutkolonien anderer Seevögel unsicher macht. Als Vertilger von Abfällen aller Art macht sich diese Möwe allerdings auch nützlich. Die Brutkolonien befinden sich vorzugsweise auf Inseln, gelegentlich aber auch in Sümpfen im Inland. Das Nest ist eine mit Gras oder Blättern ausgekleidete Mulde am Boden. Die Eier sind grünlich oder bräunlich und dunkel gefleckt und daher gut getarnt. Die Jungvögel sind zunächst braun gemustert. Bei Gefahr drücken sie sich an den Boden.

2 **Noddi-Seeschwalbe** Noddy *Anous stolidus (Laridae)*

L 36 cm

Merkmale Die größte Noddi-Seeschwalbe Australiens; wie ihre Verwandten erkennbar an der einheitlich rußgrauen Oberseite; von den beiden anderen Arten unterschieden durch die Größe sowie die gut abgesetzte helle Kappe auf der Stirn.

Vorkommen Tropische und subtropische Küstengewässer; brütet an der Küste Queenslands, vor allem auf dem Großen Barriereriff. Auch in allen tropischen Ozeanen.

Wissenswertes Abweichend von den meisten anderen Seeschwalben tauchen Noddies und ihre Verwandten nicht nach Fischen, sondern nehmen sie von der Wasseroberfläche auf. Die Noddi-Seeschwalbe brütet in großen Kolonien auf Riffinseln. Die Nester liegen entweder am Boden oder auf Gebüsch oder niedrigen Bäumen und bestehen aus Seegras oder anderem Pflanzenmaterial. Häufig sind sie mit kleinen Muschelschalen verziert.

3 **Eilseeschwalbe** Crested Tern *Sterna bergii (Laridae)*

L 45 cm

Merkmale Eine große Seeschwalbe; erkennbar an ihrer Federholle am Hinterkopf; von ihren nächsten Verwandten an ihrer Größe und an dem blaßgelben Schnabel zu unterscheiden.

Vorkommen An allen Küsten Australiens und Tasmaniens verbreitet; außerdem im gesamten tropischen und subtropischen Indischen Ozean und im Westpazifik.

Wissenswertes Die Eilseeschwalbe brütet in zuweilen sehr großen und dichten Kolonien im gesamten Verbreitungsgebiet, insbesondere auf küstennahen Inseln. Die Nester werden nicht ausgekleidet und bestehen aus kleinen Vertiefungen am Boden oberhalb der Hochwassermarke. Die Kolonien kann man schon von weither am heiseren Gekreisch und an den zahlreichen auffliegenden und landenden Vögeln erkennen.

4 **Zügelseeschwalbe** White-fronted Tern *Sterna striata (Laridae)*

L 42 cm

Merkmale Eine mittelgroße Seeschwalbe; erkennbar an dem schwarzen Schnabel und der weißen Stirn.

Vorkommen Südliches und südöstliches Australien.

Wissenswertes Ein regelmäßiger Besucher der südostaustralischen Küsten in den Wintermonaten außerhalb der Brutzeit. Wie die meisten Seeschwalben fängt auch diese ihre Nahrung als Stoßtaucher. Sie fliegt dabei in einiger Höhe über dem Wasser, rüttelt sodann über Stellen, wo sie einen Fisch- oder Tintenfischschwarm im Wasser entdeckt hat, und stößt mit angelegten Flügeln senkrecht hinab. Sie kann zwar nicht sehr tief tauchen, diese Jagdmethode hat jedoch den Vorteil, daß sie von oben eine bessere Sicht hat.

1

2

3

4

1 **Maskenkiebitz** Masked Plover *Vanellus miles (Charadriidae)*

L 25 cm

Merkmale Großer, oberseits olivgrüner, unterseits weißer Kiebitz; beiderseits am Schnabelansatz gelbe, dreieckige Hautsäckchen. Zwei Unterarten: die nördliche nur mit schwarzer Kappe, die südliche mit breitem schwarzen Streif vom Nacken bis zum Flügel.

Vorkommen Ganz Australien in geeigneten Gebieten; er brütet aber nur in Nord- und Nordostaustralien (und Neuguinea) beziehungsweise in Südostaustralien bis ins östliche Südaustralien und auf Tasmanien; außerdem in Neuseeland.

Wissenswertes Beide Unterarten des Maskenkiebitzes sind häufige Vögel, die man an Gewässerrändern, auf Sumpfwiesen, auf Weiden und manchmal auch am Strand nach Nahrung suchen sieht.

2 **Brolga** Brolga *Grus rubicundus (Gruidae)*

L 1,15 m

Merkmale Ein großer, hochbeiniger Vogel; unverkennbar mit seinem grauen Gefieder, dem roten Hinterkopf und der Wamme unter dem Hals.

Vorkommen Ganz Nord- und Ostaustralien; in größeren Sumpfgebieten, an Seen und Lagunen.

Wissenswertes Der Brolga war bis in die jüngste Zeit der einzige Kranich in Australien, in den letzten Dekaden ist jedoch der asiatische Saruskranich nach Australien eingewandert. Der Brolga sucht paarweise oder in kleinen Trupps auf Wiesen und in Sümpfen nach Nahrung, wie Insekten, kleinen Wirbeltieren, Knollen und Früchten.

3 **Jabiru** Jabiru *Xenorhynchus asiaticus (Ciconiidae)*

L 1,25 m

Merkmale Der einzige Storchenvogel in Australien; unverkennbar an seinem schwarzweißen Gefieder, dem schwarzen, grünlich schillernden Hals, der rötlichen Kappe und dem schwarzen Storchenschnabel.

Vorkommen Tropisches Nordaustralien, tropisches und subtropisches Ostaustralien; außerdem in Neuguinea.

Wissenswertes Der Jabiru findet sich in Sümpfen, auf feuchten Wiesen und an den Ufern von Gewässern aller Art. Er steht meist nach Storchenart reglos auf Beute wartend oder schreitet gemessen auf der Suche nach größeren Insekten, Fröschen, Fischen, Krebsen und ähnlichem Getier über Wiesen oder durchs seichte Wasser. Er nistet auf Bäumen.

4 **Weißer Ibis** White Ibis *Threskiornis molucca (Threskiornithidae)*

L 70 cm

Merkmale Ein großenteils weißer Ibis mit schwarzem Kopf und Hals und grünlichschwarzen Flügelspitzen.

Vorkommen Brütet im tropischen Nord- und Ostaustralien. Man findet ihn aber in der gesamten Osthälfte Australiens an Gewässerufern, in Sümpfen und auf feuchten Wiesen, auch in küstennahem Marschland. Auch in Neuguinea und Teilen Südasiens.

Wissenswertes Mit seinem langen, gebogenen Schnabel stochert er – wie es für Ibisse typisch ist – am und im Boden nach Insekten, die er geschickt fängt. Oft ist er in Gesellschaft anderer Ibisarten, von Löfflern und Reihern zu finden.

5 **Stachelhalsibis** Straw-necked Ibis *Threskiornis spinicollis (Threskiornithidae)*

L 70 cm

Merkmale Gefieder größtenteils grünlich-schwarz; Hals weiß, aber dunkel gestrichelt; auf der Brust ein gelber Federbusch.

Vorkommen In ganz Australien.

Wissenswertes Er bewohnt Sümpfe, Ufer von Gewässern, aber auch Wiesen und Äcker und ist sicher einer der nützlichsten Vögel in Australien, denn er vertilgt Unmengen von Schadinsekten, vor allem Heuschrecken. Man kann ihn öfters dabei beobachten, wie er dem Pflug oder anderen landwirtschaftlichen Geräten folgt und aufgestörte Insekten sammelt.

1

3

2

4

5

1 Lord Howe Ralle Woodhen *Tricholimnas sylvestris (Rallidae)*

L 36 cm

Merkmale Eine große, flügellose, braune Ralle mit langem, gebogenem Schnabel; Kopf mit zwei hellen Streifen oberhalb und unterhalb des Auges.

Vorkommen Nur auf Lord Howe Island.

Wissenswertes Besonders unter den Rallen gibt es viele Inselbewohner, die im Lauf der Evolution die Flugfähigkeit verloren haben. Sie konnten sich das leisten, weil auf vielen dieser Inseln räuberische Säugetiere fehlen. Mit der Besiedlung durch den Menschen wurden diese Vögel hochgradig gefährdet, weil Katzen, Hunde und Ratten diese flugunfähigen Vögel in kurzer Zeit dezimiert haben. Die Lord Howe Ralle bewohnt dichten Wald, wo sie in der Streu des Waldbodens nach Insekten und Würmern sucht.

2 Blatthühnchen Jacana *Jacana gallinacea (Jacanidae)*

L 22 cm

Merkmale Mit seinem roten Stirnlappen, den langen Beinen und den extrem verlängerten Zehen nicht zu verwechseln.

Vorkommen Tropisches und subtropisches Ostaustralien, äußerster tropischer Norden des Nordterritoriums; auch in Neuguinea und Indonesien.

Wissenswertes Das Blatthühnchen ist ein Bewohner der Sümpfe und tropischen Lagunen. Dort kann man es dabei beobachten, wie es auf den großen Seerosenblättern herumläuft. Dabei spielen die enorm verlängerten Zehen die wichtigste Rolle, denn sie verteilen das Gewicht auf eine größere Fläche. Das Nest aus Gräsern und Wasserpflanzen schwimmt auf der Wasseroberfläche und ist so niedrig, daß die Eier fast im Wasser liegen, wenn der Vogel darauf sitzt und brütet. Wird das Blatthühnchen aufgeschreckt, fliegt es davon, wobei die langen Beine nach hinten hängen.

3 Weißhalsreiher White-necked Heron *Ardea pacifica (Ardeidae)*

L 90 cm

Merkmale Ein großer Reiher mit dunklem Gefieder; unterscheidbar an dem weißen Kopf und Hals, der allerdings an der Vorderseite dunkel gepunktet ist.

Vorkommen Ganz Australien und Tasmanien; an Gewässerufern, in Sümpfen und auf feuchten Wiesen; auch in Neuguinea.

Wissenswertes Einer der häufigsten Reiher in Australien, den man auch an vielen Gewässern im Landesinneren finden kann. Wie alle Reiher steht er bei der Jagd still an einem Ort und beobachtet, was im Wasser vor sich geht. Kommt ein Fisch in Reichweite, wird er äußerst zielsicher gespeert. Seltener trifft man den Reiher langsam durch das Wasser oder über eine Wiese schreitend an. Der Weißhalsreiher nistet kolonieweise. Das große Nest wird gern in abgestorbenen Bäumen angelegt, die im Wasser stehen. Das schützt Nest und Jungtiere vor bodenlebenden und kletternden Feinden.

4 Australientrappe Australian Bustard *Eupodotis australis (Otididae)*

L 85–110 cm

Merkmale Die einzige Trappe in Australien; erkennbar an der Größe, der dunklen Kopfkappe und den Nackenfedern.

Vorkommen Große Teile Australiens mit Ausnahme Tasmaniens, des äußersten Südwestens und der Cape York-Halbinsel.

Wissenswertes Ein Tier der Grasländer und Steppen, das durch seine unauffällige Färbung im hohen Gras vortrefflich getarnt ist. Leider hat dieser bodenbewohnende Vogel sehr unter den eingeführten Säugetieren gelitten, insbesondere unter dem Fuchs. Daher ist er im südöstlichen Australien heute bereits selten geworden. Zwar ist dieser große und schwere Vogel noch flugfähig, er fliegt jedoch ungern und selten. Bei der eigentümlichen Balz zeigt der Hahn seine Schmuckfedern und stößt ein lautes, weithin hörbares, tiefes Röhren aus. Die gesprenkelten Eier werden auf den Erdboden abgelegt. Die Australientrappe ernährt sich von Insekten, Spinnen und kleinen Wirbeltieren sowie von Beeren, Früchten und Knospen; die Hauptnahrung dürften in den Grasländern Heuschrecken sein.

1

3

2

4

1 **Trauerschwan** Black Swan *Cygnus atratus (Anatidae)*

L 1,25 m

Merkmale Der einzige eingeborene Schwan in Australien; vom eingeführten **Singschwan** durch die schwarze Färbung und den roten Schnabel leicht unterscheidbar.

Vorkommen Ganz Australien und Tasmanien, im Südosten und Südwesten häufiger als im Norden und im Landesinneren.

Wissenswertes Der Trauerschwan besiedelt Gewässer aller Art, jedoch am häufigsten große stehende Gewässer wie Seen und Lagunen. Mit seinem langen Hals gründelt er nach Wasserpflanzen, bodenlebenden Insekten und Mollusken. Er fliegt gut, muß aber beim Start auf dem Wasser laufend Schwung holen. Im Flug ist der Hals ausgestreckt.

2 **Spaltfußgans** Magpie Goose *Anseranas semipalmata (Anatidae)*

L 85 cm

Merkmale Eine schwarzweiß gefärbte Gans mit auffällig gebuckeltem Kopf; nur mit rudimentären Schwimmhäuten verbundene Zehen.

Vorkommen Nördliches Australien in Küstennähe, nur selten weiter im Inland; außerdem im Südteil von Neuguinea.

Wissenswertes Die Spaltfußgans gilt als die stammesgeschichtlich ursprünglichste Gans, die wir heute noch kennen. Sie ist einer der häufigsten Vögel in den tropischen Lagunen des Nordens. In den Reiskulturen, die zeitweise angelegt wurden, wurde sie schnell zum Schädling. Die Spaltfußgans ernährt sich von Wassergetier und Wasserpflanzen.

3 **Hühnergans** Cape Barren Goose *Cereopsis novaehollandiae (Anatidae)*

L 82 cm

Merkmale Leicht erkennbar an ihrem kompakten Körperbau, der grauen Färbung und dem kurzen gelben Schnabel.

Vorkommen Inseln vor der Südküste, außerdem Inseln in der Bass-Straße. Im Sommer auch an den südlichen und südwestlichen Küsten des Festlandes.

Wissenswertes Ebenfalls eine sehr eigenartige Gans, die ihren Namen zu Recht trägt, weil sie ihre Nahrung eher nach Hühner- als nach Gänseart sucht. Sie ist recht wenig vom Wasser abhängig und sucht paarweise oder in kleinen Trupps auf Wiesen und Weiden nach ihrer ausschließlich pflanzlichen Nahrung.

4 **Augenbrauenente** Black Duck *Anas superciliosa (Anatidae)*

L 55 cm

Merkmale Eine mittelgroße, graue Ente mit grünem Spiegel; leicht erkennbar an ihrem schwarzweiß gestreiften Kopf.

Vorkommen Ganz Australien, im Landesinneren jedoch selten und nur nach ausgiebigen Regenfällen. Auch in Indonesien, Neuguinea, Neuseeland und auf einigen pazifischen Inseln.

Wissenswertes Eine der häufigsten australischen Enten, die man ebenso auf angelegten Tümpeln in Stadtparks wie an Flüssen und Lagunen im Outback findet. Die Augenbrauenente ist eine Schwimmente, die an der Oberfläche schwimmend im Wasser oder am Gewässerboden nach Wasserpflanzen, Insekten, Würmern und Schnecken gründelt.

5 **Gelbfußsichelente** Grass Whistle Duck *Dendrocygna eytoni (Anatidae)*

L 52 cm

Merkmale Mittelgroße, langbeinige Ente; gekennzeichnet durch die sichelförmigen Federn an den Flanken; von der **Schwarzfußsichelente** durch die längeren Sichelfedern, die gelben Beine und den abgesetzten, rötlichen Bauch zu unterscheiden.

Vorkommen Nord- und Ostaustralien.

Wissenswertes Die Gelbfußsichelente sucht ihre Nahrung eher an Land, z.B. auf Wiesen, als im Wasser. In den Sumpfgebieten und den Lagunen des tropischen Nordens tritt sie zuweilen in großen Scharen auf. Ihr Ruf ist ein durchdringendes Pfeifen.

1

2

3

4

5

1 **Großfußhuhn** Brush Turkey *Alectura lathami (Megapodiidae)*

L 58 cm

Merkmale Unverkennbar mit seinem braunschwarzen Gefieder, dem leuchtend roten Kopf und dem gelben Kragen.

Vorkommen Tropisches und subtropisches Ostaustralien, nur an wenigen Stellen überschreitet es den Ostabhang der Great Dividing Range.

Wissenswertes Das Großfußhuhn ist ein Bewohner der tropischen und subtropischen Regenwälder und der feuchten, dichten, unterwuchsreichen Eukalyptuswälder. Es fliegt selten, abgesehen davon, daß es nachts niedrige Äste zum Schlafen aufsucht. Großfußhühner sind berühmt wegen ihrer Brutpflege. Sie errichten nämlich einen gewaltigen Haufen aus Zweigen und Blättern, in dem sie ihre Eier ablegen. Der Bruthügel kann je nach seinem Alter 2–6 m Durchmesser haben und 1–2 m hoch sein. Oft werden die gleichen Bruthügel wiederholt genutzt und nehmen daher von Jahr zu Jahr an Umfang und Höhe zu. Das verrottende Pflanzenmaterial steigert die Temperatur im Inneren des Haufens so sehr, daß die Eier nicht bebrütet werden müssen. Das Männchen kontrolliert außerdem regelmäßig die Temperatur mit seinem Schnabel und entfernt Pflanzenmaterial oder fügt welches hinzu, je nachdem, ob die Temperatur zu hoch oder zu niedrig ist. Die Jungvögel müssen sich ohne Hilfe aus dem Haufen herauswühlen, sie sind sogleich selbständig und sogar schon flugfähig.

2 **Weißbrustseeadler** White-breasted Sea-eagle *Haliaetus leucogaster (Accipitridae)*

L 75–85 cm

Merkmale Großer, oberseits hellgrauer, unterseits weißer Adler; im Flug unterscheidbar vom ebenso großen **Keilschwanzadler** durch die helle Unterseite und den weniger keilförmigen Schwanz; vom Fischadler unterscheidbar durch die breiten, geraden Schwingen mit abgesetzten Handschwingen und den breiten, keilförmigen Schwanz.

Vorkommen An allen Küsten Australiens und Tasmaniens sowie an einigen größeren Flüssen im Inland; kommt auch in ganz Südasien und Neuguinea vor.

Wissenswertes Dieser Seeadler braucht größere Gewässer zum Fischen. Abgesehen von Fischen erbeutet er aber auch kleine Landwirbeltiere sowie Schildkröten, Seeschlangen und größere Krebse. Auch angespülte tote Fische und Krebse verschmäht er nicht. Wie alle Adler greift er seine Beute mit den mächtigen langen Krallen. Im Gegensatz zum Fischadler taucht er beim Beutefang nicht ins Wasser ein und kann daher auch nur unmittelbar an der Oberfläche schwimmende Fische greifen. Das bis 2 m im Durchmesser große, aus Ästen und Zweigen hergestellte Nest liegt meist hoch in Bäumen und wird in der Regel in mehreren aufeinanderfolgenden Jahren benutzt. Die zwei Jungvögel werden von beiden Eltern betreut.

3 **Fischadler** Osprey *Pandion haliaetus (Pandionidae)*

L 60 cm

Merkmale Ein großer Adler; erkennbar am oberseits bräunlichen, unterseits weißen Gefieder, am weißen Kopf mit dunklem Seitenstreif und an den überaus kräftigen, vollständig befiederten Beinen; im Flug schmale, zum Ende zugespitzte, leicht geknickte Schwingen und langer, am Ende kurz abgerundeter Schwanz.

Vorkommen Küstennahe Gebiete rings um Australien und Tasmanien, nur in manchen Gebieten entlang der Flüsse auch weiter im Landesinneren.

Wissenswertes Der Fischadler lebt an den Ufern von Flüssen, Seen und Lagunen, nistet aber auch auf küstennahen Inseln. Er ernährt sich fast ausschließlich von Fischen, darunter solche von beträchtlicher Größe, die er – aus der Höhe ins Wasser herabstoßend – mit Hilfe seiner überaus kräftigen Füße greift **(3b)**. Er gleicht beim Beutefang fast einer überdimensionalen Seeschwalbe. Oft taucht er dabei völlig ins Wasser ein und hat zuweilen Mühe, mit seiner schweren Beute wieder aufzufliegen. Das große, flache Nest wird häufig auf Felsen, zuweilen auch auf Bäumen am Rand seines Wohngewässers angelegt. Meist wird eines der 2–4 Eier nicht fertig ausgebrütet, so daß nur ein oder zwei Nestlinge zu versorgen sind.

1

2

3a

3b

1 **Brahminenweih** Brahminy Kite *Haliastur indus (Accipitridae)*

L 45–50 cm

Merkmale Ein mittelgroßer Greifvogel; Oberseite rotbraun, Kopf und Brust weiß. Im Flug ist der scharf von der weißen Brust abgesetzte rotbraune Bauch gut zu erkennen.

Vorkommen Küstennahe Gebiete der Tropen und Subtropen; außerdem in Südasien, Neuguinea und auf den Salomon Inseln.

Wissenswertes Der Brahminenweih entfernt sich selten weit von der Küste, er findet sich oft in Mangrovensümpfen. Häufig sieht man ihn am Strand patrouillieren und nach Strandgut suchen.

2 **Australien-Turmfalke** Nankeen Kestrel *Falco cenchroides (Falconidae)*

L 30–35 cm

Merkmale Ein kleiner, langschwänziger, rotbrauner Falke mit weißlicher Unterseite. Beim kleineren Männchen sind Kopf und Nacken sowie die Schwanzunterseite grau, der Schwanz zeigt eine schwarze Binde kurz vor dem Ende, die auch im Flugbild erkennbar ist.

Vorkommen Ganz Australien und Tasmanien; auch in Neuguinea.

Wissenswertes Man sieht ihn oft in geringer Höhe rüttelnd. Er bewohnt Grasländer, Wiesen, Weiden, offene Savannen und Wälder. Seine Beute besteht aus größeren Insekten, kleinen Reptilien, Mäusen und gelegentlich auch kleinen Vögeln.

3 **Diamanttäubchen** Diamond Dove *Geopelia cuneata (Columbidae)*

L 20 cm

Merkmale Die kleinste australische Taube; sehr unscheinbar gefärbt mit dunkler Oberseite, heller Unterseite und hellgrauem Kopf mit rotem Augenfleck.

Vorkommen Fast ganz Australien mit Ausnahme der küstennahen Gebiete Süd- und Südostaustraliens; fehlt auch im Großteil Südwestaustraliens sowie auf Tasmanien.

Wissenswertes Ein Vogel der Steppen und Savannen des Landesinneren, findet sich aber vorzugsweise in der Nähe von Flüssen und Lagunen. Das Diamanttäubchen sucht auch gerne Siedlungen auf. Meist kann man es dabei beobachten, wie es in typischer Taubenart mit ruckendem Kopf am Boden nach Samen sucht. Das Nest befindet sich im Geäst von Bäumen. Die beiden Eier sind rein weiß.

4 **Schopftaube** Crested Pigeon *Ocyphaps lophotes (Columbidae)*

L 30 cm

Merkmale Eine mittelgroße, an ihrer aufrechten Federhaube auf dem Scheitel ziemlich leicht erkennbare Taube. Der Kopf ist grau mit einem roten Augenfleck, die Unterseite grau und der Schwanz schwarz.

Vorkommen Der größte Teil Australiens mit Ausnahme der küstennahen Gebiete Südostaustraliens, Südwestaustraliens und des tropischen Nordens und Nordwestens; fehlt auch auf Tasmanien.

Wissenswertes Eine häufige Taube der Busch- und Savannengebiete Inneraustraliens, doch bevorzugt sie die Nähe von Gewässerufern. Der Flug ist sehr charakteristisch, er ist schnell und reißend und wird von einem pfeifenden Geräusch begleitet. Die Schopftaube ernährt sich von Samen am Boden und an niedrigem Gebüsch.

5 **Purpurfruchttaube** Wompoo Pigeon *Ptilinopus magnificus (Columbidae)*

L 45–55 cm

Merkmale Eine große, auffällig gefärbte Taube mit leuchtend grüner Oberseite, dunkel purpurfarbener Kehle und Brust, gelbem Bauch und grauem Kopf. Die Augen sind leuchtend rot.

Vorkommen Tropische und subtropische Gebiete in Küstennähe.

Wissenswertes Ein Bewohner des dichten Regenwaldes, den man an seinem lauten, tiefen Ruf erkennt. Wie der Name sagt, ernährt sie sich von Früchten und Beeren.

1

2

3

4

5

1 **Eulenschwalm** Tawny Frogmouth *Podargus strigoides (Podargidae)*

L 40 cm

Merkmale Nicht zu verkennen, wenn man ihn überhaupt bemerkt. Das rindenfarbige Gefieder und sein Verhalten, tagsüber reglos auf Ästen oder dicht am Stamm von Bäumen zu verharren, geben eine vorzügliche Tarnung ab. Unterscheidet sich von verwandten Arten durch die gelben Augen.

Vorkommen Der einzige Eulenschwalm mit weiter Verbreitung. In fast ganz Australien mit Ausnahme von wüstenhaften Gebieten in Nordwestaustralien und Südwestqueensland; auch auf Tasmanien.

Wissenswertes Der Eulenschwalm ist ein Nachttier, das von einem Ansitz aus Jagd auf größere Insekten und Mäuse macht, die es am Boden fängt. Das weiche Gefieder macht seinen Flug fast unhörbar, und die großen Augen verleihen ihm im Dunklen noch genügend Sehfähigkeit. Tagsüber fliegt der Vogel nur, wenn man ihm sehr nahe kommt. Er verläßt sich auf seine Tarnung.

2 **Azurfischer** Azure Kingfisher *Alcyone azurea (Alcedinidae)*

L 20 cm

Merkmale Ein ziemlich kleiner, oberseits blau gefärbter Eisvogel; leicht zu erkennen und von ähnlichen Arten an seiner orangeroten Unterseite zu unterscheiden.

Vorkommen Feuchtere Teile von Nord- und Ostaustralien; auch auf Tasmanien.

Wissenswertes Ein typischer, an die Ufer von Flüssen, Seen, Lagunen und Mangrovensümpfen gebundener Eisvogel, der meist hoch auf einer Warte an oder über einem Fluß sitzt und nach Fischen, Krebsen oder fliegenden Insekten Ausschau hält. Bei der Jagd stürzt er sich aus der Höhe hinab und taucht zuweilen ganz ins Wasser ein. Er patrouilliert auch in geringer Höhe über dem Wasser, wobei er meist ein hohes Pfeifen hören läßt. Das Nest wird an steilen Sand- oder Lehmufern in tiefen, selbstgegrabenen Gängen angelegt.

3 **Lachender Hans** Laughing Kookaburra *Dacelo gigas (Alcedinidae)*

L 45 cm

Merkmale Jeder Australienbesucher kennt das heisere Lachen dieses großen Eisvogels, das – so denken viele – meist dann zu hören ist, wenn einem etwas Unangenehmes passiert ist. Abgesehen von seinem Ruf ist der Lachende Hans leicht an seiner Größe, dem ungestrichelten, oberseits grauen Kopf und den schwarzen Flügeln zu erkennen.

Vorkommen Ganz Ostaustralien bis ins östliche Südaustralien; auch auf Tasmanien und im äußersten Südwesten, wo er eingeführt wurde.

Wissenswertes Ein häufiger Vogel in offenen Wäldern und Savannen, häufig auch in der Nähe von Siedlungen. Er besucht gerne Rast- und Barbecueplätze, wo er zuweilen wie ein Rabe stiehlt. Er tritt meist paarweise oder in kleinen Trupps auf. Das Gelächter, das vor allem morgens und abends zu hören ist, wenn ein Vogel nach dem anderen einstimmt, dient wohl dem Zusammenhalt der Gruppe. Entsprechend seiner Größe fängt der Lachende Hans nicht nur große Insekten, sondern auch Eidechsen, Schlangen, Fische und Kleinsäuger von beträchtlicher Größe.

4 **Blauflügel-Kookaburra** Blue-winged Kookaburra *Dacelo leachi (Alcedinidae)*

L 42 cm

Merkmale Fast so groß wie der Lachende Hans; gut unterscheidbar an seinen blauen Flügeln, den auffallend hellblauen Schultern und dem gestrichelten Kopf.

Vorkommen Das gesamte tropische und subtropische küstennahe Australien, südlich bis zum Wendekreis des Steinbocks.

Wissenswertes Der Blauflügel-Kookaburra lebt in offenen Eukalyptuswäldern und tropischen Baumsavannen, gerne in der näheren Umgebung von Gewässern. Seine Ernährungsweise gleicht derjenigen des Lachenden Hans. Wie dieser nistet er in hohlen Bäumen, nutzt aber auch Höhlen in großen Termitenbauten. Sein Ruf unterscheidet sich stark von dem des Lachenden Hans und ist längst nicht so auffällig, wird aber ebenfalls von anderen Vögeln aufgenommen und zurückgegeben.

1
2
3
4

1 **Regenbogenspint** Rainbow Bird *Merops ornatus (Meropidae)*

L 22 cm

Merkmale Die einzige Bienenfresserart in Australien; leicht erkennbar an dem farbenfrohen Gefieder, dem schwarzen Augenstreif und den beiden langen inneren Schwanzfedern, die am Ende erweitert sind.

Vorkommen Ganz Australien, außer im äußersten Südosten und Südwesten; fehlt auf Tasmanien. Auch auf den Molukken, in Neuguinea und auf den Salomonen.

Wissenswertes Ein sehr geselliger Vogel und meisterhafter Flieger, der seine Nahrung – vor allem fliegende Insekten – in der Luft fängt. Die Nistkolonien liegen meist in über 50 cm langen Höhlen in sandigen oder lehmigen Steilwänden. Am Ende befindet sich die Brutkammer. Im südlichen Australien ist der Bienenfresser nur im Sommer zu sehen, denn er ist ein Zugvogel, der nur im Norden das ganze Jahr über stationär ist.

2 **Blauflügelpitta** Blue-winged Pitta *Pitta moluccensis (Pittidae)*

L 25 cm

Merkmale Pittas sind mittelgroße, hochbeinige Sperlingsvögel, gekennzeichnet durch ihre grünblauen Flügel und die lauten Rufe. Blauflügelpitta mit rötlicher Unterseite und weißer Kehle.

Vorkommen Nur aus einem küstennahen Gebiet in Nordwestaustralien bekannt.

Wissenswertes Pittas rennen sehr geschwind am Boden von dichten Wäldern und Buschland herum, können aber durchaus fliegen. Der Blauflügelpitta bewohnt anscheinend vor allem Mangrovendickichte. Seine Nahrung besteht aus Insekten und Schnecken. Zum Knacken von Schnecken benutzt er Steine wie einen Amboß.

3 **Graubrustbrillenvogel** Grey-breasted Silvereye *Zosterops lateralis (Zosteropidae)*

L 12 cm

Merkmale Graue Brust, die sich gut vom weißen Bauch abhebt; mit einem für Brillenvögel typischen hellen Augenring.

Vorkommen Ganz Ostaustralien, im Süden bis zur Eyre Peninsula in Südaustralien; außerdem auf Tasmanien.

Wissenswertes Ein häufiger Vogel der Wälder und Parks, oft auch in Gärten zu finden, wo er sich als unermüdlicher Insektenvertilger sehr nützlich macht. Zuweilen frißt er aber auch Früchte und Beeren. Sein Gesang ist melodisch, außerdem ist er ein begabter Imitator.

4 **Augenbrauen-Schwalbenstar**

White-browed Wood-swallow *Artamus superciliosus (Artamidae)*

L 20 cm

Merkmale Die Schwalbenstare scheinen wie aus mehreren Vogelarten zusammengesetzt: Den Schwalben gleichen sie im Verhalten und im Flugbild, den Staren in Körper- und Schnabelform. Den Augenbrauen-Schwalbenstar erkennt man an dem weißen Überaugenstreif und der rötlichen Unterseite.

Vorkommen Fast ganz Australien mit Ausnahme des äußersten Nordens und des Südwestens; auch auf Tasmanien.

Wissenswertes Tatsächlich kann man die Schwalbenstare für Schwalben halten, wenn sie ohne Flügelschlag auf der Jagd nach fliegenden Insekten dahinsegeln. Sie sind sehr gewandte Flieger und leben in Trupps in offenen Wäldern und Savannen.

5 **Peitschenvogel** Eastern Whipbird *Psophodes olivaceus (Timaliidae)*

L 26 cm

Merkmale Leicht erkennbar an der Federhaube auf dem Kopf und der schwarzweißen Kehle.

Vorkommen Regenwälder Nordost- und Südostaustraliens.

Wissenswertes Der laute, wie ein Peitschenschlag klingende Ruf des Peitschenvogels ist eines der auffallendsten Geräusche in den Regenwäldern Ostaustraliens. Der Vogel selbst ist scheu und wird nur selten gesichtet.

1

3

4

2

5

1 **Graufächerschwanz** Grey Fantail *Rhipidura fuliginosa (Muscicapidae)*

L 15 cm

Merkmale Ein sehr häufiger, oberseits grauer Fliegenschnäpper mit weißer Kehle und einem weißen Augenbrauenstreif.

Vorkommen In ganz Australien und auf Tasmanien.

Wissenswertes Ein Vogel der offenen Wälder, Savannen, Parks und Gärten. Er ist ungemein lebhaft und auf der Jagd nach Fliegen und anderen fliegenden Insekten dauernd in Bewegung. Dabei spreizt er immer wieder seinen gestaffelten Schwanz.

2 **Gartenfächerschwanz** Willie Wagtail *Rhipidura leucophrys (Muscicapidae)*

L 20 cm

Merkmale Unverkennbar an seiner schwarzen Oberseite, der weißen Unterseite, der schwarzen Kehle, den weißen Augenbrauen und seinem rastlosen Verhalten.

Vorkommen In ganz Australien und auf Tasmanien.

Wissenswertes Der bestbekannte und beliebteste Vogel Australiens, wegen seines rastlosen Verhaltens „Willie Wagtail" (Wagtail = Bachstelze) genannt. Er besiedelt fast alle Habitate von der Wüste bis zum Rand des Regenwaldes, findet sich aber besonders häufig auch in Parks und Gärten, wo er sich als unermüdlicher Fliegenvertilger nützlich macht. Auf den Viehweiden folgt er gerne den Kühen, zuweilen über lange Distanzen, und fängt die zahlreichen Fliegen, die für Mensch und Tier eine der größten Plagen im australischen Busch sind.

3 **Streifenpanthervogel** Yellow-tipped Pardalote *Pardalotus striatus (Dicaeidae)*

L 10 cm

Merkmale Die kleinen Panthervögel tragen ihren Namen wegen der gesprenkelten oder gestreiften Flügel. Der Streifenpanthervogel ist nur schwer von anderen gestreiften Arten zu unterscheiden, am besten noch an dem gelben Fleck am Flügelbug.

Vorkommen In Südostaustralien und auf Tasmanien.

Wissenswertes Obgleich er auch auf dem Festland vorkommt, brütet der Streifenpanthervogel nur auf Tasmanien. Er klettert im äußeren Blattwerk von Eukalypten herum, wo er nach Insekten sucht.

4 **Meisendickkopf** Eastern Shrike-tit *Falcunculus frontatus (Pachycephalidae)*

L 19 cm

Merkmale Der gelbe Bauch und der auffällig schwarzweiß gestreifte Kopf mit der Federhaube sind charakteristisch.

Vorkommen In drei Unterarten in Ost- und Südostaustralien, Südwestaustralien und an einigen Stellen in Nordaustralien verbreitet; fehlt auf Tasmanien.

Wissenswertes Der Meisendickkopf ist ein Vogel der offenen Eukalyptuswälder und Savannen, der ganz in der Weise unserer Meisen im Gezweig herumklettert und dort Insekten fängt. Oft zieht er auch die lockere Rinde der Eukalypten und Papierrindenbäume ab und sucht nach den darunter verborgenen Insekten und ihren Larven.

5 **Prachtstaffelschwanz** Superb Blue Wren *Malurus cyaneus (Maluridae)*

L 12 cm

Merkmale Staffelschwänze zeichnen sich durch ihre zaunkönigartige Gestalt mit einem langen Schwanz aus; Männchen immer sehr lebhaft gefärbt. Männchen des Prachtstaffelschwanzes **(5a)** besitzt jedoch – anders als seine Verwandten – einen weißen Bauch und keine braunen Schultern.

Vorkommen In Südostaustralien und auf Tasmanien.

Wissenswertes Wie die meisten Staffelschwänze sind Männchen und Weibchen **(5b)** ganz verschieden gefärbt. Dem farbenfrohen Männchen steht das fast einfarbig hellbräunliche Weibchen gegenüber. Staffelschwänze sind lebhafte, dauernd den Schwanz spreizende bzw. mit ihm wippende kleine Vögel, die paarweise oder in kleinen Trupps lichte Wälder und Gebüsche durchstreifen. Der Gesang ist leise, aber melodisch.

1

2

3

4

5a

5b

1 Blaugesichthonigfresser Blue-faced Honeyeater *Entomyzon cyanotis (Meliphagidae)*

L 30 cm

Merkmale Sehr großer Honigfresser; zu erkennen an seiner Größe, seinem blauen Gesicht, der schwarzen vom weißen Bauch scharf abgesetzten Kehle und dem weißen Nackenstreif. Die Jungvögel haben anstelle des blauen einen gelben Gesichtsfleck.

Vorkommen Kommt in zwei Unterarten im tropischen nördlichen und im gesamten feuchten östlichen Australien vor.

Wissenswertes Der Lebensraum des Blaugesichthonigfressers ist der mehr oder weniger offene Eukalyptuswald, wo er in Paaren oder kleinen Trupps herumstreift. Man findet ihn aber auch am Regenwaldrand und in Nordaustralien, vor allem in Pandanußdickichten. Wie bei den meisten Honigfressern gehört nicht nur Nektar zu seiner Nahrung, sondern auch eine Vielzahl von Früchten, Beeren und Insekten. Dennoch bilden die zahlreichen und sehr verschiedenartigen Honigfresser eine der wichtigsten Gruppen der Blütenbestäuber in Australien. Vor allem Eukalypten und andere Myrtaceen und die zahllosen Proteaceen werden von ihnen bestäubt. In Anpassung an die Nektarnahrung ist die Zunge bei den Honigfressern zu einer Art Pinsel umgebildet worden. Honigfresser schwirren allerdings nicht vor den Blüten wie die amerikanischen Kolibris, sondern setzen sich auf benachbarte Äste oder auch direkt auf die Blüte.

2 Rotlappenhonigfresser Red Wattle-bird *Anthochaera carunculata (Meliphagidae)*

L 35 cm

Merkmale Ein großer, oberseits olivgrauer, unterseits gestrichelter Honigfresser; charakterisiert durch den ziemlich kurzen, roten Wangenlappen.

Vorkommen Das ganze südliche Australien vom südlichsten Queensland bis nach Südwestaustralien.

Wissenswertes Wie die meisten Honigfresser lebt der Rotlappenhonigfresser in offenen Eukalyptuswäldern und küstennahen Heidegebieten, wo seine bevorzugten Futterpflanzen, Proteaceen und darunter vor allem die Banksien, in großer Anzahl wachsen. Er ist ein halbnomadischer Vogel und folgt der Baumblüte. Während seiner Brutzeit im Frühjahr und Sommer hält er sich bevorzugt in Eukalyptuswäldern auf. Im Umkreis der großen Städte des Südens besucht er auch Parks und Gärten. Abgesehen von Nektar frißt er Früchte, Beeren sowie Insekten. Das napfförmige Nest wird hoch oben in Bäumen angelegt und mit Gras und weicher Rinde ausgekleidet. Die 2 oder 3 Eier sind hell rötlichbraun und braun gesprenkelt. Die Bedeutung der Wangenlappen ist noch unbekannt.

3 Schopf-Glockenvogel Crested Bellbird *Oreoica gutturalis (Pachycephalidae)*

L 23 cm

Merkmale Von seinen ebenfalls grau und olivgrün gefärbten nächsten Verwandten unterscheidbar durch den schwarzen, aufstellbaren Federkamm, den das Männchen auf dem Kopf trägt. Beim Weibchen ist an dieser Stelle nur ein schmaler schwarzer Streif zu sehen, es ist überhaupt weniger lebhaft gefärbt.

Vorkommen Trockengebiete Australiens; er fehlt in den feuchten Gebieten Nord-, Ost-, Südost- und Südwestaustraliens; nicht in Gebieten mit mehr als 500 mm Niederschlag im Monat.

Wissenswertes Ein Vogel der halbtrockenen Buschsavannen und Mulgagebiete, der sich vornehmlich von gras- und blattfressenden Schmetterlingsraupen ernährt. Diese fängt er am Boden oder in niedriger Vegetation hüpfend. Seinen Namen erhielt er wegen seines auffälligen, lauten, glockenartigen Rufs, der aus verschiedenen Teilen besteht. Er ist sehr melodisch und wird häufig von der Sitzwarte her ausgestoßen. Dabei dreht das Männchen den Kopf, so daß der Gesang wie vom Wind verweht klingt. Eigentümlicherweise wird das aus Zweigen, Rinde und Gras hergestellte, napfförmige Nest immer mit einer Anzahl betäubter Raupen umgeben, die wahrscheinlich als Nahrungsvorrat für die Jungvögel nach dem Schlüpfen dienen. Wie viele Vögel des Landesinneren lebt der Schopf-Glockenvogel halbnomadisch und sucht Gebiete mit ausreichenden Nahrungsvorräten auf, indem er den Regenfällen folgt.

1

2

3

1 **Weißstirnschwatzvogel** Noisy Miner *Manorina melanocephala (Meliphagidae)*

L 28 cm

Merkmale Ein recht großer, oberseits grauoliv, unterseits hell gefärbter Honigfresser mit charakteristischen schwarzen Wangen und einem gelben Augenfleck darin.

Vorkommen Ganz Ost- und Südostaustralien mit Ausnahme des nördlichen Queensland; kommt auch auf Tasmanien vor.

Wissenswertes Ein häufiger Vogel der Gärten und Parks, ursprünglich in den offenen Wäldern und Savannen zu Hause. Seinen englischen Namen trägt er zu Recht, denn er ist ein rastloser, neugieriger und lauter Vogel. Seine Hauptnahrung sind Insekten, die er im Blattwerk und auf dem Boden sucht. Er frißt auch Pollen, Nektar, Beeren und Früchte.

2 **Glanzstar** Shining Starling *Aplonis metallica (Sturnidae)*

L 25 cm

Merkmale Leicht erkennbar an seinem irisierenden grünlich-schwarzen Gefieder, das am Kopf und an den Flügeln ins Violette spielt. Die Augen sind leuchtend rot.

Vorkommen Tropisches nordöstliches Queensland; auch auf den Molukken, in Neuguinea, auf dem Bismarck Archipel und den Salomonen.

Wissenswertes Der Glanzstar ist ein Zugvogel, der regelmäßig etwa im März oder April nach Neuguinea zieht und etwa im August zurückkehrt. Er lebt in großen Kolonien im Regenwald, wo er, meist in hohen Bäumen, nistet. Er ernährt sich von Früchten und Insekten. Sein papageienartiges Geschrei ist im Regenwald Nordqueenslands über größere Entfernungen zu hören.

3 **Zebrafink** Zebra Finch *Taeniopyga guttata (Estrildidae)*

L 10 cm

Merkmale Das Männchen ist unverkennbar mit seiner gestrichelten Kehle, dem weißen Zügel mit dem orangeroten Unteraugenfleck und dem ebenso gefärbten Schnabel. Das Weibchen ist weniger auffallend gezeichnet.

Vorkommen Fast ganz Australien mit Ausnahme des unmittelbaren Küstenstreifens in Ost-, Südost- und Südwestaustralien.

Wissenswertes Der Zebrafink lebt das ganze Jahr über gesellig und bildet manchmal, vor allem an der Tränke, riesige Scharen. Die Paare bleiben dauerhaft zusammen. Zebrafinken leben nomadisch und folgen den Regenfällen.

4 **Gouldamadine** Gouldian Finch *Chloebia gouldiae (Estrildidae)*

L 14 cm

Merkmale Der am lebhaftesten gefärbte australische Fink. Es gibt drei Farbvarietäten, nämlich mit schwarzem, rotem und gelbem Kopf.

Vorkommen Tropisches Nordaustralien; wandert nach ausgiebigen Regenfällen auch weiter ins Landesinnere ein.

Wissenswertes Die Gouldamadine ist ein nomadischer Vogel der offenen Savannen und halbtrockenen Grasländer und findet sich oft weit vom Wasser entfernt, das sie erst in der Abenddämmerung zum Trinken aufsucht. Auch sie lebt in kleineren oder größeren Trupps und ernährt sich von Körnern und Grassamen.

5 **Gelbbrust-Nektarvogel** Yellow-breasted Sunbird *Nectarinia jugularis (Nectariniidae)*

L 12 cm

Merkmale Von den Bienenfressern vor allem durch den langen, gebogenen Schnabel unterscheidbar. Nur das Männchen hat den auffälligen blauschwarzen Kehlfleck, bei den Weibchen ist die Kehle gelb.

Vorkommen Tropisches und subtropisches Queensland entlang der Küste.

Wissenswertes Der Nektarvogel bewohnt Regenwälder, Mangrovensümpfe und blütenreiche offenere Wälder, besucht aber auch gerne Gärten und Parks. Er ernährt sich von Nektar, den er von einem benachbarten Zweig aus mit seinem langen Schnabel aus den Blüten saugt. Außerdem frißt er kleine Insekten.

1

2

3

4

5

1 **Grüner Katzenvogel** Green Catbird *Ailuroedus crassirostris (Ptilonorhynchidae)*

L 33 cm

Merkmale Katzenvögel sind grünliche, gefleckte Vögel. Vom **Gefleckten Katzenvogel**, seinem nördlichen Verwandten, durch seinen grünlichen Kopf zu unterscheiden.

Vorkommen In den subtropischen Regenwäldern Ostaustraliens von Südqueensland bis ins südliche New South Wales.

Wissenswertes Katzenvögel leben im dichten Regenwald, wo man sie häufig hört, aber nur selten sieht. Ihr miauender Ruf ist charakteristisch für diese Wälder, man hört ihn am häufigsten morgens und abends. Das schüsselförmige Nest ist in dichtem Gebüsch versteckt und besteht aus Zweigen, Stücken von Lianen und Blättern.

2 **Schwarzkehl-Würgatzel** Pied Butcher-bird *Cracticus nigrogularis (Cracticidae)*

L 34 cm

Merkmale Eine schwarzweiß gefärbte Würgatzel. Von ihren Verwandten durch die schwarze Kehle zu unterscheiden.

Vorkommen Fast ganz Australien mit Ausnahme des äußersten Südens; fehlt auf Tasmanien.

Wissenswertes Die Würgatzeln erinnern nicht nur mit ihrem großen, am Ende hakenförmigen Schnabel, sondern auch in ihrem Verhalten an unsere Würger: Erbeutete Insekten, Eidechsen, kleine Schlangen und Mäuse spießen sie gern nach Würgerart auf Dornen oder kleine Äste.

3 **Schwarzrückenflötenvogel** Black-backed Magpie *Gymnorhina tibicen (Cracticidae)*

L 40 cm

Merkmale Unverkennbar an der Größe und der schwarzweißen Färbung; von den beiden anderen Flötenvögeln durch den schwarzen Rücken unterscheidbar.

Vorkommen Fast ganz Australien mit Ausnahme des Südens und des äußersten Nordens, am häufigsten jedoch im Osten.

Wissenswertes Die neugierigen und lebhaften Flötenvögel sind charakteristisch für die offenen Eukalyptuswälder und Savannen. Vor allem ihr melodischer Gesang gehört zum australischen Busch einfach dazu. Flötenvögel sind Allesfresser, die sich auch nicht scheuen, Abfalleimer zu plündern.

4 **Schwarze Würgerkrähe** Black Currawong *Strepera gracinula fuliginosa (Cracticidae)*

L 45 cm

Merkmale Die tasmanische Unterart der Schwarzweißen Würgerkrähe; unterscheidet sich von allen anderen Würgerkrähen durch den rein schwarzen Bauch.

Vorkommen Nur auf Tasmanien.

Wissenswertes Die Würgerkrähen sehen den Raben und Krähen sehr ähnlich, unterscheiden sich von ihnen aber durch die gelben Augen und den großen, am Ende etwas nach unten gebogenen Schnabel. Wie alle verwandten Arten ernährt sich auch die Schwarze Würgerkrähe von allerlei Kleingetier bis hin zu kleinen Vögeln, außerdem frißt sie Früchte und Beeren. Da sie gerne Gärten besucht, kann sie dort auch Schaden anrichten, zumal sie meist in Trupps auftritt. Der Ruf ist laut und durchdringend.

5 **Seidenlaubenvogel** Satin Bowerbird *Ptilinorhynchus violaceus (Ptilonorhynchidae)*

L 32 cm

Merkmale Männchen unverkennbar. Das Weibchen ist oberseits olivgrün gefärbt, unterseits weißlich mit grünlichen Streifen.

Vorkommen Tropische und subtropische Regenwälder entlang der Ostküste.

Wissenswertes Als echter Laubenvogel konstruiert das Männchen für die Paarung eine Laube, die aus zwei etwa 20–30 cm hohen Wänden aus Gräsern, einer Plattform aus Gras und Blättern in der Mitte und einer etwa 1 m^2 großen, gereinigten und mit Blättern belegten Fläche davor besteht. Eigenartigerweise hat der Seidenlaubenvogel eine Schwäche für die Farbe Blau. Daher schmückt er seine Laube mit blauen Federn und Beeren und pinselt das Innere sogar mit dem blauen Saft zerkauter Beeren an.

1

2

3

4

5

1 Goldlaubenvogel Golden Bowerbird *Prionodura newtoniana (Ptilonorhynchidae)*

L 25 cm

Merkmale Das Männchen ist an Bauch, Scheitel und Nacken golden, sonst gelbgrün gefärbt; das Weibchen ist oberseits bräunlich und unterseits weißlich-grau.

Vorkommen In den Regenwäldern Nordostqueenslands.

Wissenswertes Wie alle Laubenvögel errichtet auch der Goldlaubenvogel eine Laube, in die er das Weibchen hineinzulocken versucht, um dann davor seine Balz vorzuführen. Obgleich er der kleinste australische Laubenvogel ist, baut er die größte Laube, deren Wände mehr als meterhoch sein können. Er benutzt dazu zwei Bäume, die durch einen Ast oder eine Liane verbunden sein müssen. Von dort führt das Männchen seine Balz vor. Die Laube wird mit graugrünen Flechten und weißen Blüten geschmückt. Wie alle Laubenvögel ist er auch ein vorzüglicher Imitator anderer Vogelstimmen. Die Nahrung besteht aus Früchten, Beeren und Insekten.

2 Prachtreifelvogel Magnificent Riflebird *Ptiloris magnificus (Paradisaeidae)*

L 30 cm

Merkmale Im Vergleich zu Arten aus Neuguinea ein unscheinbarer Paradiesvogel. Das Männchen ist schwarz mit grünviolettem Scheitel und ebenso gefärbter Kehle; es unterscheidet sich von den anderen Reifelvögeln durch das gelbe Querband an der Oberbrust. Die Weibchen sind unscheinbar bräunlich gefärbt und unterseits weißlich und dunkel gefleckt; sie besitzen eine auffallende schwarzweiße Gesichtsmaske.

Vorkommen Im äußersten Norden der Cape York-Halbinsel; auch in Neuguinea.

Wissenswertes Die so verschiedene Färbung von Männchen und Weibchen bei den Paradiesvögeln erklärt sich durch die komplizierte Balz der Männchen, die durch Präsentieren ihres Schmuckgefieders, durch eigenartige Stellungen und Rufe die Aufmerksamkeit der Weibchen auf sich lenken. Der Prachtreifelvogel streckt seine Flügel aus und bewegt das schillernde Halsgefieder.

3 Australischer Rabe Australian Raven *Corvus coronoides (Corvidae)*

L 55 cm

Merkmale Größter australischer Rabenvogel; im Feld außer an der Größe kaum von den verwandten Arten unterscheidbar.

Vorkommen Die östliche Hälfte Australiens mit Ausnahme der Ostküste, auch im südlichen und südwestlichen Australien; fehlt auf Tasmanien.

Wissenswertes In Gestalt, Ruf und Verhalten sehr ähnlich unserem einheimischen Kolkraben. Der Australische Rabe bewohnt vorzugsweise offene Eukalyptuswälder und Savannen und tritt meist in kleineren Trupps auf. Er ist ein Allesfresser, der gelegentlich in Schafzuchtgebieten schädlich wird, weil er sich an junge Lämmer heranmacht. Außerdem ist er ein wichtiger Aasfresser. Wie alle Raben sind die Paare lebenslang zusammen. Das große, offene Nest ist in der Astgabel eines hohen Baumes gelegen.

4 Graurücken-Leierschwanz Superb Lyrebird *Menura novaehollandiae (Menuridae)*

L 45–50 cm

Merkmale Ein großer, oberseits bräunlichgrauer, unterseits grauer Vogel; unverkennbar an seinen langen Schwanzfedern. Beim Graurücken-Leierschwanz sind die seitlichen Schwanzfedern zu braunweiß gemusterten Schmuckfedern umgestaltet.

Vorkommen Küstennahe Regenwälder Südostaustraliens.

Wissenswertes Leierschwänze bewohnen dichte Wälder und sind besser zu hören als zu beobachten. Sie sind hervorragende Imitatoren und beherrschen ein großes Repertoire an fremden Vogelstimmen, aber auch viele andere Laute wie den Pfiff von Lokomotiven oder das Geräusch von Motorsägen. Eindrucksvoll ist die Balz des männlichen Leierschwanzes. Dazu legt der Hahn mehrere Balzhügel an, wo er für die ringsum versammelten Hennen die zarten, gefiederten, mittleren Schwanzfedern über dem Rücken aufstellt, während die lyraförmigen Schmuckfedern seitlich abgespreizt werden.

1

2

3

4

1 Suppenschildkröte Green Turtle *Chelonia mydas (Cheloniidae)*

L 1 m

Merkmale Eine große Meeresschildkröte; unterscheidbar von den übrigen, ähnlich großen Arten durch die olivgrüne Oberseite mit dunklerer Zeichnung.

Vorkommen Alle tropischen und subtropischen Küsten Australiens, häufiger im Bereich des Großen Barriereriffs; weltweit in tropischen und subtropischen Meeren.

Wissenswertes Die als Erwachsene hauptsächlich vegetarisch lebende Suppenschildkröte bewohnt die freie See, obgleich sie zum Fressen küstennahe Gewässer bevorzugt. Zur Eiablage muß sie aber noch an Land kommen, was ihr als ans Schwimmen angepaßtes Tier schwerfällt. Die runden, pergamentschaligen Eier werden im Sand in Strandnähe etwa 1 m tief eingegraben, anschließend wird der Platz wieder eingeebnet. Etwa zwei Monate später schlüpfen die nur wenige cm großen Jungtiere, graben sich aus dem Sand und laufen zielgerichtet auf das Wasser zu, wobei sie sich wohl am polarisierten Licht orientieren.

2 Schlangenhalsschildkröte Long-necked Tortoise *Chelodina longicollis (Chelidae)*

L 25 cm

Merkmale Erkennbar an dem sehr langen Hals, der etwa so lang wie der Panzer ist; von verwandten Arten nur an Merkmalen der Beschilderung zu unterscheiden.

Vorkommen Ost- und Südostaustralien, im Norden etwa bis Townsville.

Wissenswertes In allen stehenden oder langsam fließenden Gewässern und in Sumpfgebieten. Diese Wasserschildkröte macht zuweilen ausgedehnte Wanderungen, vor allem wenn ihr Wohngewässer auszutrocknen droht. Der lange Hals wird im Gegensatz zu den Wasserschildkröten der Nordhalbkugel seitlich eingezogen. Sie ernährt sich von verschiedensten Wassertieren, Schnecken und Muscheln, Krebsen, kleinen Fischen und Fröschen.

3 Leistenkrokodil Estuarine Crocodile *Crocodylus porosus (Crocodylidae)*

L 7 m

Merkmale Ein sehr großes, noch relativ langschnauziges Krokodil, doch ist die Schnauze weniger als zweimal so lang wie der Kopf über den Augen breit.

Vorkommen Küsten und küstennahe Gewässer im tropischen und teilweise auch subtropischen Nordaustralien.

Wissenswertes Das größte heute lebende Krokodil, das regelmäßig 5 m, gelegentlich bis zu 7 m lang werden kann. Alte Berichte sprechen von Tieren von bis zu 10 m Länge. Obgleich es als Brack- und Salzwasserbewohner gilt und gern – auch weit – ins Meer hinausschwimmt, ist in Nordaustralien überall Vorsicht geboten, da es auch in Süßwasserlagunen einwandert. Die großen nordaustralischen Flüsse geht es so weit hinauf, wie die Gezeiten bemerkbar sind, doch kommen zuweilen sogar in winzigen Flüssen riesige Tiere vor. Bis zu Beginn der 80er Jahre noch sehr bejagt und daher selten und scheu, hat es sich in den letzten Jahren dank des strengen Schutzes stark vermehrt und sein Verbreitungsgebiet entlang der Ost- und Westküsten weit nach Süden ausgedehnt.

4 Australienkrokodil Freshwater Crocodile *Crocodylus johnstoni (Crocodylidae)*

L 3 m

Merkmale Kleines, spitzköpfiges Krokodil, dessen Schnauze mehr als doppelt so lang ist wie der Kopf über den Augen breit.

Vorkommen Das tropische Nordaustralien, aber nur in Binnengewässern.

Wissenswertes Das Australienkrokodil ist das charakteristische Krokodil der Binnengewässer Nordaustraliens, was allerdings nicht heißt, daß dort nicht auch das größere Leistenkrokodil vorkommt. Das Australienkrokodil wird bis zu 3 m lang. Normalerweise wird es dem Menschen nicht gefährlich. Höchstens ihr Nest verteidigende Weibchen greifen zuweilen an. Sie legen am Ende der Trockenzeit (Oktober–November) etwa 20 Eier in ein Nest am Ufer oder auf Sandbänken, das sie bewachen. Australienkrokodile ernähren sich von Krebsen, Fischen, Fröschen, kleinen Reptilien und Säugetieren.

1

2

3

4

1 **Hausgecko** House Gecko *Hemidactylus frenatus (Geckonidae)*

L 15 cm

Merkmale Ein mittelgroßer, weißlichgrauer oder graubrauner, meist gesprenkelter oder marmorierter Gecko mit gut entwickelten, quer angeordneten Haftlamellen und freien Krallen an allen Zehen.

Vorkommen An einigen Stellen in Nordqueensland und im Nordterritorium; außerdem in Südostasien und Neuguinea.

Wissenswertes Der Hausgecko kommt nur in vom Menschen bewohnten Gebieten vor und verschwindet auch nach der Aufgabe von Siedlungen bald. Das ist ein Zeichen dafür, daß er vom Menschen verbreitet worden ist. Dieser ursprünglich baumbewohnende Gecko lebt in Australien in Häusern, wo er nachts unter lautem Rufen an Wänden und Decken auf Jagd nach Insekten geht.

2 **Dünnfingergecko** Narrow-toed Gecko *Diplodactylus stenodactylus (Geckonidae)*

L 9 cm

Merkmale Kleiner Gecko mit hellem Mittelstreif auf dem Rücken und gepunkteten oder unregelmäßig quergestreiften Flanken; Zehen sehr schlank mit einer Endplatte.

Vorkommen In der westlichen Hälfte Australiens mit Ausnahme des Südwestens, im Norden und Nordwesten bis an die Küste.

Wissenswertes Ein Tier des trockenen und halbtrockenen Landesinneren. Es findet sich von der tropischen Savanne bis zur Sandwüste. Es verbirgt sich in Erdspalten, Gesteinsritzen, unter Felsen, abgestorbenen Stämmen und großen Grasbüscheln und kommt nur nachts auf der Jagd nach kleinen Insekten heraus.

3 **Blattschwanzgecko** Northern Leaf-tailed Gecko *Phyllurus cornutus (Geckonidae)*

L 25 cm

Merkmale Großer, flacher Gecko mit breitem, dreieckigem Kopf und blattartigem Schwanz; von den Verwandten unterscheidbar durch 3–5 rhombusförmige Flecken auf dem Rücken und die kurze Schwanzspitze.

Vorkommen Regenwälder in Nordost- und Südostqueensland sowie im nördlich angrenzenden New South Wales.

Wissenswertes Ein baumbewohnender Regenwaldgecko, den man an Baumstämmen sitzen oder an ihnen entlanghuschen sehen kann. Allerdings ist dieser Gecko durch seine Körperform und seine rindenartige Färbung so gut getarnt, daß es schon sehr genauen Hinschauens bedarf, um ihn im Halbdunkel und an flechtenbewachsener Rinde zu erkennen – zumal er sich tagsüber gern unter loser Rinde versteckt. Die Nahrung besteht aus allerlei Insekten, darunter – entsprechend seiner Größe – auch recht große Heuschrecken und Grillen.

4 **Dornteufel** Thorny Devil *Moloch horridus (Agamidae)*

L 16 cm

Merkmale Unverkennbar und mit keiner anderen Art zu verwechseln.

Vorkommen West- und Inneraustralien; fehlt nur in einem schmalen Streifen entlang der Südküste Australiens.

Wissenswertes Trotz seiner abschreckenden Gestalt ist der Dornteufel ein friedliches und absolut ungefährliches Tier. Er ist tagsüber unterwegs und muß sich allein auf sein abschreckendes Aussehen und die auffallende Färbung als Schutz verlassen, denn er kann sich sonst nicht wehren und ist auch nur sehr langsam zu Fuß. Vermutlich schützt die stachelige Haut tatsächlich davor, von Schlangen und größeren Echsen verschlungen zu werden. Meistens sitzt der Dornteufel ruhig am Rande von Ameisenstraßen in Steppen, Spinifex-Halbwüsten und Dornsavannen und pickt sich Ameisen – seine Lieblingsspeise – heraus. Ameisen und Termiten sind in der Tat seine einzige Nahrung. Der Dornteufel bietet ein gutes Beispiel für Übereinstimmungen in Körperform, Färbung und Verhalten als Anpassung an den Lebensraum bei nicht näher miteinander verwandten Arten in verschiedenen Erdteilen. Die gleichfalls ameisenfressenden nordamerikanischen Krötenechsen der Gattung *Phrynosoma* und die zentralasiatischen Krötenköpfe der Gattung *Phrynocephalus* haben eine ähnlich stachelige Körperform entwickelt.

1

2

3

4

1 Kragenechse Frilled Lizard *Chlamydosaurus kingii (Agamidae)*

L 80 cm

Merkmale Eine große, langschwänzige und langbeinige Agame; erkennbar an dem in Ruhe zusammengefalteten Halskragen.

Vorkommen Das tropische Nordaustralien, im Osten bis zum Wendekreis des Steinbocks; außerdem im südlichen Neuguinea.

Wissenswertes Eine charakteristische Echse der offenen Eukalyptuswälder und tropischen Savannen. Sie klettert hervorragend, während sie am Boden, zumal wenn sie es eilig hat, die zweibeinige Fortbewegung vorzieht und enorm schnell auf den langen Hinterbeinen davonrennt. Dabei wird der lange, leicht angehobene Schwanz als Gegengewicht benutzt. Wird die Agame erschreckt, spreizt sie ihren Kragen, der bis zu 30 cm im Durchmesser erreichen kann, und wirkt dann sehr imposant. Ob der Kragen nicht ursprünglich eher der Aufnahme von Sonnenwärme bzw. der Abgabe von Körperwärme diente, ist noch nicht erwiesen.

2 Bartagame Bearded Dragon *Amphibolurus barbatus (Agamidae)*

L 60 cm

Merkmale Abgesehen von ihrer Größe von den anderen Arten der Gattung durch die Stachelreihe quer über die Kehle und die dunklere Färbung unterscheidbar.

Vorkommen Ostaustralien mit Ausnahme der Cape York-Halbinsel, des feuchten südöstlichen New South Wales und Victorias, außerdem im südlichen Südaustralien; fehlt auf Tasmanien.

Wissenswertes Diese größte Art der artenreichen Gattung *Amphibolurus* ist die typische Agame der Eukalyptuswälder und offenen Savannen Ostaustraliens. Im trockenen Landesinneren und in Westaustralien gibt es einige etwas kleinere Arten, die früher zur gleichen Art gerechnet wurden und die auch sehr ähnliches Verhalten zeigen. Bekannt ist die Bartagame durch das Spreizen und Aufblähen der stacheligen Kehlregion, wenn sie sich bedroht fühlt. Das vergrößert den Körperumriß und dient der Abschreckung. Wenn das nicht hilft und keine Flucht möglich ist, beißt sie auch kräftig zu. Entsprechend ihrer Größe verzehrt sie außer Insekten auch kleine Wirbeltiere.

3 Bergagame Mountain Dragon *Amphibolurus diemensis (Agamidae)*

L 30 cm

Merkmale Eine mittelgroße, relativ langschwänzige und langbeinige Agame; gut erkennbar an den zwei Reihen heller, dreieckiger Flecken am Rücken, die einen gezackten dunklen Mittelstreif freilassen.

Vorkommen Bergländer im südlichen New South Wales, in Victoria, auf Tasmanien.

Wissenswertes Eine der kältetolerantesten Agamen Australiens, die in offenen Wäldern der Bergländer Südostaustraliens und Tasmaniens lebt, auf Tasmanien jedoch die trockeneren und wärmeren Gebiete bevorzugt. Wie die meisten Agamen ist die Bergagame wärmebedürftig und tagaktiv. Trotz ihres auffälligen Musters ist sie in der Bodenstreu oder zwischen Felsbrocken sehr gut getarnt. Das ruckartige Huschen steigert die Tarnung noch. Ihre Nahrung besteht vor allem aus Insekten.

4 Wasseragame Eastern Water Dragon *Physignathus lesueuri (Agamidae)*

L 70 cm

Merkmale Eine der größten Agamen Australiens; großer, heller Kopf mit dunklem Augenstreif; gezackte Rückenlinie und Rückenstreifung aus dunklen Rauten.

Vorkommen Ganz Ostaustralien von der Cape York-Halbinsel bis ins südöstliche Victoria; auch in Neuguinea.

Wissenswertes Eine sehr wasserliebende Agame, die an Flüssen, Seen und Lagunen lebt und ausgezeichnet schwimmt und taucht, wobei der Schwanz als Ruder dient. Wasseragamen, vor allem die Männchen, sind territorial und verteidigen ihr Revier unter heftigem Kopfnicken. Sie liegen gern auf Ästen über dem Wasser, von wo sie bei Gefahr ins Wasser springen, zuweilen aus über 5 m Höhe. Ihre Nahrung besteht aus größeren Insekten, Krabben, Fröschen, Reptilien, Kleinsäugern und Nestlingen.

1

2

3

4

1 **Tannenzapfenskink** Shingleback *Trachydosaurus rugosus (Scincidae)*

L 35 cm

Merkmale Walzenförmiger, mit großen Schuppen besetzter Körper, kurzer Schwanz und auffallend dünne Beinchen.

Vorkommen Im südlichen Teil West- und Südaustraliens, im Osten auch bis ins Innere von New South Wales und Queensland.

Wissenswertes Der Tannenzapfenskink ist ein typischer Bewohner der Salzsteppen, Malleegebiete und Halbwüsten, wo er am Boden nach Nahrung sucht. Sie besteht aus allerlei Insekten und Spinnentieren, Schnecken und Aas, außerdem aus Blüten, Früchten und Beeren. Wirbeltiere verschmäht er nicht, wenn er sie erwischt, was bei seiner langsamen Gangart nicht leicht ist. Er ist tagaktiv und sehr sonnenhungrig. Wie der Östliche Blauzungenskink versucht auch der Tannenzapfenskink, Feinde durch das Aufsperren des Rachens und das Vorweisen der blauen Zunge zu beeindrucken. Er ist ebenfalls lebendgebärend, bekommt aber nur 2–3 Junge.

2 **Riesenskink** Land Mullet *Egernia major (Scincidae)*

L 65 cm

Merkmale Der größte australische Skink und einer der größten Skinke überhaupt; leicht an seiner violettschwarzen oder glänzend dunkelbraunen Oberseite und der weißlichgelben Unterseite zu erkennen; der Schwanz ist relativ kurz.

Vorkommen Südöstliches Queensland und angrenzendes nordöstliches New South Wales.

Wissenswertes Der Riesenskink bewohnt Bergregenwälder und angrenzende feuchte Eukalyptuswälder, wo er, oft ziemlich geräuschvoll, in der Bodenstreu nach Insekten, Schnecken und kleinen Wirbeltieren sucht. Er ist gern tagsüber unterwegs und wirkt mit seinen kurzen Füßen recht plump. Wird er gestört, ist er aber ziemlich schnell auf den Beinen. Er ist nicht scheu, denn er hat wegen seiner Größe nur wenige Feinde.

3 **Cunningham's Stachelskink** Cunningham's Skink *Egernia cunninghami (Scincidae)*

L 30 cm

Merkmale Ein Vertreter der Stachelskinke, jedoch im Vergleich zu den anderen Arten dieser Gruppe schlanker, mit viel längerem Schwanz und weniger auffällig bestachelt.

Vorkommen Felsige Gebiete Südostaustraliens vom südlichsten Queensland bis ins östliche Südaustralien; fehlt auf Tasmanien.

Wissenswertes Die Stachelskinke innerhalb der artenreichen Gattung *Egernia* sind allesamt Felsbewohner, die während der größten Hitze oder bei Beunruhigung in Felsspalten oder unter Steinplatten Schutz suchen. Dort können sie sich mit Hilfe ihrer Stacheln so fest verkeilen, daß man sie kaum herausziehen kann. Die stachelige Haut bietet auch noch in anderer Hinsicht Schutz, denn sie dient außerdem dazu, die Umrisse des Tieres aufzulösen. Wie alle Angehörigen seiner Gattung bringt dieser Skink 4–6 lebende Junge zur Welt, die bei der Geburt schon recht groß sind.

4 **Östlicher Blauzungenskink** Eastern Blue-tonged Lizard *Tiliqua scincoides (Scincidae)*

L 50 cm

Merkmale Diese große Echse ist von ihren Verwandten, der **Südlichen** und der **Westlichen Blauzunge**, durch die zahlreichen, schmalen, hellen Querstreifen auf dem braunen Rücken und Schwanz unterschieden. Von der **Zentralaustralischen Blauzunge** unterscheidet sie sich durch den schlankeren Körperbau und den längeren Schwanz.

Vorkommen Das ganze östliche und nördliche Australien.

Wissenswertes Ein großer, tagaktiver Skink, der eine Vielzahl von Habitaten bewohnt, darunter dichte Wälder und mäßig trockene Grasländer. Er sucht am Boden nach Insekten, Schnecken, Würmern, Früchten und Beeren, frißt aber auch Aas. Auffällig ist die große, blaue Zunge, die bei Belästigung herausgestreckt wird. Ernsthaft angegriffen, wehrt er sich durch kräftiges Beißen. Wie alle Blauzungen ist er lebendgebärend und bringt bis zu 25 Junge zur Welt.

1

2

3

4

1 Mertens-Wasserwaran Mertens Water Monitor *Varanus mertensi (Varanidae)*

L 1 m

Merkmale Ein mittelgroßer, brauner oder schwärzlicher Waran ohne kontrastreiche Färbung; gut erkennbar an seinem im Verhältnis zum Hals kleinen Kopf und dem stark abgeflachten Ruderschwanz.

Vorkommen Tropische Gebiete Nordaustraliens von den Kimberleys bis zur Westhälfte der Cape York-Halbinsel.

Wissenswertes Ein Wassertier, das man nur in unmittelbarer Nähe von größeren Flüssen, Seen und Lagunen antrifft. Der Mertens-Wasserwaran sonnt sich gerne auf Felsen oder überhängenden Baumstämmen und flieht bei Gefahr ins Wasser. Er schwimmt ausgezeichnet mit schlängelnden Bewegungen, wobei ihm der flache, ruderartige Schwanz gute Dienste leistet. Er taucht gut und sehr lange und findet den größten Teil seiner Nahrung im Wasser, nämlich Fische, Frösche, Krebse. Die Eier werden an Land im Sand abgelegt.

2 Buntwaran Lace Monitor *Varanus varius (Varanidae)*

L 2 m

Merkmale Einer der größten Warane; oberseits dunkelbraun oder bläulichschwarz mit zahlreichen gelben Binden, die sich allerdings mit zunehmendem Alter verlieren. In Südqueensland und im nördlichen New South Wales gibt es eine Population, bei der diese Bänderung lebenslang vorhält.

Vorkommen Ganz Ostaustralien bis ins östliche Südaustralien; fehlt allerdings im größten Teil der Cape York-Halbinsel.

Wissenswertes Im östlichen Teil Australiens der größte und einer der häufigsten Warane. Er kommt ebenso in Regenwäldern vor wie in offenen Eukalyptussavannen. Eigentlich ist er ein Baumtier, der – wenn er gestört wird – im allgemeinen auf einen Baum flieht. Mit ihren langen Krallen klettern Warane vorzüglich, und es ist daher kein Wunder, daß der Buntwaran ein notorischer Nesträuber ist, der ebenso Eier wie Nestlinge verzehrt. Zu seiner Nahrung gehören auch größere Insekten, Kleinsäuger und Aas. Es ist keine Seltenheit, an größerem Aas mehrere Warane zerren zu sehen. Wie Schlangen können auch Warane nur ganze Brocken verschlingen und müssen daher Stücke herausreißen.

3 Goulds Waran Sand Monitor *Varanus gouldii (Varanidae)*

L 1,5 m

Merkmale Mittelgroßer, schlanker Waran von variabler Färbung; meistens hellbraun mit gelber Sprenkelung, die nach hinten und vor allem am Schwanz zu einer Ringelung wird; die Schwanzspitze ist gelb.

Vorkommen Fast ganz Australien mit Ausnahme des feuchten Südostens.

Wissenswertes Man findet ihn besonders häufig in sandigen Gebieten, wo er sich entweder eigene Baue im Boden gräbt oder die anderer Tiere benutzt. Er besiedelt alle Habitate vom Eukalyptuswald bis zur trockenen Spinifex-Steppe. Der Goulds Waran ist ein Bodentier, der bei der Nahrungssuche oft weit herumstreunt. Er verzehrt alles, was er bewältigen kann, und geht auch an Aas. Wie bei allen Waranen spielt die lange, gespaltene Zunge eine wichtige Rolle bei Nahrungssuche und Orientierung.

4 Riesenwaran Perentie *Varanus giganteus (Varanidae)*

L 2 m

Merkmale Der größte australische Waran; leicht erkennbar an seiner schönen, vorne netzartigen, weiter nach hinten in große, dunkel umrandete, augenförmige Flecken aufgelösten Zeichnung.

Vorkommen Im trockenen Landesinneren von Queensland, Südaustralien, des Nordterritoriums und Westaustraliens.

Wissenswertes Ein Charaktertier der Spinifex-Steppen Inneraustraliens. Er lebt am Boden, sucht aber auch gern felsiges Gelände auf, wo er gute Versteckmöglichkeiten in Felsspalten und reichlich Nahrung findet. Entsprechend seiner Größe kann er relativ große Beutetiere, nämlich Kleinsäuger, kleine Schlangen, andere Echsen, Vögel und deren Eier, überwältigen.

1

2

3

4

1 Frasers Flossenfuß Fraser's Scaly-footed Lizard *Delma fraseri (Pygopodidae)*

L 50 cm

Merkmale Schlangenartig aussehender Flossenfuß; oberseits braun oder graubraun; vor und hinter dem Auge mit mehreren weißen Streifen; Unterseite weißlich.

Vorkommen Südwestaustralien, eine isolierte Population auch in Südaustralien.

Wissenswertes Flossenfüße sind am nächsten mit den Geckos verwandt. Sie sehen schlangenartig aus und haben mit den Schlangen die feste Verwachsung der Augenlider gemein – wichtig für ein grabendes oder am Boden kriechendes Reptil. Flossenfüße heißen sie, weil von den Hinterbeinen nur noch flossenartige Reste geblieben sind, während die Vorderbeine ganz reduziert sind. Frasers Flossenfuß lebt in der Bodenstreu, unter Baumstämmen und Steinen.

2 Spitzkopfflossenfuß Burton's Snake Lizard *Lialis burtonis (Pygopodidae)*

L 60 cm

Merkmale Einer der größten Flossenfüße; leicht erkennbar an der spitzen Schnauze.

Vorkommen Fast ganz Australien, fehlt nur im äußersten Südwesten und Südosten und auf Tasmanien; auch in Neuguinea.

Wissenswertes Kommt in einer Vielzahl von Habitaten vor, vom Regenwald bis zur Wüste. Der Spitzkopfflossenfuß geht zu allen Tages- und Nachtzeiten auf die Jagd. Er frißt kleine Echsen und bevorzugt Skinke. Wie bei allen Flossenfüßen geschieht die Fortpflanzung durch Eier.

3 Childrens Python Children's Python *Liasis childreni (Boidae)*

L 1,2 m

Merkmale Einer der kleinsten Pythons, der selten länger als 1 m wird; oberseits hellbraun oder olivfarben mit zahlreichen dunkleren Flecken, die eine unregelmäßige Bänderung hervorrufen können.

Vorkommen In den nördlichen Zweidritteln Australiens.

Wissenswertes Diesen kleinen Python findet man sowohl am Boden als auch auf Bäumen, wo er nach Mäusen, Jungvögeln und kleinen Echsen jagt. Der Childrens Python legt Eier, die das Weibchen bebrütet, wobei seine Körpertemperatur sich beträchtlich erhöht. Die Wärmeerzeugung beim Brüten geschieht durch Muskelzucken.

4 Schwarzhalspython Black-headed Python *Aspidites melanocephalus (Boidae)*

L 2,5 m

Merkmale Leicht erkennbar an seinem deutlich abgesetzten schwarzen Kopf; der hellbraune Körper ist dunkelbraun geringelt.

Vorkommen Im nördlichen Australien; im Inland bis in halbtrockene Gebiete.

Wissenswertes Der Schwarzhalspython kommt in sehr unterschiedlichen Habitaten vor und meidet nur die extrem trockenen Gebiete. Er ernährt sich von Kleinsäugern, Vögeln und Reptilien. Er ist dafür bekannt, daß er auch die giftigsten Schlangen erbeutet.

5 Kupferkopf Copperhead *Austrelaps superbus (Elapidae)*

L 1,5 m

Merkmale Eine der zahlreichen Giftnattern, für die Australien berühmt – oder berüchtigt – ist; oberseits grau oder braun, unterseits weißlich; am besten erkennbar an den auffällig schwarzweißen Lippenschildern am Kopf.

Vorkommen Bergländer Südostaustraliens und Tasmaniens.

Wissenswertes Eine der kältetolerantesten Schlangen Australiens, die auch noch aktiv ist, wenn andere Reptilien sich bereits zurückgezogen haben. Ihr Lebensraum sind Sümpfe und feuchte Wiesen, wo sie häufig in großen Kolonien vorkommt. Ihre Nahrung besteht vor allem aus Fröschen. Wie die meisten australischen Giftnattern ist sie ovovivipar, das heißt, die bis zu 20 Jungtiere schlüpfen direkt nach der Ablage oder schon im mütterlichen Körper. Der Kupferkopf ist eine hochgiftige und gefährliche Schlange. Bisse sind selten, weil er nicht aggressiv ist.

1

2

3

4

5

1 **Diamantpython** Diamond Python *Morelia spilotes variegata (Boidae)*

L 3,5 m

Merkmale Ein sehr variabel gefärbter Python; meist olivfarbener Grund mit großen, gelblichen, dunkel umrandeten Flecken unregelmäßiger Form; durch die Flecken vom nah verwandten **Teppichpython** unterscheidbar, bei dem die Flecken klein und rundlich und zu mehr oder weniger regelmäßigen Bändern angeordnet sind.

Vorkommen Der tropische Norden und der subtropische Osten Australiens; andere Unterarten im Südosten und Südwesten.

Wissenswertes Einer der häufigsten Pythons und in fast allen Habitaten anzutreffen, vom tropischen Regenwald über offene Eukalyptussavannen bis hin zu den trockenen Gebieten des Landesinneren. Der Diamantpython klettert vorzüglich und verbirgt sich tagsüber gerne in hohlen Bäumen. Er bewohnt aber auch Erdhöhlen und besucht auch Gärten und Gehöfte, wo er eine Gefahr für das Geflügel darstellt. In einigen Gegenden in Queensland hat er sich auf den Fang von Fledermäusen spezialisiert, die abends in großer Zahl die Höhlen verlassen. Beim Fang helfen ihm die Wärmerezeptoren an den Lippenschildern. Sonst besteht seine Nahrung aus kleinen Wirbeltieren aller Art.

2 **Amethystpython** Amethystine Python *Morelia amethystina (Boidae)*

L 8,5 m

Merkmale Ein großer Python mit auffallend irisierenden Schuppen. Er ist olivgrün oder bräunlich und trägt ein Muster aus unregelmäßigen, mehr oder weniger netzförmigen, gelblichen Flecken.

Vorkommen Nordostqueensland von der Spitze der Cape York-Halbinsel bis zum Atherton Tableland; auch in Neuguinea.

Wissenswertes Der größte australische Python, von dem ein Rekordexemplar von 8,5 m Länge bekannt ist. Normalerweise erreicht er aber nur 3–4 m Länge. Der Amethystpython bewohnt den tropischen Regenwald, aber auch die tropische Savanne und den Monsunwald am Ufer von Flüssen und Lagunen. Er ernährt sich von einer Vielzahl kleiner und mittelgroßer Wirbeltiere. Wie alle Pythons erwürgt er seine Beutetiere mit mehreren Körperschlingen. Durch das Würgen entsteht beim Beutetier sehr schnell ein Blutstau im Gehirn, und es stirbt meistens an einem Gehirnschlag. Wenn der Python sicher ist, daß seine Beute tot ist, sucht er den Kopf und verschlingt sie vom Kopf her in einem Stück. Für größere Beutetiere kann er dabei den Unterkiefer aus dem Gelenk ausklinken.

3 **Kleingeschuppter Taipan** Fierce Snake *Parademansia microlepidota (Elapidae)*

L 2,5 m

Merkmale Eine große, schlanke, oberseits olivgrünliche oder hellbräunliche Giftnatter. Die Rückenschuppen sind zum Teil dunkel gerandet, so daß zuweilen unregelmäßige und undeutliche Querbänder entstehen. Der Bauch ist weißlich, und auch die Bauchschilde haben dunkle Hinterecken.

Vorkommen Südwestliches Queensland, nordwestliches New South Wales sowie die angrenzenden Teile des Nordterritoriums und Südaustraliens.

Wissenswertes Diese Schlange umgab lange Zeit ein Mysterium. Sie wurde bereits vor 120 Jahren erstmals beschrieben, geriet aber wieder in Vergessenheit. Erst in den letzten 30 Jahren verdichtete sich die Vermutung, daß der Kleingeschuppte Taipan – Australiens gefährlichste Giftschlange – auch im Landesinneren vorkommt. Neue Fänge sowie die Nachuntersuchung der wenigen Belegexemplare in Museen ergaben, daß es sich um eine eigene Art handelt. Aus der Untersuchung des Giftes resultierte außerdem, daß diese Schlange das stärkste Gift besitzt, das man von irgendeiner Landschlange auf der Welt kennt. Es ist sogar noch beträchtlich stärker als die Gifte von Tigerotter und Taipan. Man spekulierte über den Grund und vermutet ihn darin, daß in ihrer wüstenhaften Umgebung die Nahrung so rar ist. Deshalb kann sie es sich nicht leisten, ein gebissenes Beutetier entkommen zu lassen. Tatsächlich fallen gebissene Ratten und Mäuse fast sofort nach dem Biß tot um. Wie der Taipan ist diese Schlange offensichtlich nicht lebendgebärend – wie so viele australische Giftnattern –, sondern legt Eier.

1

2

3

1 **Goldlaubfrosch** Green and Golden Bell Frog *Litoria aurea (Hylidae)*

L 8,5 cm

Merkmale Ein großer, oberseits grüner Frosch mit goldbrauner Fleckung; schmaler, schwarzer, seitlicher Streif vom Nasenloch über das Auge bis zum Hinterbein.

Vorkommen Östliches New South Wales und Victoria; nur an ruhigen Gewässern.

Wissenswertes Der Goldlaubforsch hält sich gerne in der Wasservegetation verborgen, von wo aus er auch seine lauten, rabenartig krächzenden Rufe erschallen läßt. Entsprechend seiner Größe verschlingt er neben Insekten auch kleinere Frösche. Die Fortpflanzung findet im Sommer statt.

2 **Ewings Laubfrosch** Brown Tree Frog *Litoria ewingii (Hylidae)*

L 3,5 cm

Merkmale Oberseits hellbräunlich; meist gefleckt und in der Regel mit einem auffälligen, breiten, dunklen Längsband auf dem Rücken, das zwischen den Augen beginnt. Im Unterschied zum ähnlichen **Verraux's Laubfrosch** ist dieses Band aber in der Mitte nicht geteilt.

Vorkommen Südöstliches Südaustralien, südliches Victoria bis ins südöstliche New South Wales; auch auf Tasmanien.

Wissenswertes Ein Bewohner der Sümpfe und feuchten Wiesen des kühl gemäßigten Südens. Er laicht in Tümpeln, Wasserreservoiren und Altwässern der Flüsse und ruft zuweilen auch im Winter.

3 **Spitzkopflaubfrosch** Rocket Frog *Litoria nasuta (Hylidae)*

L 5 cm

Merkmale Ein mittelgroßer, schlanker und sehr spitzköpfiger Frosch.

Vorkommen Tropisches Nordaustralien, subtropisches Ostaustralien, im Süden bis ins mittlere New South Wales.

Wissenswertes Ein bodenbewohnender Laubfrosch, was man an seinen schmalen und langen Zehen und Fingern mit kurzen Schwimmhäuten sehen kann. Man findet ihn am Rand von Sümpfen und Lagunen, wo er nachts Insekten und Spinnen jagt.

4 **Korallenfinger** Green Tree Frog *Litoria caerulea (Hylidae)*

L 10 cm

Merkmale Großer, echter Laubfrosch mit großen, breiten Haftläppchen; einfarbig grün; unterscheidet sich vom **Riesenlaubfrosch** durch das Fehlen der weißen Streifen an Unterlippe, Unterarm und Unterschenkel.

Vorkommen Im ganzen nördlichen und östlichen Australien, im Süden bis ins südliche New South Wales.

Wissenswertes Der Korallenfinger lebte ursprünglich an und in Bäumen. In vielen Gebieten ist er zum Kulturfolger geworden und findet sich in und an Häusern. Dort bevorzugt er feuchte Stellen. Tagsüber verbirgt er sich unter Rinde, in Mauerritzen oder unter Dachsparren, nachts aber kommt er heraus und macht Jagd auf große Insekten und Spinnen.

5 **Wasserreservoirfrosch** Northern Water-holding Frog *Cyclorana australis (Hylidae)*

L 10 cm

Merkmale Ein großer, robuster Frosch mit großem, dreieckigem Kopf; oberseits einfarbig bräunlich, unterseits weißlich; charakteristisch ist die seitliche Hautfalte am Rücken.

Vorkommen Nordaustralien von den Kimberleys bis Nordwestqueensland; im Süden bis ins zentrale Nordterritorium.

Wissenswertes Wie die meisten Arten seiner Gattung ein Grabfrosch, der die meiste Zeit tief im Erdboden vergraben zubringt. Dieser Frosch ist in seiner Lebensweise gut an die lange Trockenheit im Inneren Nordaustraliens angepaßt, der er im Erdboden entgeht. Erst wenn es kräftig geregnet hat, kommt er hervor und geht während der wenigen Wochen, die es noch feucht ist, auf Jagd nach Insekten und anderen Kleintieren. Seine Eier legt er in kleine Tümpel ab. Die Eier und Kaulquappen haben eine sehr kurze Entwicklungszeit.

1

2

3

4

5

1 Corroboree-Frosch Corroboree Frog *Pseudophryne corroboree (Myobatrachidae)*

L 3 cm

Merkmale Der auffälligste australische Frosch; durch seine schwarzgelbe Rückenstreifung und ebenso gefärbte Bauchfleckung mit keiner Art zu verwechseln.

Vorkommen Nur im Gebiet des Mount Kosciuszko und der angrenzenden Brindabella Range im Süden von New South Wales und im Australian Capital Territory.

Wissenswertes Der Name dieses Frosches bezieht sich auf die „Corroboree" genannten Tänze der Eingeborenen, bei denen diese sich in ähnlicher Weise mit schwarzweißen Streifen bemalen. Der kleine Frosch kommt in hohen Lagen der Gebirge vor und bewohnt feuchte Wiesen und die dichte Vegetation entlang von Bächen. Während der Fortpflanzungszeit wandert er in die *Sphagnum*-Hochmoore ein, wo er in Höhlungen tief im Moos vergraben seine Eier ablegt. Er fällt durch die leisen Quaktöne auf, die aus dem Torfmoos dringen.

2 Eyre-Grabfrosch Moaning Frog *Heleioporus eyrei (Myobatrachidae)*

L 6 cm

Merkmale Ein gedrungener Frosch mit kurzem Kopf, senkrecht gestellten Pupillen und kurzen Hinterbeinen; oberseits bräunlich mit einem unregelmäßigen Muster aus gelblichen Flecken; nur schwer von verwandten Arten zu unterscheiden.

Vorkommen Im Südwesten Westaustraliens.

Wissenswertes Seine senkrecht gestellten Pupillen, die sich nachts fast zu einem Kreis öffnen, kennzeichnen diesen Frosch als Nachttier. Mit Hilfe seines Fersenhöckers kann er sich rückwärts in den Boden eingraben und tut das auch tagsüber bzw. während der Trockenzeit. Die Eier werden im Spätsommer und Herbst in kleine Gruben am Rand von Sumpflöchern abgelegt.

3 Schildkrötenfrosch Turtle Frog *Myobatrachus gouldii (Myobatrachidae)*

L 6 cm

Merkmale Leicht erkennbar an seiner plumpen Gestalt, dem kleinen Kopf und den unverhältnismäßig kurzen Beinen.

Vorkommen Südwestaustralien.

Wissenswertes Dieser merkwürdige Frosch bewohnt Sandgebiete, wo er sich – anders als die übrigen Grabfrösche – den Kopf voran eingräbt. Selten und nur nach ergiebigen Regenfällen findet man ihn am Erdboden. Er ernährt sich von Termiten und ist daher in deren Bauten zu finden. Die Eier, im Boden abgelegt, entwickeln sich ohne freies Larvenstadium zu Fröschen.

4 Katholikenfrosch Crucifix Toad *Notaden bennettii (Myobatrachidae)*

L 5 cm

Merkmale Kreuzförmige Zeichnung aus rötlichen und schwarzen Warzen auf schwefelgelbem Grund.

Vorkommen Im Inneren von New South Wales und Südqueensland.

Wissenswertes Ebenfalls ein Grabfrosch, der nur nach ausgiebigen Regenfällen herauskommt, dann aber zuweilen in erstaunlich großen Mengen die temporären Tümpel besiedelt. Dort findet auch die Entwicklung der Eier und Kaulquappen statt.

5 Agakröte Cane Toad *Bufo marinus (Bufonidae)*

L 15 cm

Merkmale Heute der größte Froschlurch in Australien; erkennbar an der kantigen Kopfoberseite und der großen Drüsenschwellung hinter dem Ohr.

Vorkommen Östliches Queensland.

Wissenswertes Die ursprünglich aus Mittel- und Südamerika stammende Agakröte wurde 1935 nach Queensland eingeführt, um den in den Zuckerrohrplantagen schädlichen Zuckerrohrkäfer zu bekämpfen. Sie breitete sich schnell aus und gehört heute zu den schlimmsten Schädlingen. Trotz heftiger Bekämpfung ist sie kaum mehr einzudämmen, weil sie in Australien keine natürlichen Feinde besitzt.

1

3

2

4

5

1 Australischer Lungenfisch Lungfish *Neoceratodus forsteri (Ceratodidae)*

L 1,75 m

Merkmale Unverkennbar mit großen Schuppen und blattförmigen Flossen.

Vorkommen In einigen Flüssen im mittleren und nördlichen Ostqueensland.

Wissenswertes Einer der wenigen Überlebenden einer im Erdaltertum und Erdmittelalter florierenden Fischgruppe, die im Stammbaum der Tiere einen Seitenzweig auf dem Weg zu den Landwirbeltieren bildete. Der australische Vertreter sieht seinen devonischen Verwandten noch weit ähnlicher als die mehr aalartigen, fast nackten afrikanischen und südamerikanischen Lungenfische. Im Unterschied zu diesen verläßt der Australische Lungenfisch sein Wohngewässer nicht. Er vergräbt sich allerdings, sollte das Wasser einmal knapp werden, im feuchten Schlamm und kann in feuchter Umgebung auch einige Zeit ohne Wasser existieren. Ob er allerdings atmosphärische Luft mit seiner Lunge atmet, ist nicht bewiesen. Er ernährt sich von Schnecken, Muscheln, Krebsen, Würmern und wohl auch von Wasserpflanzen.

2 Australien-Knochenzüngler Barramundi *Scleropages leichhardti (Osteoglossidae)*

L 90 cm

Merkmale Langgestreckter Fisch mit blattförmiger Brustflosse, großen, festen Schuppen und einem oberständigen Maul mit zwei kurzen Barteln am Unterkiefer.

Vorkommen In mehreren Unterarten (oder Arten) im östlichen Queensland und im gesamten nördlichen Australien.

Wissenswertes Die in allen Erdteilen vorkommenden Knochenzüngler sind ursprüngliche Knochenfische, was man an gewissen Merkmalen des Kopfskeletts, aber auch an den großen, noch stark verknöcherten Schuppen bemerken kann. Der Australien-Knochenzüngler und seine Rassen (oder nah verwandten Arten) kommen in stehenden oder langsam fließenden, warmen Gewässern vor. Das oberständige Maul deutet darauf hin, daß diese Fische einen beträchtlichen Teil ihrer Nahrung – Insekten – von der Wasseroberfläche aufnehmen. Die Eier brütet das Männchen in seinem Maul aus.

3 Schlammspringer Mud-hopper *Periophthalmus* spec. *(Periophthalmidae)*

L 15 cm

Merkmale Erkennbar an den vorquellenden Augen, den beiden Rückenflossen und dem schleimfischartigen Äußeren.

Vorkommen An den tropischen Küsten Australiens, besonders auf Schlammflächen und in Mangrovensümpfen.

Wissenswertes Jeder, der einmal mangrovenbestandene Schlickflächen besucht hat, kennt die oft in großen Scharen auftretenden Schlammspringer. Auf ihre armartigen Vorderflossen gestützt, springen sie aufs Land. Dabei werden die auffällig gefärbten Rückenflossen wie Fahnen aufgestellt. Schlammspringer können es lange an der Luft aushalten. Sie besitzen ein reich durchblutetes „Labyrinthorgan" im Munddach, das über Diffusion Luftsauerstoff aufnehmen kann. Allerdings müssen sie dieses Organ immer wieder frisch bewässern.

4 Schützenfisch Archer-fish *Toxotes chatareus (Toxotidae)*

L 30 cm

Merkmale Ein hochrückiger, dreieckiger, hinten am breitesten wirkender Fisch mit einer Reihe dunkler Flecken beiderseits auf dem Oberrücken.

Vorkommen Im tropischen Australien in Küstennähe; auch in Südostasien.

Wissenswertes Der Schützenfisch bewohnt stehende und ruhige Fließgewässer, aber auch Brackwässer, die von Vegetation gesäumt sind. Nur dort kann er sein namengebendes Verhalten zeigen. Setzt sich ein Insekt auf einen Zweig über dem Wasser, pirscht sich der Fisch unbemerkt von unten heran und springt entweder aus dem Wasser oder schießt die Beute mit einem Wasserstrahl ab, der durch eine enge Röhre zwischen Zunge und Munddach gepreßt wird. Der Druck wird dabei durch plötzliches Schließen der Kiemendeckel erzeugt. Das herabgestürzte Insekt kann dann von der Wasseroberfläche abgesammelt werden.

1

2

3

4

1 **Barramundi** Barramundi *Lates calcarifer (Centropomidae)*

L 1,5 m

Merkmale Ein großer, barschartiger Fisch mit auffällig gebuckeltem Vorderrücken; er ist oberseits olivgrau und seitlich und unterseits silbrig gefärbt.

Vorkommen In Küstengebieten und Brackwässern Nordaustraliens.

Wissenswertes Dieser große Barsch ist in seinem gesamten Verbreitungsgebiet ein sehr beliebter und wohlschmeckender Speisefisch. In den nordaustralischen Flüssen, die er auch zum Laichen hinaufsteigt, wird er gern geangelt. Der Barramundi ist ein Raubfisch, der kleinere Fische frißt.

2 **Riesenzackenbarsch** Queensland-groper *Promicrops lanceolatus (Serranidae)*

L 3,5 m

Merkmale Ein gewaltiger Zackenbarsch, erkennbar an seiner Größe und der auffälligen schwarzgelben Fleckung, die sich bei sehr großen Tieren verlieren kann.

Vorkommen An den tropischen Küsten Queenslands; außerdem im Indowestpazifik.

Wissenswertes Der größte Zackenbarsch und einer der größten Knochenfische überhaupt. Große Tiere können bis zu sieben Zentner schwer werden. Im Ruhezustand ist das Maul gar nicht so groß, es kann aber regelrecht auseinandergefaltet werden und wirkt dann auch auf den Menschen bedrohlich. Dabei sind selbst große Zackenbarsche nicht gefährlich, sie sind aber neugierig und verteidigen außerdem ihr Revier. Die Nahrung besteht aus Fischen und Krebsen.

3 **Riffhai** Whaler Shark *Carcharhinus* spec. *(Carcharhinidae)*

L 3 m

Merkmale Stromlinienförmiger Hai mit langen Brustflossen; oberer Teil der Schwanzflosse wesentlich länger als der untere; die Färbung ist oberseits meist graublau, unterseits weißlich.

Vorkommen An allen tropischen und subtropischen Küsten Australiens, besonders häufig in Riffgebieten.

Wissenswertes Die sogenannten Riffhaie (mehrere ähnliche Arten) sind mittelgroße, schnell schwimmende Haie, die sowohl auf hoher See wie in den tieferen Bereichen der Riffe zu finden sind, wo sie durch die Riffkanäle patrouillieren. Normalerweise sind sie Fischfresser und trotz ihrer Größe nicht aggressiv. Dies ändert sich aber, wenn Blut im Wasser ist oder wenn ein verwundetes Tier oder auch ein Mensch zappelt. Blut können sie über weite Entfernungen riechen. Dann sind sie sehr schnell und zahlreich zur Stelle und geraten manchmal geradezu in einen Blutrausch. In jüngster Zeit wurde noch ein sehr feines Sinnesorgan nachgewiesen, das auch schwache elektrische Felder wahrnehmen kann, wie sie jedes Lebewesen im Wasser aufbaut. Wie bei allen Haiartigen besteht die Haut aus kleinen, zahnartigen Schuppen, die in ihrem Aufbau durchaus den Zähnen vergleichbar sind. Riffhaie legen keine Eier, sondern gebären sogleich lebensfähige und schwimmtüchtige Junge.

4 **Augenfleckenhai** Epaulette Shark *Hemiscyllium ocellatum (Orectolobidae)*

L 1 m

Merkmale Ein kleiner, sehr auffällig gefleckter Hai; unverwechselbar durch die großen, hell umrandeten Augenflecken oberhalb der Brustflosse.

Vorkommen Im Bereich des Great Barrier Reef entlang der Küste Queenslands.

Wissenswertes Dieser kleine Hai ist ein Riffbewohner, der auch in sehr seichtem Wasser lebt und sich tagsüber unter Steinen oder Korallenblöcken verbirgt. Nachts schwimmt er auf der Suche nach Würmern, Krebsen und Schnecken auf dem Riff umher. Die Körperform mit dem unterständigen Maul, den kurzen Brustflossen und der geraden Schwanzflosse zeigt, daß dieser Hai ein Bodenbewohner ist, der weder schnell noch ausdauernd schwimmt und viel Zeit in Ruhe auf dem Grund verbringt. Während beim Schwimmen das Atemwasser durch den Mund in die Kiemen einströmt, benutzt er in Ruhe das hinter dem Auge liegende sogenannte Spritzloch zum Einatmen. Wie seine Verwandten ist er lebendgebärend.

1

2

3

4

1 **Leuckarts Stummelfüßer** Leuckart's Peripatus *Euperipatoides leuckarti (Peripatopsidae)*

L 3 cm

Merkmale Ein Stummelfüßer mit 15 Beinpaaren; auf blaugrauem oder grünlichem Grund mit zahlreichen hellen Punkten oder Linien gezeichnet.

Vorkommen In Südostaustralien vom südlichen Queensland bis nach Tasmanien.

Wissenswertes Stummelfüßer haben ihren Namen von den ungegliederten Beinen erhalten. Sie sind eine stammesgeschichtlich sehr urtümliche Gruppe und echte „lebende Fossilien". Leuckarts Stummelfüßer ist eine recht häufige Art der subtropischen und gemäßigten Regenwälder, wo man ihn in feuchter Umgebung in der Streuschicht oder unter Holz finden kann. Er ist ein Räuber, der kleine Wirbellose mit seinen scharf bezahnten, ausstülpbaren Kiefern ergreift und zerreißt. Er bringt vollständig entwickelte Jungtiere zur Welt.

2 **Landblutegel** Leech *Haemadipsa* spec. *(Haemadipsidae)*

L 3 cm

Merkmale Ein schlanker, sich nach vorn verjüngender Blutegel mit bräunlicher Grundfarbe und einem Muster aus Dreiecken oder Zickzacklinien.

Vorkommen In den Regenwäldern Ostaustraliens.

Wissenswertes Die Landblutegel des südasiatischen und australischen Raumes sind eine wahre Plage der Regen- und Monsunwälder. Sie lauern am Boden oder im Blattwerk und befallen vorbeilaufende Wirbeltiere. Erschütterungsreize und Duftreize spielen die Hauptrolle bei der Suche nach Opfern, wobei die Blutegel regelrechte Suchbewegungen ausführen. Am Opfer saugen sie sich mit den Mundteilen fest, schneiden mit scharfen Zähnen die Haut auf und saugen Blut. Dabei wird die Bißstelle betäubt, so daß der Gebissene nichts merkt.

3 **Seidenspinne** Golden Orb-weaving Spider *Nephila maculata (Argiopidae)*

D 5 cm

Merkmale Eine große, silbrig glänzende Spinne; erkennbar an ihren riesigen, oft mehrere Meter messenden Netzen.

Vorkommen Im nordöstlichen Queensland; außerdem in Neuguinea und großen Teilen Südostasiens.

Wissenswertes Diese größte netzbauende Spinne kommt häufig kolonieweise vor. Es heißt, daß sich zuweilen selbst Kleinvögel in den großen und sehr starken Netzen verfangen. Sie gehören jedoch nicht zum Speiseplan dieser Spinnen, wohl aber große Schmetterlinge, Fliegen und Heuschrecken. Bei den großen Tieren handelt es sich um die Weibchen. Die weniger als 1 cm messenden Männchen sitzen am Rand der Netze und führen eine recht gefährdete Existenz.

4 **Stachelspinne** Spiny Spider *Gasteracantha vittata (Argiopidae)*

D 1,5 cm

Merkmale Leicht erkennbar an dem stacheligen Körper und der Querbänderung.

Vorkommen In Nordostqueensland; außerdem in Südasien und Neuguinea.

Wissenswertes Die auffällige Färbung der Stachelspinne ist eine Warntracht, denn sie ist nicht nur sehr stachelig, sondern auch kräftig gepanzert. Sie zu verschlucken, dürfte für kleinere Vögel mühsam sein.

5 **Riesen-Jagdspinne** Huntsman-spider *Delena cancerides (Sparassidae)*

D (mit Beinen) 15 cm

Merkmale Eine fast einfarbig gelbliche oder bräunliche Jagdspinne mit sehr langen, seitlich gestellten Beinen, die am Ende dunkler werden.

Vorkommen In großen Teilen Australiens mit Ausnahme der trockensten Gebiete.

Wissenswertes Eine der häufigsten großen Jagdspinnen. Wie der abgeflachte Leib vermuten läßt, ist die Riesen-Jagdspinne ein Spaltenbewohner, der sich tagsüber vor allem unter der lockeren Rinde von Eukalypten verbirgt und nachts auf der Oberfläche der Stämme auf Jagd geht.

1

3

2

4

5

1 Gespenstschrecke Spiny Stick Insect *Extatosoma tiaratum (Phasmatidae)*

L 8–15 cm

Merkmale Eine sehr große, bizarr geformte Stabheuschrecke; in Australien mit keiner anderen Art zu verwechseln.

Vorkommen In Regenwäldern und feuchteren Eukalyptuswäldern Nordostaustraliens; außerdem in Neuguinea, wo mehrere ähnliche Arten vorkommen, und in Südostasien.

Wissenswertes Wie viele andere Stabheuschrecken zeigt auch die Gespenstschrecke einen auffälligen Geschlechtsdimorphismus: Das Weibchen wird fast doppelt so groß wie das Männchen, es ist auch viel massiger, und die blattartigen Fortsätze sind stärker ausgeprägt. Außerdem ist es im Gegensatz zum Männchen ungeflügelt. Die bizarre Form ist im dichten Blattwerk eine perfekte Tarnung, vor allem wenn die Tiere den Hinterkörper über den Rücken biegen. Das erste Larvenstadium besitzt dagegen anstatt einer Tarnfärbung eine Warntracht. Es ist ganz schwarz, hat aber einen orangeroten Kopf mit einem weißen Halskragen und gleicht damit täuschend einer wehrhaften Ameise der Gattung *Leptomyrmex*.

2 Australische Wanderheuschrecke

Australian Plague Locust *Chortoicetes terminifera (Acrididae)*

L 5 cm

Merkmale Eine mittelgroße, grau- oder gelbbraune Feldheuschrecke mit gebänderten Deckflügeln und Hinterbeinen sowie einem schwarzen Fleck am Ende der Hinterflügel.

Vorkommen Im Inneren von Queensland und New South Wales. Sie wandert in Jahren exzessiver Vermehrung in feuchtere küstennahe Gebiete Südostaustraliens ein.

Wissenswertes Diese recht unscheinbare Feldheuschrecke ist die wichtigste und schädlichste Wanderheuschrecke Australiens. Ursprünglich in den trockenen Steppen und Weidegebieten im Inneren von Queensland und New South Wales zu Hause, kann sie sich dort nach größeren Regenfällen außerordentlich schnell und exzessiv vermehren **(2b)** und wandelt sich dann in eine Wanderphase um. Diese folgt den Strömungen am Rand von Kalt- oder Warmfronten und zieht meist nach Süden oder Osten. Sie fällt dann in die feuchteren, intensiver landwirtschaftlich genutzten Gebiete in Küstennähe ein, wo sie enorme Verwüstungen anrichten kann. Bereits zu Beginn der Kolonisation Südostaustraliens durch die Europäer behinderten gewaltige Invasionen dieser Heuschrecke die Besiedlung der fruchtbaren Gebiete im Westen der Great Dividing Range. Auch gegenwärtig sind die intensiv landwirtschaftlich genutzten Gebiete der Riverina im Süden von New South Wales bevorzugtes Ziel der verheerenden Heuschreckenzüge.

3 Spitzkopfschrecke Leichardt's Grasshopper *Petasida ephippigera (Pyrgomorphidae)*

L 3,5 cm

Merkmale Die lebhaft gezeichnete Heuschrecke ist sicher die schönste Art in ganz Australien. Sie ist leuchtend rot, doch sind Teile der Brust kontrastreich blauschwarz gefärbt. Beine und Flügel sind blau gesprenkelt.

Vorkommen Nur im Arnhem Land im nördlichen Nordterritorium.

Wissenswertes Diese auffällige Heuschrecke lebt im offenen Buschland, wo ihre Futterpflanzen – Sträucher der Gattung *Pityrodia* – gedeihen, in steinigem oder felsigem Gelände. Anscheinend ernährt sie sich ausschließlich von diesen Pflanzen. Es klingt überraschend, daß eine derartig auffällig gefärbte Heuschrecke in offenem Gelände überleben kann, zumal die flugunfähigen Jugendstadien ähnlich gefärbt sind. Sie bedient sich dafür eines Tricks: Die Futterpflanze enthält Aromastoffe, die offenbar von der Heuschrecke aufgenommen werden und sie für Freßfeinde ungenießbar machen. Die auffallende Färbung ist also eine Warntracht. Dazu paßt, daß sich die Heuschrecken gegenüber Menschen nicht sehr scheu verhalten. Sie vertrauen auf ihre Warntracht. Diese Art findet man häufig in Paaren zusammen, wobei das kleinere Männchen auf dem Rücken des Weibchens sitzt, ohne daß sie sich dabei paaren. Die Bedeutung dieses Verhaltens ist noch nicht geklärt.

1

2a

2b

3

1 **Spinifextermite** Spinifex Termite *Nasutitermes triodiae (Termitidae)*

L 1 cm

Merkmale Von anderen Termiten an dem zugespitzten Kopffortsatz und dem Fehlen von Kiefern unterscheidbar; innerhalb der Gattung aber nur für den Spezialisten erkennbar.

Vorkommen In halbtrockenen Gebieten Nordaustraliens von Nordwestqueensland bis Nordwestaustralien.

Wissenswertes Im Unterschied zu den meisten anderen Termiten besitzen die Soldaten **(1a)** bei den zahlreichen Arten der Termitengattung *Nasutitermes* keine starken Kiefer, sondern einen spitzen Kopffortsatz, der ihnen ihren Namen verliehen hat. Am Ende des Fortsatzes mündet eine Drüse, mit der sie ein sehr klebriges Sekret abgeben können. Es dient zur Bekämpfung von Feinden, in erster Linie räuberischen Ameisen und sonstigen Insekten, die mit dem Sekret regelrecht gefesselt werden. Wie bei allen Termiten ist der Staat in mehrere Kasten aufgeteilt, die Geschlechtstiere, die Arbeiter und die Soldaten. Die Arbeiter haben die Hauptlast zu tragen, nämlich die Versorgung der Eier und Larven, das Eintragen der Nahrung – bei dieser Art Gräser – und den Weiterbau bzw. die Reparatur des Baues. Die Soldaten werden von den Arbeitern gefüttert, deren einzige Aufgabe es ist, den Bau zu schützen.

Die bis zu 7 m hohen Bauten **(1b)** der Spinifextermite lassen sich gar nicht verwechseln. Sie sind meistens rundlich und enden spitz, können aber im oberen Bereich einige Rippen aufweisen. Sie werden in jahrelanger Arbeit von der Kaste der Arbeiter aus mit Speichel vermischtem Lehm hergestellt. Der Lehm erhärtet schnell, so daß die Außenhülle betonartig fest wird. Sie dient nicht nur dem Schutz vor Feinden, sondern auch als Sonnenschutz. Das Innere des Baues ist von einer Vielzahl von Gängen und Galerien durchzogen, die als Brut- und Vorratsräume dienen bzw. als Straßen, auf denen Soldaten und Arbeiter schnell dorthin gelangen, wo die Außenwand zerstört wurde. Der wichtigste Raum, nämlich derjenige der überdimensional großen Königin, liegt tief im Inneren des Baues. Dort werden pausenlos Eier produziert, um die gewaltigen Verluste wettzumachen, die Termiten durch die Vielzahl ihrer Feinde unter Wirbeltieren, Insekten und Spinnen erleiden.

2 **Kompaßtermite** Compass Termite Mound *Amitermes meridionalis (Termitidae)*

H (des Baues) 3 m

Merkmale Die Bauten sind leicht erkennbar an ihrer großen Breite und dem geringen Durchmesser.

Vorkommen Im nördlichen Nordterritorium; eine nah verwandte Art auf der Cape York-Halbinsel in Nordqueensland.

Wissenswertes Die eigentümlichen, oft in Reihen angeordneten Bauten der Kompaßtermiten sind zutreffend benannt, denn sie sind meist sehr genau in Nord-Süd-Richtung ausgerichtet, wobei die Schmalseite nach Norden weist. Das dient dazu, der heißen Mittagssonne wenig Angriffsfläche zu bieten. Tatsächlich gehören die Gebiete, in denen Kompaßtermiten vorkommen, zu den heißesten Gegenden Australiens. Allerdings gibt es zusätzliche Belüftungsschächte zur weiteren Temperaturregelung, die je nach Bedarf geöffnet oder geschlossen werden.

3 **Buschfliege** Bush Fly *Musca vetustissima (Muscidae)*

L 5 mm

Merkmale Etwas kleiner als unsere Stubenfliege.

Vorkommen Ganz Australien; zahlreicher im trockeneren Landesinneren und in Viehzuchtgebieten.

Wissenswertes Die Buschfliege war wohl das erste australische Insekt, das die europäischen Entdecker kennenlernten. Schon im Reisebericht der allerersten Reise, bei der Europäer den äußersten Norden berührten, wurde lebhaft über sie geklagt. Die Fliege entwickelt sich im Kot, aber auch in fauligen Substanzen, und ihre Entwicklungsdauer richtet sich nach dem Grad der Feuchtigkeit und der Höhe der Temperatur. Daher ist sie im Sommer im allgemeinen lästiger als in kühleren Jahreszeiten. In den Viehzuchtgebieten des Nordens hat sie heutzutage besonders günstige Bedingungen.

1a

1b

2

3

1 **Weihnachtskäfer** Christmas Beetle *Anoplognathus* spec. *(Scarabaeidae)*

L 2 cm

Merkmale Ein grünlich oder grüngolden metallischer, mittelgroßer Käfer. Die Unterscheidung der zahlreichen Arten ist nur dem Spezialisten möglich.

Vorkommen In Südostaustralien, von New South Wales bis ins östliche Südaustralien.

Wissenswertes Einer der zahlreichen sogenannten Weihnachtskäfer aus dem Südosten Australiens, deren Name daher rührt, daß sie gewöhnlich im australischen Hochsommer, also um die Weihnachtszeit, auftreten. Sie bewohnen die Eukalyptuswälder und offenen Savannen. Die Larven leben im Boden, wo sie sich von Pflanzenwurzeln ernähren und zuweilen auch Schäden an Getreide und Weidegräsern verursachen. Die erwachsenen Käfer kommen Ende Dezember bis Anfang Januar aus der Puppenruhe im Boden und schwärmen vor allem in der Dämmerung.

2 **Weihnachtskäfer** Christmas Beetle *Anoplognathus* spec. *(Scarabaeidae)*

L 2 cm

Merkmale Ein mittelgroßer, beiger Käfer mit goldenem Halsschild. Die Unterscheidung der zahlreichen Arten ist nur dem Spezialisten möglich.

Vorkommen In Südostaustralien, von New South Wales bis ins östliche Südaustralien.

Wissenswertes Wegen ihrer Schönheit und ihres häufigen Auftretens sind die Weihnachtskäfer bei den australischen Kindern ähnlich beliebt wie der Maikäfer bei uns. Häufig werden sie auch lebend gehalten. Bei Farmern und Gartenbesitzern sind sie allerdings weit weniger gut gelitten, weil sie – ähnlich wie unser Maikäfer – bei Massenauftreten durch Blattfraß beträchtlichen Schaden an Bäumen, insbesondere Eukalypten, aber auch an anderen Baumarten, anrichten können.

3 **Großlaufkäfer** Ground Beetle *Pamborus alternans (Carabidae)*

L 3 cm

Merkmale Ein oberseits grün-metallischer, an den Flügeldecken zuweilen auch grünvioletter, großer Laufkäfer mit hinter den Augen deutlich abgesetztem Kopf.

Vorkommen Im südöstlichen Queensland und nordöstlichen New South Wales. Etwa ein Dutzend Vertreter dieser Gattung besiedeln die Ostküste Australiens vom Atherton Tableland in Nordqueensland bis in die Gegend von Sydney im Süden.

Wissenswertes Die Körperform mit dem kleinen und schmalen Kopf ist charakteristisch für die Gattung *Pamborus*. Der schmale Vorderleib ermöglicht es dem Käfer, bei der Verfolgung von Schnecken – seiner Vorzugsnahrung – tief in ihre Gehäuse hineinzukriechen. Diese häufigste Art besiedelt die subtropischen und gemäßigten Regenwälder, wo sie nachts in der Bodenstreu jagt und sich tagsüber in Erdspalten und unter Holz verbirgt. Als bodenlebendes Regenwaldtier hat der Käfer die Flügel verloren. Obgleich die nächsten Verwandten die Nordhalbkugel bewohnen, ist diese Käfergruppe wohl auf der Südhalbkugel entstanden, noch bevor sich Australien und Neuseeland vom Superkontinent Gondwana losgelöst hatten.

4 **Puppenräuber** Caterpillar Hunter *Calosoma schayeri (Carabidae)*

L 2,5 cm

Merkmale Ein oberseits grün gefärbter Laufkäfer mit breitem Hinterleib.

Vorkommen Ganz Australien, jedoch am häufigsten im Südosten und Südwesten.

Wissenswertes Dieser Käfer ist nah mit unserem einheimischen Puppenräuber verwandt. Er ist ein schneller Läufer, klettert aber auch gewandt und verfolgt seine Beute auch auf Bäume. Zu Zeiten von Raupenkalamitäten tritt er in großer Zahl auf, da er gut fliegen kann. Er gilt daher als wichtiger Schädlingsvertilger. Die Käfergruppe, zu der er gehört, ist stammesgeschichtlich sehr altertümlich und weltweit verbreitet. Sie hatte sich vermutlich schon ausgebreitet, bevor sich Amerika und Afrika vom alten Gondwanakontinent getrennt haben.

1

2

3

4

1 **Nashornkäfer** Rhinoceros Beetle *Xylotrupes gideon (Scarabaeidae)*

L 5 cm

Merkmale Ein großer, schwarzbrauner Käfer mit ausgeprägtem Sexualdimorphismus: Nur das größere Männchen trägt die namengebenden Kopfhörner.

Vorkommen Tropisches Nordaustralien und tropisches und subtropisches Ostaustralien bis ins mittlere New South Wales.

Wissenswertes Der größte Nashornkäfer Australiens. Das Männchen trägt ein zweispitziges Horn auf dem Kopf und ein längeres ebenfalls zweispitziges, nach unten gekrümmtes Horn weiter hinten. Dem Weibchen fehlt eine solche Hornzier – ein Zeichen dafür, daß das Horn nicht zur Abwehr von Feinden dient, sondern dem Imponiergehabe bei den Kämpfen der Männchen. Die Larven des Nashornkäfers entwickeln sich im Mulm der Bäume, aber auch in größeren Komposthaufen. Die Käfer sind Nachttiere, die man im Sommer häufig am Licht findet. Werden sie angefaßt, stridulieren sie hörbar.

2 **Bulldoggameise** Bulldog Ant *Myrmecia* spec. *(Formicidae)*

L 2 cm

Merkmale Eine sehr große, schlanke Knotenameise; zwei Knoten am Hinterleibsstiel und sehr lange, gezähnte Mandibeln; von den etwa 40 Gattungsgenossen an ihrer Färbung zu unterscheiden.

Vorkommen Die abgebildete Art kommt in Südaustralien vor, verwandte Arten besiedeln fast den gesamten Kontinent.

Wissenswertes Diese großen Ameisen sind räuberische Tiere, die sich auch an große Insekten, selbst an kleine Wirbeltiere wagen. Sie sind äußerst aggressiv und reagieren auf jede Störung. Sie richten sich auf, spreizen die Kiefer und springen den Störenfried sogar an. Dabei beißen und stechen sie. Ihr Stich ist sehr schmerzhaft und kann gefährliche allergische Reaktionen hervorrufen. Diese Ameisen gehören zu den stammesgeschichtlich ursprünglichsten Ameisen und besitzen nähere Verwandte im baltischen Bernstein sowie heutzutage in Argentinien.

3 **Grüne Baumameise** Green Tree Ant *Oecophylla smaragdina (Formicidae)*

L 8 mm

Merkmale Eine mittelgroße, hellgrüne Schuppenameise, die jeder wiedererkennt, der einmal in der hohen Vegetation von ihnen überfallen wurde.

Vorkommen Im tropischen und subtropischen Norden und Osten Australiens; die gleiche Art oder nah verwandte Arten auch in Neuguinea und in ganz Südasien.

Wissenswertes Sehr hochentwickelte Ameisen, die bekannt sind für ihre Kugelnester. Es sind Baumameisen, was aber nicht heißen soll, daß man sie nicht auch am Boden finden kann. Meist sind ihre Nester im Gezweig großer Bäume aufgehängt, gelegentlich befinden sie sich auch in niederer Vegetation. Einzigartig ist die Bauweise: Arbeiterinnen halten zwei Blätter mit den Kanten zusammen, wobei sie oft Ketten bilden. Andere Arbeiterinnen weben dann diese Blätter mit Seidenfäden zusammen. Dazu benutzen sie Larven als Schiffchen, denn die Larven liefern die Seidenfäden. So entsteht ein bis zu fußballgroßes Gebilde, das von den äußerst wehrhaften Ameisen heftigst verteidigt wird.

4 **Schwarze Honigtopfameise** Honeypot Ant *Camponotus inflatus (Formicidae)*

L 1,5 cm

Merkmale Große, dunkle, großköpfige Schuppenameise; erkennbar an der aufrechten Schuppe auf dem Hinterleibsstiel.

Vorkommen Zentralaustralien, nur in Gebieten, wo die als „Mulga“ bezeichnete Akazienart wächst.

Wissenswertes Diese Ameisen legen ihre Nester tief im sandigen Boden unter den Mulga-Akazien an. Sie ernähren sich vom Nektar der Akazienblüten sowie vom Honigtau verschiedener Blattläuse. Diese Nahrung verfüttern sie an bestimmte Arbeiterinnen, deren Hinterleiber daraufhin zu riesigen Kugeln anschwellen und als Vorratsbehälter dienen. Diese „Honigtöpfe“ hängen sich kopfüber ans Dach der Nestgalerien und werden von den Arbeiterinnen gemolken.

1

2

3

4

1 **Witchetty-Made** Witchetty Grub *Xyleutes* spec. *(Cossidae)*

L 8 cm

Merkmale Große, dicke Schmetterlingsraupen, die in Akazienwurzeln leben.

Vorkommen In den Trockengebieten Inneraustraliens überall dort, wo bestimmte Akazienarten vorkommen.

Wissenswertes Die berühmten „Witchetty Grubs“ der australischen Ureinwohner sind die Raupen mehrerer Arten der Familie *Cossidae*. Sie bohren sich in die Wurzeln verschiedener Pflanzen, vor allem jedoch von Akazien, ein. Diese fressen sie von innen her aus bzw. ernähren sich vom Saft aus Wunden, die sie sorgsam offenhalten. Sie halten sich dabei ständig einen Tunnel an die Erdoberfläche offen. Durch diesen steigt die Larve vor der Verpuppung nach oben, so daß der fertige Falter keine Mühe beim Ausschlüpfen hat. Die Aborigines haben ein sicheres Auge für das Vorhandensein der Maden und finden sie, selbst wenn sie dafür metertief im Boden graben müssen. Zuweilen suchen sie auch die Puppen, weil sie sich dabei die Mühe des Grabens sparen können.

2 **Herkulesfalter** Emperor Moth *Coscinocera hercules (Saturniidae)*

B 15–20 cm

Merkmale Ein riesiger Augenfalter; unverkennbar mit seinen langen, am Ende verbreiterten „Schwänzen“ am Hinterflügel und dem silbrigen Fleck in jedem Flügel.

Vorkommen In Nordostqueensland.

Wissenswertes Einer der größten Falter überhaupt. Wie alle Augenspinner ist der Herkulesfalter ein Nachttier, das man zuweilen tief in der Nacht am Licht findet. Männchen und Weibchen sind sich, abgesehen von der bedeutenderen Größe der Weibchen, recht ähnlich. Die Fühler sind beim Männchen viel stärker verästelt und auch mit weit mehr Sinneszellen besetzt. Das ermöglicht den Männchen, die Weibchen aus sehr großer Entfernung zu erkennen und zielgerichtet anzufliegen.

3 **Edelfalter** Common Eggfly *Hypolimnas bolina (Nymphalidae)*

B 9–10 cm

Merkmale Das etwas kleinere Männchen trägt auf dunkelblauem Grund je einen großen, weißen, hellblau gesäumten Fleck auf den Flügeln. Das abgebildete Weibchen hat längere Vorderflügel, und die Flügel sind weiß gebändert. Am Hinterende der Vorderflügel ist ein orangeroter Fleck zu sehen.

Vorkommen In ganz Nord- und Ostaustralien bis ins nördlichste Victoria.

Wissenswertes Einer der häufigsten Edelfalter Australiens, den man sowohl auf Wegen und in Lichtungen im Regenwald, als auch häufig in Parks und Gärten beobachten kann. Man muß schon beide Geschlechter gemeinsam sehen, wie sie sich umgaukeln, um zu erkennen, daß Männchen und Weibchen zusammengehören. Der Falter fliegt sehr unruhig und setzt sich immer wieder auf Blätter oder Blüten, um Nektar zu saugen. Beim Sitzen öffnet er gewöhnlich die Flügel. Häufig kann man auch beobachten, daß sitzende Falter andere vorbeikommende Schmetterlinge vertreiben.

4 **Monarchfalter** Monarch *Danaus plexippus (Danaidae)*

B 10 cm

Merkmale Oberseits gelborange mit weißlichen Flecken an den Flügelspitzen und entlang des Randes; mit auffallender, schwarzer Aderung.

Vorkommen Der ursprünglich aus Nord- und Mittelamerika stammende Falter ist in ganz Ostaustralien eingebürgert und überwintert in Victoria und Südaustralien.

Wissenswertes Der Monarch ist in seiner nord- und mittelamerikanischen Heimat ein berühmter Wanderfalter, und dieses Verhalten hat sich auch in Australien erhalten! Vielleicht trug es auch zu seiner Einbürgerung im letzten Jahrhundert bei. Er erschien in Australien erst nach der Einführung der Baumwollstaude, seiner wichtigsten Fraßpflanze. Die auffallende Färbung ist eine Warntracht und dient der Abschreckung von Feinden. Als sei ihm bewußt, daß ihm wenig Gefahr droht, ist sein Flug aufreizend langsam und furchtlos.

1

2

3

4

1 Vogelflügler Birdwing Butterfly *Ornithoptera priamus (Papilionidae)*

B 15–20 cm

Merkmale Das Männchen **(1c)** hat samtschwarze, metallisch-grün gebänderte Flügel, der Hinterleib ist golden. Das Weibchen **(1a)** ist schwarz mit gelben und weißlichen Flecken, der Hinterleib ist gelbschwarz gefleckt. Es ist größer und hat breitere Flügel als das Männchen.

Vorkommen Nordostqueensland; auch in Neuguinea.

Wissenswertes Die einzige australische Art der Vogelflügler ist ein Regenwaldtier, das sicherlich erst in geologisch relativ junger Zeit von Neuguinea ins nördliche Queensland eingewandert ist. In Neuguinea und Südostasien kommen zahlreiche weitere Arten vor. Die Futterpflanzen für die Larven sind gewisse Schlingpflanzen der Gattung *Aristolochia*. In größeren Gärten Nordqueenslands kann man diesen großen und schönen Schmetterling ansiedeln, indem man solche Schlingpflanzen anpflanzt. Der Vogelflügler bildet ein schönes Beispiel für den Sexualdimorphismus. Während die zurückhaltende Färbung der Weibchen eine Tarntracht darstellt, fragt man sich, wozu die auffällige Färbung der Männchen dient und ob sie nicht viel zu gefährlich ist. Wie so oft gibt auch hier erst die Beobachtung im natürlichen Lebensraum Aufschluß darüber. Vogelflügler fliegen meist hoch oben in den Baumkronen. Dort entsteht, wo das Sonnenlicht das Blattwerk durchdringt, ein Muster aus gleißend hellen Lichtflecken. Fliegt nun ein Männchen in seinem eigentümlich gaukelnden Flug durch das Gezweig, so ist es erstaunlich schwer zu lokalisieren. Nur hin und wieder schimmern seine metallischen Flügel auf, um sofort wieder in dem flirrenden Lichterspiel zu verschwinden. Die Paarung **(1b)** findet im Sitzen und häufig auf den Futterpflanzen der Larven statt. Denn die Weibchen werden nicht selten bereits unmittelbar nach dem Schlüpfen aus der Puppenhülle von den Männchen begattet. Manchmal sind die Flügel der jungen Weibchen noch nicht ganz ausgehärtet. Nach Beobachtungen in Nordqueensland patrouillieren die Männchen geradezu entlang der Futterpflanzen auf der Suche nach frischgeschlüpften Weibchen.

2 Agamemnonfalter Green-spotted Triangle *Graphium agamemnon (Papilionidae)*

B 8 cm

Merkmale Unverkennbar mit seinen zahlreichen leuchtend grünen Flecken auf schwarzem Grund.

Vorkommen Nordostqueensland.

Wissenswertes Dies ist ein echter Regenwaldfalter, den man am Waldrand, entlang von Pfaden oder auf Lichtungen beobachten, aber nur unter Schwierigkeiten fotografieren kann. Denn dieser Falter ist außerordentlich nervös, er fliegt in sehr unregelmäßiger Bahn unter heftigem, dauerndem Flügelschlagen. Wenn er sich einmal die Zeit nimmt, sich auf eine Blüte zu setzen, tut er das ebenfalls nur unter andauerndem Flügelklappen. Meist hat er nicht einmal die Ruhe, seinen Rüssel in die Blüte zu tunken, schon fliegt er zur nächsten Blüte weiter. Die Nahrung der erwachsenen Falter besteht aus dem Nektar verschiedener Blüten, die Larven fressen Blätter. Ist ein Baum von Grünen Baumameisen besetzt, legt das Weibchen keine Eier daran ab, weil die Ameisen die Raupen eintragen würden.

3 Ägeusfalter Orchard Butterfly *Papilio aegeus (Papilionidae)*

B 12 cm

Merkmale Ein sehr großer, überwiegend schwarzweißer Ritterfalter mit auffallenden roten Flecken an den Hinterflügeln.

Vorkommen Im gesamten feuchteren Ostaustralien.

Wissenswertes Einer der größten und schönsten Ritterfalter Australiens. Da seine Larven vor allem an Zitrusfrüchten fressen, ist er überall auch in Gärten zu finden, wo Zitronen- oder Orangenbäume stehen. Man kann ihn durch das Anpflanzen solcher Bäume auch direkt anlocken. Ursprünglich bewohnt er aber die tropischen und subtropischen Regenwälder. Bei der Balz versucht das Männchen, das Weibchen dadurch zu beeindrucken, daß es sehr ausdauernd auf einer Stelle flattert. Die relativ kleinen Raupen sehen aus wie Vogelkot und sind auf diese Weise hervorragend getarnt.

1a

1b

2

1c

3

1 **Elchkoralle** Staghorn Coral *Acropora* spec. *(Acroporidae)*

D 1,5 m

Merkmale Vielfältig verzweigte Korallenstöcke, deren Habitus oft an Elchgeweihe erinnert.

Vorkommen An den tropischen Küsten Australiens, in allen Riffgebieten.

Wissenswertes Die Elchkorallen sind in zahlreichen Arten über die australischen Riffe verbreitet, kommen aber im gesamten Riffgürtel der Erde vor. Nicht alle Arten zeigen die geweihartige Wuchsform, manche sind unverzweigt oder haben nur kurze Verzweigungen. Alle Arten leben jedoch in verhältnismäßig flachem Wasser und ragen bei Ebbe zuweilen sogar aus dem Wasser heraus. Elchkorallen gehören zu den koloniebildenden Korallen, die aus Tausenden von kleinen Einzelpolypen bestehen. Man sollte nicht glauben, daß derartig riesige Bauwerke wie die Korallenriffe auf die Arbeit von winzigen, nur millimetergroßen Tierchen zurückgehen. Das Great Barrier Reef vor der Küste von Queensland beispielsweise erstreckt sich über eine Länge von 2000 km, in manchen Teilen ist es 200 km breit, und es reicht mehrere hundert Meter in die Tiefe. Die Einzelpolypen der koloniebildenden Korallen leben mit kleinen Algen, den Zooxanthellen, in einer echten Symbiose zusammen. Die Polypen produzieren ständig Kohlendioxid, das für die Algen einen wichtigen Grundstoff ihrer Photosynthese darstellt. Einen Teil der dabei hergestellten energiereichen Stärke überlassen die Algen ihrem Wirt. Zugleich aber versorgen sie ihn auch mit Kalk, den sie dem Meerwasser während der Photosynthese entziehen. So erhalten die Korallenpolypen ausreichend Baumaterial zur Bildung ihrer Skelette. Da die Photosynthese aber Sonnenlicht benötigt, ist Korallenwachstum nur in warmen, lichtdurchfluteten Oberflächengewässern möglich. Ein Korallenriff lebt daher nur in seinen oberflächennahen Teilen, wo das Sonnenlicht noch stark genug ist. Das Wachstum der Riffe denkt man sich so: Durch das Gewicht der Riffe sinkt der Meeresboden langsam ab, während das Riff an der Oberfläche in gleicher Geschwindigkeit wächst. So kann aus toten Korallenblöcken ein fester Sockel entstehen.

2 **Hirnkoralle** Brain Coral *Symphyllia* spec. *(Mussidae)*

D 1 m

Merkmale Kompakte, kissen- oder kugelförmige Korallenblöcke mit charakteristisch mäandrischen, eben hirnartig angeordneten Öffnungen der Korallenpolypen.

Vorkommen An den tropischen Küsten Australiens, in allen Riffgebieten.

Wissenswertes Auch die Hirnkorallen sind in mehreren Arten weltweit in allen Korallenriffen verbreitet. Sie können unter günstigen Umständen zu mehrere Meter im Durchmesser messenden, kugelförmigen Gebilden heranwachsen, die manchmal offen auf dem Riff liegen, häufig auch in der Tiefe mit anderen Korallen verbacken sind. Wenn man diese Korallen genauer beobachtet, wird man die winzigen Fangarme, Tentakel genannt, der Einzelkorallen aus den Öffnungen herauskommen und sich im Wasser öffnen sehen. Mit ihren Tentakeln fangen die Korallenpolypen Kleinstlebewesen und organische Teilchen aus dem Wasser. Bei den Hirnkorallen ist besonders schön zu sehen, wie sich die strahlenförmigen Skeletteilchen der einzelnen Korallenpolypen mit denen der Nachbarn verzahnen. Sterben die Polypen ab, bleibt das mit zahlreichen Öffnungen versehene Skelett übrig. Es füllt sich aber schnell mit Kalksand oder den Skeletten von Einzellern und wird allmählich zu festem Kalkfels.

3 **Pilzkoralle** Mushroom Coral *Fungia* spec. *(Fungiidae)*

D 20 cm

Merkmale Ein rundes oder ovales, wie der umgedrehte Hut eines Lamellenpilzes gestaltetes Gebilde. Die Furche in der Mitte bezeichnet die Mundöffnung.

Vorkommen An den tropischen Küsten Australiens, in allen Riffgebieten.

Wissenswertes Die Pilzkorallen sind nicht koloniebildend, sondern leben als große Einzelkorallen, die locker und meist in geringer Tiefe auf dem Riff liegen. Sie besitzen viele lange Tentakel, die sie aus den zahlreichen Spalten zwischen den Skelettlamellen herausstrecken können.

1

2

3

1 **Dornenkronenseestern** Crown of Thorns Starfish *Acanthaster planci (Acanthasteridae)*

D 60 cm

Merkmale Ein großer, rötlichbrauner Seestern mit einer unregelmäßigen Anzahl von Armen; auf der Oberseite mit zahlreichen langen Stacheln.

Vorkommen An den Küsten Queenslands; auch im ganzen Westpazifik.

Wissenswertes Dieser eigenartige, im übrigen wegen seiner giftigen Stacheln mit Vorsicht zu behandelnde Seestern hat in den letzten Dekaden in Australien und im Westpazifik für Aufregung gesorgt: Er ernährt sich von Korallenpolypen und kann bei Massenauftreten ganze Riffe als tote Steinwüsten zurücklassen. Die Folge davon ist: Das Riff zerfällt, und die Fische wandern ab. Da die Riffgebiete nicht nur der Fischerei wegen, sondern auch als Küstenschutz von großer Bedeutung sind, hat man viel Geld und Zeit für die Bekämpfung des Seesterns geopfert. Die Erfolge waren aber nicht immer befriedigend.

2 **Blauer Seestern** Blue Starfish *Linckia laevigata (Linckiidae)*

D 30 cm

Merkmale Ein leuchtend blauer, fünfarmiger Seestern.

Vorkommen An den tropischen Küsten Australiens auf Riffen; auch im Westpazifik.

Wissenswertes Dieser Seestern ist in flachem Wasser zu beobachten. Wie die meisten Seesterne ernährt er sich von wenig beweglichen Kleintieren wie Muscheln und festsitzenden Krebstieren. Er ist bekannt für sein außerordentliches Regenerationsvermögen: Selbst Arme, die vom Körper abgebrochen sind, können wieder zu einem vollständigen Seestern heranwachsen.

3 **Rieseneinsiedlerkrebs** Giant Hermit-crab *Dardanus megistos (Paguridae)*

D 20 cm

Merkmale Größter, roter, überall weiß gepunkteter Einsiedlerkrebs.

Vorkommen An den tropischen Küsten.

Wissenswertes Der Einsiedlerkrebs benötigt für seinen Körper die Schalen sehr großer Schnecken wie Tritonshörnern, großen Tonnenschnecken oder der Riesenschnecke *Syrinx aruanus*. Einsiedlerkrebse haben einen weichhäutigen, asymmetrischen Hinterleib, den sie in leere Schneckenschalen schieben, um sich zu schützen. Ihr Haus tragen sie immer mit sich herum. Wenn sie wachsen, müssen sie „umziehen".

4 **Gespenstkrabbe** Ghost Crab *Ocypode* spec. *(Ocypodidae)*

D 4 cm

Merkmale Eine helle Krabbe mit viereckig-ovalem Panzer.

Vorkommen An den tropischen Küsten Australiens.

Wissenswertes Die Gespenstkrabbe lebt in tiefen Röhren an Sandstränden weit oberhalb der Hochwasserlinie, doch reichen die Röhren bis ins Grundwasser hinein. Vor allem nachts ist die räuberische und aasfressende Krabbe unterwegs und kann mit ungeheurer Geschwindigkeit rennen. Das und ihre helle, dem Sand angepaßte Farbe war wohl für ihren Namen verantwortlich.

5 **Winkerkrabbe** Fiddler Crab *Uca* spec. *(Ocypodidae)*

D 6 cm

Merkmale Wie alle ihre Verwandten sind die Männchen an ihrer riesigen, auffallend gefärbten linken Schere erkennbar. Die Weibchen haben viel kleinere und symmetrische Scheren.

Vorkommen An allen tropischen Küsten Australiens; andere Arten sind weltweit an den tropischen Küsten verbreitet.

Wissenswertes Vor allem auf Schlickflächen und in den Mangrovensümpfen des Nordens kann man die zuweilen riesigen Heerscharen der Winkerkrabben gut dabei beobachten, wie sie bei Einbruch der Ebbe aus ihren tiefen Wohnröhren herauskommen und die Schlickoberfläche abweiden. Die große Schere der Männchen dient der Balz und der Anlockung der Weibchen.

1
3
2
4
5

1 **Tritonshorn** Giant Triton Shell *Charonia tritonis* *(Cymatiidae)*

L 50 cm

Merkmale Eine sehr große, spitzkonische Schnecke mit gelbschwarzer Zeichnung auf dem Gehäuse.

Vorkommen An den tropischen Küsten Australiens; außerdem im Westpazifik.

Wissenswertes Das Tritonshorn wurde früher in der gesamten Südsee als Muschelhorn benutzt. Man sägte dafür kurz vor der Spitze ein kleinen Loch als Mundstück in die Schale. Nicht nur die Eingeborenen haben diese schöne Schnecke gesammelt und teuer bezahlt, auch die modernen Touristen haben große Mengen von Tritonshörnern als Andenken mit nach Hause genommen. Erst in den letzten Jahren hat man bemerkt, wie wichtig das Tritonshorn in seinem Lebensraum ist: Es ist der einzige natürliche Feind des so schädlichen Dornenkronenseesterns. Heute steht das Tritonshorn unter strengem Schutz, und man versucht, das natürliche Gleichgewicht wieder herzustellen.

2 **Textilienkonus** Textily Cone Shell *Conus textilis* *(Conidae)*

L 12 cm

Merkmale Eine charakteristisch konusförmige Schnecke mit zahlreichen weißen Dreiecksflecken und mit dunklen Linien auf braunem Grund; von ihren nächsten Verwandten durch die Größe, die breite Schalenform und die sehr feine Zeichnung unterscheidbar.

Vorkommen An den tropischen Küsten Australiens; außerdem im ganzen Indowestpazifik.

Wissenswertes Diese Art ist ein Schneckenfresser. Sie besitzt einen langen, beweglichen Rüssel, in dem ein herausschnellbarer, mit Widerhaken besetzter Giftstachel verborgen ist. Da der Rüssel etwa dreiviertel so lang wie die Schale und sehr beweglich ist, soll man die lebende Schnecke niemals mit bloßen Händen anfassen, selbst nicht am breiten Ende. Mindestens zwei Todesfälle durch den Stich dieser Art sind verbürgt.

3 **Tigerkauri** Tiger Cowrie *Cypraea tigris* *(Cypraeidae)*

L 10 cm

Merkmale Eine große, auf gelblichem oder weißlichem Grund braungesprenkelte Kauri.

Vorkommen An den tropischen Küsten Australiens.

Wissenswertes Im Leben wird die Schale dieser Schnecke, wie bei allen ihren Verwandten auch, durch den zweilappigen Mantel überdeckt. Dieser ist bei der Tigerkauri sehr eng gestreift und mit langen Papillen besetzt. Wie alle Schnecken sind Kauris spiralig gewunden. Das sieht man allerdings nur, wenn man die Schale öffnet. Wegen ihrer glatten Oberfläche, ihrer schönen Färbung und ihrer scheidenförmigen Schalenöffnung war die Tigerkauri seit alters ein hochgeschätztes Kult- und Tauschobjekt. Einige kleinere Arten wurden im indopazifischen Raum auch als Geld benutzt.

4 **Mördermuschel** Giant Clam *Tridacna gigas* *(Tridacnidae)*

D 1,5 m

Merkmale Die größte lebende Muschel; charakteristisch sind die stark gewellten Schalenränder und die im geöffneten Zustand leuchtend blau, grün oder violett gefärbten Mantelränder.

Vorkommen In Australien vor allem im Bereich des Great Barrier Reef; außerdem im tropischen Indopazifik.

Wissenswertes Diese riesige Muschel ernährt sich von Kleinstpartikeln, die sie aus dem Wasser herausfiltert, außerdem von winzigen symbiontischen Algen, den Zooxanthellen. Sie helfen ihr bei der Exkretion, dienen aber auch als Nahrung. Sie befinden sich im Mantel an der Schalenöffnung und erhalten dadurch das für ihre Photosynthese notwendige Licht. Die Muschel klappt bei Beunruhigung sehr schnell ihre Schalen zusammen. Das geschieht mit solcher Kraft, daß ein Mensch, der aus Unachtsamkeit mit der Hand oder dem Fuß in die Schalen gerät, unweigerlich festgehalten wird und etwa während der nächsten Flut ertrinkt.

1

2

4

3

1 **Ruhmesblume** Sturt's Desert Pea *Clianthus formosus (Fabaceae)*

H 15 cm

Merkmale Unverkennbar an der kreisförmigen Anordnung der feuerroten Blüten, die in der Mitte einen auffallenden, lackartig glänzenden, schwarzen Fleck tragen. Die aufrechten Blütentriebe entspringen den Blattachseln. Je nach Standort ist die Wuchsform recht variabel. Normalerweise ist die Pflanze einjährig und besteht aus einem Geflecht aus niederliegenden, lianenartigen Sprossen; sie kann aber auch ein mehr oder weniger aufgerichteter Halbstrauch sein.

Vorkommen In allen Trockengebieten des Landesinneren von der Westküste bis ins westliche Queensland und New South Wales.

Wissenswertes Eine der ersten Pflanzen, die aus Australien bekannt wurden. Bereits der englische Pirat William Dampier hat sie 1699 vor der Küste Westaustraliens gesammelt und nach Oxford gebracht, wo man den Beleg noch heute im Herbarium bewundern kann. Diese bei den Ureinwohnern von Geschichten umrankte Pflanze ist die Wappenblume des Staates Südaustralien. Sie ist eine charakteristische Pflanze der Sandflächen in Halbwüsten und Buschsteppen des Landesinneren. Abgesehen von der typischen Färbung kann die Ruhmesblume auch ganz rot oder gar weiß blühen. Je nach Niederschlag blüht sie zwischen August und Oktober.

2 **Rosa Katzenpfötchen** Pink Mulla Mulla *Ptilotus exaltatus (Amaranthaceae)*

H 60 cm

Merkmale Eine Staude mit recht variabel gestalteten, eiförmigen oder zylindrischen Blütenähren und auffällig lang behaarten, rosa gefärbten Kronblättern.

Vorkommen In fast ganz Australien mit Ausnahme Tasmaniens; auf Sandböden und steinig-lehmigen, wasserdurchlässigen Böden, besonders gern im „Mulga".

Wissenswertes Eine mehrjährige Staude, die je nach Boden- und Klimaverhältnissen recht unterschiedliche Höhe und Wuchsform annehmen kann. Die verschiedenen umgangssprachlichen Namen wie „Katzenpfötchen", „Schafschwanz", „Federkopf", „Pussytail" u.a. beziehen sich alle auf die weiche Behaarung der Blüten. Aber auch die verkehrt lanzettförmigen, graugrünen Blattrosetten sind behaart. Die Pflanze blüht vor allem im Spätsommer, je nach Boden- und Klimabedingungen kann sie aber jederzeit zum Blühen kommen.

3 **Rotgrüne Känguruhpfote** Green Kangaroo Paw *Anigozanthus manglesii (Haemodoraceae)*

H 1 m

Merkmale Durch die fast gänzlich verwachsenen Blütenblätter, die den Blüten die Form einer Pfote verleihen, die grüne, an der Basis rote Färbung der Blüten und die meist unverzweigten Blütenstände von den anderen Arten der Gattung zu unterscheiden.

Vorkommen In Südwestaustralien; auf leichten, sandigen Böden in offenem Waldland und in Heidegesellschaften.

Wissenswertes Die Rotgrüne Känguruhpfote ist die Wappenpflanze des Bundesstaates Westaustralien. Sie ist ein mehrjähriger Strauch, dessen Blütenstände sich weit über das Blattwerk erheben. Die flachen, fast bandartigen Blätter können bis zu 40 cm lang werden. Die Blütenstände sind behaart, wobei die Färbung der Haare variiert. Die Pflanze blüht vom Frühling bis zum Frühsommer. Sie wird von Honigfressern bestäubt. Da diese Art häufig mit anderen Känguruhpfoten vergesellschaftet ist, kann es bei der Bestäubung durch ein und denselben Honigfresser zu Hybriden kommen.

4 **Rote Leschenaultia** Red Leschenaultia *Leschenaultia formosa (Goodeniaceae)*

H 50 cm

Merkmale Leicht erkennbar an den nadelartigen Blättern und den asymmetrischen, roten Einzelblüten.

Vorkommen Im Landesinneren von Südwestaustralien.

Wissenswertes Diese strauchförmige Pflanze trägt zur Blütenpracht im frühsommerlichen Südwestaustralien bei. Sie besiedelt Sand- und Lehmböden und findet sich in Heiden und offenen Wald- und Buschländern.

1

2

3

4

1 **Weihnachtsglocke** Christmas Bell *Blandfordia punicea (Liliaceae)*

H 80 cm

Merkmale Erkennbar an den roten, am Ende gelb gesäumten, hängenden, glockenförmigen Blüten.

Vorkommen Tasmanien; auf nährstoffarmen Sandböden und sauren Moorböden.

Wissenswertes Eine ausdauernde, krautige Pflanze mit unterirdischer Knolle und langen, grasartig schmalen Blättern. Wie bei den drei übrigen Arten der Gattung sind die stark verwachsenen, röhrenförmigen, etwa 3 cm langen Blüten leuchtend rot mit gelbem Rand. Sie bestehen aus sechs Blütenblättern, die am Ende in kurze Kronzipfel auslaufen. Die bis zu 20 Einzelblüten hängen jeweils an einem kurzen Blütenstiel und sind in einer lockeren Traube angeordnet. Wie der Name andeutet, blüht sie um die Weihnachtszeit und kann in so großer Zahl vorkommen, daß der Boden weithin von ihren roten Blüten bedeckt ist. Die Bestäubung geschieht durch nektarsuchende Vögel.

2 **Scharlach-Federblume** Scarlet Feather Flower *Verticordia huegelii (Myrtaceae)*

H 80 cm

Merkmale Ein aufrechter Strauch mit kleinen, den halben Stengel umfassenden, gegenständigen Blättern und großen, roten, gefiederten Blüten, an denen der weit herausragende Griffel auffällt.

Vorkommen In Südwestaustralien; auf Sandböden, oft entlang von Flüssen.

Wissenswertes Auffällig an diesem großen, sehr farbenprächtigen Strauch sind die zerschlissenen oder fiedrig aufgespaltenen Kelchblattlappen, die für die Pflanze namengebend waren. Die Staubblätter sind zu einer kurzen Röhre verwachsen, und der oberseits etwas behaarte Griffel ragt weit aus der Blüte heraus. Die Blüten sind achselständig angeordnet und zu büschelförmigen Blütenständen vereinigt. Je nach Boden- und Klimabedingungen liegt die Blühperiode vom Herbst bis in den Frühsommer.

3 **Tasmanischer Waratah** Tasmanian Waratah *Telopea truncata (Proteaceae)*

H 3 m

Merkmale Vom nah verwandten Waratah aus New South Wales durch den viel lockereren Blütenstand und die dunkelrote Farbe der Blüten unterscheidbar.

Vorkommen Auf Tasmanien; im Bergland sowie im Flachland in Waldgebieten.

Wissenswertes Beim Tasmanischen Waratah sind die Einzelblüten leicht voneinander zu unterscheiden. Vor allem die roten Griffel sind auffällig, denn sie sind dünn, sehr langgestreckt und etwa auf halber Länge geknickt. Die Blüten gleichen damit weit mehr den Blüten der Grevillien, als es beim Waratah aus New South Wales der Fall ist. Die Blüten sind sehr reich an Nektar und bilden eine Nahrungsquelle für allerlei Insekten, verschiedene Vögel und auch Possums. Die Frucht ist eine langgestreckte, verholzte Kapsel, die eine Anzahl geflügelter Samen enthält. Die Blätter sind langgestreckt oval und glattrandig.

4 **Waratah** Waratah *Telopea speciosissima (Proteaceae)*

H 3 m

Merkmale Unterscheidet sich vom Tasmanischen Waratah durch den dichten Blütenstand und die hellrote Blütenfarbe.

Vorkommen In New South Wales, in der Great Dividing Range und im vorgelagerten, küstennahen Gebiet.

Wissenswertes Der Waratah ist die Wappenblume von New South Wales, und er besitzt eine der schönsten Blüten der australischen Flora. Der Waratah ist ein hoher, weitverzweigter Strauch, dessen Stämme aus einer gemeinsamen holzigen Basis kommen, dem sogenannten Lignotuber. Die Blätter sind gegenständig angeordnet, langgestreckt und meist gesägt. Der Blütenstand kann bis zu 10 cm Durchmesser erreichen und besteht aus einer großen Zahl dicht gepackter Einzelblüten, deren Kronblätter sich einrollen, wenn der Pollen reift. Der Waratah ist eine typische Vogelblüte, die von verschiedenen nektarsuchenden Vogelarten, vor allem Honigfressern, bestäubt wird. Er blüht im Frühling, hauptsächlich im Oktober.

1

2

3

4

1 **Wasserschlauch** Yellow Bladderwort *Utricularia fulva (Lentibulariaceae)*

H 15 cm

Merkmale Durch die gelbe Färbung von anderen Wasserschlaucharten zu unterscheiden.

Vorkommen In Südwestaustralien; in Sümpfen.

Wissenswertes Die Blüten sitzen auf einem langen, blattlosen Stengel und sind asymmetrisch mit einer großen Unterlippe und einem nach unten gerichteten Sporn. Die eigentlichen Blätter setzen in der Nähe der Basis an und befinden sich großenteils unter der Wasseroberfläche. Sie tragen am Ende kleine Bläschen, die mit einer Klappe verschlossen sind. Stößt ein Kleintier an die Haare neben der Klappe, öffnet sich diese, und der Unterdruck reißt das Opfer in die Blase hinein, wo es verdaut wird. Die Reste werden ausgestoßen und die Blasenwände wieder elastisch gespannt.

2 **Sonnentau** Spatulate Sundew *Drosera spathulata (Droseraceae)*

H 25 cm

Merkmale Ein Sonnentau mit einer kleinen, roten fünfzählig-symmetrischen Blüte, dessen Fangblätter in einer Rosette am Boden angeordnet sind.

Vorkommen In Sümpfen und auf feuchten Wiesen im östlichen New South Wales und in Victoria.

Wissenswertes An den Blatträndern befinden sich kleine Tentakel mit süß duftenden Tautröpfchen, die Insekten anlocken. Die unglücklichen Opfer bleiben daran kleben und kommen bei ihren Befreiungsversuchen mit immer neuen Tentakeln in Berührung. Schließlich rollt sich das Blatt ein, und das Opfer stirbt ab. Es wird durch Verdauungsenzyme aufgelöst und verdaut. Durch die Fähigkeit, Kleintiere zu fangen und zu verdauen, erschließen sich die „fleischfressenden" Pflanzen Fremdeiweiß als zusätzliche Nahrung. So gehen sie der Nahrungskonkurrenz mit anderen Pflanzen aus dem Weg und können nährstoffarme Sumpfböden besiedeln, auf denen Stickstoffmangel herrscht.

3 **Krugblatt** Albany Pitcher Plant *Cephalotus follicularis (Cephalotaceae)*

H 13 cm

Merkmale An den schuhförmigen Kannen unterscheidbar von den Kannenpflanzen der Gattung *Nepenthes*.

Vorkommen In Südwestaustralien.

Wissenswertes Auch diese fleischfressende Pflanze wächst in Sümpfen und Mooren auf sehr stickstoffarmem Untergrund. Sie zeigt einen auffälligen Blattdimorphismus: Während die oberen Blätter normal lanzettförmig sind, sind die bodennahen Blätter zu krugartigen Gefäßen umgestaltet. Letztere sind am Grund mit einer klaren Verdauungsflüssigkeit gefüllt, in die Kleininsekten hinabrutschen, die sich auf den gerieften Kannenrand setzen.

4 **Kannenpflanze** Queensland Pitcher Plant *Nepenthes mirabilis (Nepenthaceae)*

H (der Kanne) 20 cm

Merkmale Die insektenfangenden Kannen sind größer als beim Krugblatt.

Vorkommen In den Regenwäldern im Norden der Cape York-Halbinsel in Queensland; außerdem in Neuguinea und Südostasien. Besonders zahlreiche Arten sind am Mt. Kinabalu in Borneo zu finden.

Wissenswertes Bei den Kannenpflanzen der Gattung *Nepenthes* ist nur ein Teil der Blätter, nämlich die Blattspreite, umgestaltet, während der Blattstiel zur Verankerung der Kletterpflanze im Unterwuchs des Regenwaldes dient. Die Kannen sind sehr groß und können bei verwandten Arten einen halben Meter hoch werden. Innen befindet sich – wie beim Krugblatt – eine Verdauungsflüssigkeit, und sie sind oben ebenfalls von einem Deckel überdacht, der vermutlich Regen abhalten soll. Insekten, die – angelockt von den Farben und dem Duft der Kanne – den glatten Rand betreten, fallen hinein und werden von Wachsabscheidungen am Innenrand am Hinaussteigen gehindert, so daß sie ertrinken. Zuweilen findet man aber Tiere, die offensichtlich in der Kanne leben können und den Pflanzen sogar Beute stehlen. Wie dies möglich ist, ist noch nicht erforscht.

1

2

4

3

1 **Wasserhyazinthe** Water Hyacinth *Eichhornia crassipes (Pontederidaceae)*

H 45 cm

Merkmale Eine Schwimmpflanze; erkennbar an den aufrechten, etwas asymmetrischen, unseren Hyazinthen ähnlichen, zartvioletten Blüten.

Vorkommen In Ostaustralien von Queensland bis Victoria; ursprünglich aus Mittelamerika, heute in allen tropischen und subtropischen Gebieten verbreitet.

Wissenswertes Die Wasserhyazinthe wurde vor etwa 100 Jahren als Zierpflanze nach Australien eingeführt. Seither hat sie sich infolge ihrer ungeheuer schnellen Vermehrung überall in ruhigen Gewässern angesiedelt und muß energisch bekämpft werden. Vor allem die Fähigkeit, sich durch Schößlinge zu vermehren, ist der Schlüssel zum Erfolg der Wasserhyazinthe. Sie ist eine Schwimmpflanze, die mit Hilfe der an der Basis luftgefüllten, großen Blätter frei schwimmt, aber Wurzeln metertief ins Wasser hängen lassen kann.

2 **Riesenseerose** Blue Waterlily *Nymphaea gigantea (Nymphaceae)*

D (Blatt) 50 cm

Merkmale Charakteristisch sind die großen, herzförmigen, an der Stengelbasis tief eingeschnittenen Schwimmblätter und die weißlichen oder bläulichen, über die Wasseroberfläche hinausragenden Blüten.

Vorkommen Im gesamten feuchttropischen und subtropischen nördlichen Australien; in stehenden und langsam fließenden flachen Gewässern.

Wissenswertes Die Riesenseerose blüht im Spätsommer, in Gebieten mit weniger regelmäßigen Niederschlägen erst nach ergiebigen Regenfällen. Dann überzieht sie die flachen Seen und Lagunen mit einem Blütenteppich. Der Wurzelstock ist ein am Gewässergrund kriechendes, sehr ausdauerndes Rhizom, von dem die langen Blatt- und Blütenstiele ausgehen. Die Blüten können bis zu 20 cm groß werden. Abweichend von den meisten anderen Seerosen lassen sich Kelch und Krone deutlich unterscheiden. Die vielsamige Frucht reift unter Wasser, zerfällt anschließend und läßt die Samen frei, die mit Hilfe eines Luftsacks schwimmfähig sind und sich im Wasser verbreiten können.

3 **Spinifex** Spinifex *Triodia pungens (Poaceae)*

H 1 m

Merkmale Ein stacheliges, meistens verzweigtes, horstbildendes Gras, das in großen Teilen von Australien das Landschaftsbild bestimmt **(3b)**.

Vorkommen Spinifex kommt vor allem nördlich des Wendekreises vor, im Süden wird es von verwandten Arten abgelöst. Es wächst auf Sandböden, aber auch auf felsigen, nährstoffarmen, flachgründigen Böden.

Wissenswertes Man kann behaupten, daß ein Drittel der Oberfläche Australiens von Spinifex bedeckt ist. Das kennzeichnet die harten Bedingungen im überwiegenden Teil von Australien genügend, denn das stachelige Gras ist zwar durchaus wohlschmeckend, wird aber von Mensch und Vieh seiner verkieselten Blattoberfläche wegen gemieden. Große, alte Spinifex-Horste sterben von innen her ab, so daß schließlich ein manchmal mehrere Meter breiter Ring entsteht **(3a)**. Bei Trockenheit sind die Blätter zusammengerollt, nach ausgiebigem Regen ergrünen sie wieder.

4 **Salzbusch** Salt Bush *Atriplex* spec. *(Chenopodiaceae)*

H 60 cm

Merkmale Ein graugrüner Busch mit etwas fleischigen und behaarten Blättern.

Vorkommen In einem Gürtel vom südwestlichen New South Wales durch Südaustralien bis ins Innere von Südwestaustralien.

Wissenswertes Der Salzbusch ist in Teilen des südlichen Australiens, etwa in der Nullarbor Plain, fast bestandsbildend. In anderen Gegenden tritt er mit Mallee-Eukalypten vergesellschaftet auf. Wie sein Name sagt, verträgt er salzhaltige Böden und hat dort einen Vorteil vor anderen Pflanzen. Der Salzbusch bildet eine wichtige Nahrungsquelle für das Vieh, das in manchen Gebieten wenig anderen Pflanzenwuchs findet.

1

2

3a

3b

4

1 **Emubusch** Emu Bush *Eremophila* spec. *(Myoporaceae)*

H 1 m

Merkmale Erkennbar an den am Grund verwachsenen, asymmetrischen Blüten mit einer längeren Oberlippe und einer meist dreilappigen Unterlippe.

Vorkommen Die abgebildete Art wächst in trockenen Gegenden Südaustraliens; zahlreiche andere Arten in den Trockengebieten Inner- und Westaustraliens.

Wissenswertes Die Familie *Myoporaceae*, zu denen die fast 200, recht verschieden gestalteten, aber immer strauchförmigen Arten der Gattung *Eremophila* gehören, kommt nur in Australien vor, ist also dort endemisch. Die Emubüsche heißen so, weil Emus die ansonsten giftigen Früchte fressen. Die recht variabel gestalteten und sehr unterschiedlich gefärbten Blüten sind an verschiedene Bestäubungsmechanismen angepaßt. Demgemäß ragen Staubgefäße und Griffel entweder weit heraus oder sind in der Blütenröhre eingeschlossen. Die harten Samen können viele Jahre auf geeignete Bedingungen zum Keimen warten, denn sie brauchen entweder Feuer oder sehr ergiebige Regenfälle, damit sie sich öffnen.

2 **Australische Heide** Native Fuchsia *Epacris longiflora (Epacridaceae)*

H 1,5 m

Merkmale In Reihen angeordnete, zylindrische, vorn trompetenartig verbreiterte, rote Blüten mit weißem Rand.

Vorkommen In Ostaustralien von Queensland bis Victoria; auf Sandstein- und Granitfelsen der Great Dividing Range und in Küstennähe.

Wissenswertes Sie ist für Heidegebiete charakteristisch, kommt aber auch in offenen Waldformationen vor, jedoch nur auf steinigem oder felsigem Untergrund. Die Australische Heide ist ein aufrechter, manchmal auch ausgebreiteter Strauch mit kleinen, herzförmigen Blättern und langen, röhrenförmigen, hängenden Blüten. Die langen Kronröhren erweitern sich am Ende und sind dort fünfzipfelig. Die Staubblätter und der Griffel ragen nicht aus der Kronröhre heraus. Die Hauptblütezeit liegt im Spätwinter und ersten Frühjahr, doch bleiben einige Blüten das ganze Jahr über erhalten.

3 **Kleinblättrige Australheide** Coral Heath *Epacris microphylla (Epacridaceae)*

H 35 cm

Merkmale Weiße, kurze Blüten, die in dichten, ährigen Blütenständen rings um die Zweige angeordnet sind.

Vorkommen In Ost- und Südostaustralien; außerdem auf Tasmanien; vor allem in küstennahen Sumpf- und Heidegebieten.

Wissenswertes Die Australheide ist ein weitverbreiteter Strauch, der vor allem in den küstennahen Heidegebieten in großen Beständen vorkommt. Sie blüht das ganze Jahr hindurch, doch ist auch bei ihr die Hauptblütezeit der Winter und das frühe Frühjahr. Die Blätter sind kurz herzförmig oder fast rund. Die fünfblättrigen Blüten sitzen in dichten Ähren rings um die Zweige. Die Knospen sind noch rosa, die kurzen Blüten dagegen rein weiß. Die Australheiden der Gattung *Epacris* bilden ein endemisches Florenelement der australischen Region.

4 **Riesenheide** Richea *Richea dracophylla (Epacridaceae)*

H 5 m

Merkmale Ein palmenähnlicher Strauch mit langen, lanzettförmigen, wirtelartig angeordneten Blättern und kleinen, weißen Blüten, an denen die lang hervorstehenden Staubblätter auffallen.

Vorkommen Im Süden und Südwesten Tasmaniens; feuchte, montane Gebiete.

Wissenswertes Die hohen Sträucher mit ihren palmen- oder drachenbaumartigen Blättern sind ein Kennzeichen der feuchten, kühlen Südwestregion Tasmaniens. Die Blätter hinterlassen, wenn sie abfallen, eine auffällige, erhabene, ringförmige Narbe. Die dicht gedrängten Blütenstände befinden sich am Ende der Triebe in bis zu 25 cm langen Rispen. Sie werden von großen, braunen Tragblättern gestützt. Die Blütezeit liegt im Südfrühjahr. Die Frucht besteht aus einer kleinen Kapsel, die winzige Samen enthält.

1

2

3

4

1 Südlicher Grasbaum Black Boy *Xanthorrhoea australis (Xanthorrhoeaceae)*

H 5 m

Merkmale Unverkennbar mit seinem dicken palmartigen Stamm, der Krone aus grasartigen Blättern und dem langen, aufrechten Blütenschaft, der den aus zahlreichen, kleinen, weißlichen oder cremefarbenen Blüten bestehenden Blütenstand trägt.

Vorkommen In Südostaustralien und den wärmeren Teilen von Tasmanien; nah verwandte Arten in Südwestaustralien.

Wissenswertes Grasbäume besiedeln vor allem sandige Böden und sind charakteristisch für offene, relativ trockene Eukalyptuswälder, Savannen und Heidegebiete. Sie sind sehr feuerresistent, sie blühen sogar in der Regel nur nach einem Buschfeuer. Größe und Wuchsform sind sehr unterschiedlich; häufig sind sie verzweigt. Die englischen Namen „Black Boy" oder „Native Companion" kommen wohl daher, daß die blühenden Grasbäume mit ihrem langen, geraden Blütenstand, der schwärzlichen Färbung des Stammes und dem dichten Grasschopf Eingeborenen mit ihrem Speer ähneln sollen.

2 Großer Grasbaum Black Gin *Kingia* spec. *(Xanthorrhoeaceae)*

H 5 m

Merkmale Ein meist unverzweigter Grasbaum mit vergleichsweise sehr hohem Stamm. Im Unterschied zu der Gattung *Xanthorrhoea* sind die Blütenstände kürzer, kugelig oder morgensternartig und wachsen in größerer Anzahl am Ende des Stammes.

Vorkommen In Südwestaustralien.

Wissenswertes Grasbäume ohne auffallende, speerartige Blütenstände, dafür mit zum Teil sehr hohen Stämmen. In Heidegebieten überragen diese Grasbäume zuweilen alle anderen Pflanzen, doch findet man sie auch in offenen Eukalyptuswäldern. Die kleinen Blüten sind bräunlich, am Ende oft weißlich. Auch dieser Grasbaum ist ein typisches Element der „Buschfeuergesellschaft". Darunter versteht man eine Pflanzengesellschaft, die Buschfeuer zum Gedeihen benötigen.

3 Weihnachtsbaum Christmas Tree *Nuytsia floribunda (Loranthaceae)*

H 12 m

Merkmale In der Blütezeit erkennbar an einem Meer von leuchtend gelben Blüten.

Vorkommen In Südwestaustralien.

Wissenswertes Ein zur Familie der Misteln gehörender Baum, der – wie seine Verwandten – ebenfalls halbparasitisch lebt: Er zapft mit seinen Wurzeln andere Pflanzen, vor allem Proteaceen, an, deren Saft er braucht, um überhaupt wachsen zu können. Die Blätter sind mistelartig schmal und langgestreckt. Die Blüten sitzen in bis zu 25 cm langen, goldgelben Blütentrauben und strömen einen Honigduft aus. Wie der Name andeutet, erscheinen sie um die Weihnachtszeit. Der Weihnachtsbaum besiedelt Sand-, Granit- oder Torfböden mit geringem Nährstoffgehalt. Das könnte auch die Erklärung für seinen Parasitismus sein. Er scheint sehr resistent gegenüber Buschfeuern zu sein.

4 Bauhinie Bauhinia *Bauhinia* spec. *(Caesalpinaceae)*

H 8 m

Merkmale Ein kleiner Baum; erkennbar an seinen aus zwei Teilen bestehenden bzw. am Ende eingeschnittenen Blättchen und an den rosaroten oder rotvioletten Blüten, deren Blütenblätter von den Staubblättern und vom Griffel weit überragt werden.

Vorkommen Im tropisch-subtropischen Ostqueensland; weitere Arten im Nordterritorium und in Nordwestaustralien.

Wissenswertes Ein sparriger, zum Teil laubabwerfender Baum, der auf einer Vielzahl von Bodentypen gedeiht. Charakteristisch sind die Blätter, sie sind aus zwei jeweils fünf- oder siebennervigen Blättchen zusammengesetzt. Die Blüten sitzen zu mehreren an einem sehr kurzen Stiel und bestehen aus einem großen unteren Blatt und je zwei symmetrischen seitlichen Blütenblättern. Sie entwickeln sich bereits vor dem Austrieb der Blätter. Die Hauptblüteperiode liegt im Spätwinter und Frühjahr, im Norden in der ausgehenden Trockenzeit. Doch persistieren Blüten auch den Sommer hindurch.

1

2

3

4

1 **Flammenbaum** Flame Tree *Brachychiton acerifolium (Sterculiaceae)*

H 30 m

Merkmale Während der Blüteperiode äußerst farbenfroher, mit scharlachroten Blüten übersäter Baum.

Vorkommen In den Regenwäldern im Nordosten und Südosten von Queensland und im östlichen New South Wales.

Wissenswertes Der Flammenbaum ist einer der prächtigsten Blütenbäume Australiens. Die scharlachroten, an der Basis verwachsenen, glockenförmigen Blüten sitzen in lockeren Blütenrispen am Ende der Zweige. Im allgemeinen wirft der Baum seine Blätter ab, bevor er im November bis Dezember zu blühen beginnt. Erst nach der Blüte sprießen dann wieder neue Blätter. Sie können über 25 cm lang werden, sind ledrig und zunächst ahornartig gefingert, später nehmen sie eine oval-lanzettförmige, ganzrandige Form an. Der Flammenbaum ist ein Bewohner des Regenwaldes und benötigt relativ feuchte, lehmige Böden.

2 **Flaschenbaum** Queensland Bottle Tree *Brachychiton rupestre (Sterculiaceae)*

H 15 m

Merkmale Leicht zu erkennen an seiner flaschenartigen Form; die Bäume gleichen einer umgekehrten Mohrrübe.

Vorkommen In Zentralqueensland.

Wissenswertes Der Flaschenbaum kommt meist in lockeren Gruppen in offenem Waldland und in der Savanne in mäßig trockener Umgebung vor. Manchmal bildet er geradezu kleine Dickichte, die nur aus Flaschenbäumen verschiedener Altersstufen bestehen. Die jungen Bäume darin zeigen aber noch nicht die charakteristische Form des Stammes. Der Flaschenbaum Queenslands ist nicht näher verwandt mit dem westaustralischen Flaschenbaum oder Boab und besitzt auch eine etwas andere Wuchsform. Der Stamm birgt im Inneren eine spongiöse Masse, die vom Flaschenbaum als Wasserspeicher benutzt wird. Blätter und Blüten sind ähnlich gestaltet wie beim nahe verwandten Flammenbaum.

3 **Schirmbaum** Umbrella Tree *Scheffleria actinophylla (Araliaceae)*

H 15 m

Merkmale Der Schirmbaum ist unverkennbar mit seinen regenschirmartig angeordneten, langen Blattfiedern und den leuchtend roten, langgestreckten Blütenständen.

Vorkommen Regenwälder der Ostküste, vor allem im nordöstlichen Queensland; außerdem in Neuguinea.

Wissenswertes Der Schirmbaum ist leicht an seinen großen, stark zerschlitzten Blättern erkennbar, die wie große Regenschirme aussehen. Die einzelnen, langovalen Teile sind allerdings keine Einzelblätter, sondern nur die Blattfiedern. Der Schirmbaum gehört verwandtschaftlich zu den Schlinggewächsen der Familie *Araliaceae*. Und tatsächlich lebt dieser Baum im Jugendstadium teilweise epiphytisch. Die roten Blüten sind zu etwa zehn Stück in gestielten Köpfen angeordnet. Diese wiederum sitzen an den bis zu 80 cm langen Achsen des Blütenstandes. Die kleinen Blüten sind zu einem röhrenförmigen Kelch verwachsen und besitzen jeweils 12 oder 18 Kron- und Staubblätter. Den Schirmbaum findet man am Waldrand, auf Lichtungen und an Fluß- und Bachufern.

4 **Wonga-Speerholz** Wonga Wonga *Pandorea pandorana (Bignoniaceae)*

H 20 m

Merkmale Eine holzige Kletterpflanze von sehr variabler Wuchsform und Blütenfarbe. Meistens sind die röhrenförmigen Blüten allerdings außen weiß und am Ende rosa.

Vorkommen In ganz Ostaustralien; auch in Neuguinea.

Wissenswertes Diese Kletterpflanze scheint wenig anspruchsvoll zu sein, was die Boden- und Klimabedingungen angeht, denn sie gedeiht auf einer Vielzahl von Bodentypen. Sie wächst in offenen Buschsavannen und an Waldrändern. Als Kletterpflanze benutzt sie meistens andere Bäume, in denen sie sich bis in die höchsten Wipfel emporrankt. Auch die Form der Blätter variiert: Zunächst sind die Blätter gefiedert, später dann ganzrandig und breiter lanzettartig.

1

2

3

4

1 Scharlachrote Banksie Scarlet Banksia *Banksia coccinea (Proteaceae)*

H 5 m

Merkmale Außer an ihren attraktiven, scharlachroten, kurzen und breiten Blütenständen auch an ihren ovalen, am Rand leicht gezähnten Blättern zu erkennen.

Vorkommen In Südwestaustralien; auf steinigen und sandigen Böden, in Heideformationen und in offenem Eukalyptuswald.

Wissenswertes Die normale Wuchsform dieser Banksie ist strauchförmig, gelegentlich kann sie zu einem bis zu 5 m hohen Baum heranwachsen. Die Blütenstände sind breit und oben abgeflacht bzw. leicht eingesenkt. Die scharlachroten Blüten mit dem silbergrauen Blütenkelch und dem weit herausragenden, leuchtend roten Griffel gehören zu den auffälligsten *Banksia*-Blüten. Die knallige Färbung der Blüten ist ein Zeichen dafür, daß sie vor allem von Vögeln bestäubt werden, denn Vögel sind Augentiere, und die rote Farbe scheint eine besondere Anziehungskraft auf sie auszuüben.

2 Rote Hakea Red Hakea *Hakea bucculenta (Proteaceae)*

H 7 m

Merkmale Eine leuchtend rot blühende Hakea mit langem, weißspitzigem Griffel und mit sehr langen, nadel- oder bandförmigen, einnervigen Blättern.

Vorkommen In Südwestaustralien; in offenen Eukalyptuswäldern.

Wissenswertes Die zahlreichen Arten der Gattung *Hakea* sind vor allem in den trockeneren Teilen des Kontinents verbreitet. Das läßt sich schon an ihren schmalen, nadelartigen Blättern erkennen, die dazu dienen, die Verdunstung zu reduzieren. Im allgemeinen können sich die stark verholzten Früchte erst nach der Einwirkung von Feuer öffnen. Die Rote Hakea ist ein hoher Strauch oder ein kleiner Baum mit bis zu 15 cm langen, aufrechten Blütenständen.

3 Gesägte Banksie Saw Banksia *Banksia serrata (Proteaceae)*

H 12 m

Merkmale Erkennbar an den sehr stark gesägten Blättern und den großen, schmalen, zunächst silbergrauen, im reifen Zustand zitronengelben Blütenständen.

Vorkommen In Südostaustralien, auch im Nordwesten Tasmaniens; auf leichten, sandigen Böden.

Wissenswertes Die Gesägte Banksie ist ein weit verbreiteter und vor allem in Küstenheiden häufiger großer Busch oder kleiner Baum **(3b)**. Sie besiedelt aber auch offene Eukalyptuswälder und felsige Gebiete und bevorzugt nicht zu sonnige Standorte. Wie viele Proteaceen ist sie gegen Feuer recht resistent, was vor allem durch die dicke, korkige Borke bewirkt wird. Die bis zu 15 cm langen Blütenstände bestehen aus vielen Hunderten von spiralig angeordneten Einzelblüten **(3a)**. Die Gesägte Banksie blüht je nach Standort im Hoch- und Spätsommer. Die Fruchtstände öffnen sich meistens erst nach einem Feuer.

4 Papageienbusch Dryandra *Dryandra* spec. *(Proteaceae)*

H 2 m

Merkmale Wie alle Arten der Gattung an ihren sehr stark gesägten Blättern und den von Tragblättern umhüllten, flachen Blütenkelchen erkennbar.

Vorkommen Alle der etwa 60 Arten der Gattung sind ausschließlich in Südwestaustralien verbreitet.

Wissenswertes Die zahlreichen Papageienbüsche der Gattung *Dryandra* bilden ein wichtiges Florenelement der an Endemiten reichen südwestaustralischen Flora. Über 90 % der Pflanzenarten Südwestaustraliens sind endemisch, das heißt, sie kommen nur dort vor. Das gilt insbesondere für die zahlreichen Arten der Familie *Proteaceae*, die mit ihren meist großen und farbenprächtigen Blüten einen wichtigen Bestandteil der Frühlingsblüte in Südwestaustralien ausmachen. Proteaceenblüten sind im allgemeinen sehr reich an Nektar, deshalb suchen viele Insekten, eine große Anzahl von Vögeln und verschiedene Beutler diese Blüten gerne auf. Das südwestaustralische Zwergpossum ist sogar vollständig auf Proteaceenblüten angewiesen.

1

2

3a

3b

4

1 **Wüstengrevillie** Desert Grevillea *Grevillea juncifolia (Proteaceae)*

H 5 m

Merkmale Leicht erkennbar an ihren sehr langen, nadelförmigen, am Ende zugespitzten Blättern und den zylindrischen, gelben Blütenständen.

Vorkommen In allen Trockengebieten Australiens vom westlichen Queensland und New South Wales bis an die Westküste im zentralen Westaustralien.

Wissenswertes Ein in den Trockengebieten sehr verbreiteter hoher Strauch, dessen nadelartige, aufwärts gerichtete Blätter ihn als Trockenpflanze ausweisen. Die Wüstengrevillie besiedelt vorzugsweise sandige Böden und findet sich sowohl auf Spinifexbestandenen Sanddünen wie in der Mulga-Akaziensteppe und in trockenen Eukalyptussavannen.

2 **Flammengrevillie** Flame Grevillea *Grevillea eriostachya (Proteaceae)*

H 6 m

Merkmale Charakteristisch sind die bis zu 20 cm langen, leicht konischen, leuchtend gelborangen Blütenstände.

Vorkommen In mehreren Unterarten in Südwestaustralien und Zentralaustralien.

Wissenswertes Dieser sehr auffällige Strauch besiedelt ebenfalls vornehmlich sandige Böden und findet sich in Südwestaustralien vor allem in Heidegesellschaften und im Mallee, in Zentralaustralien in den Mulga- und Eukalyptus-Trockenbuschgesellschaften. Die Blätter sind recht unterschiedlich in Größe und Form und können an der gleichen Pflanze von ungeteilt bis fiedrig variieren. Die Blattspreiten sind dicht behaart.

3 **Flaschenputzer** Common Bottlebrush *Callistemon speciosus (Myrtaceae)*

H 3 m

Merkmale Wie alle Flaschenputzer erkennbar an den großen, zylindrischen Blüten, deren sehr zahlreiche Staubgefäße für die Namensgebung verantwortlich sind.

Vorkommen In Südwestaustralien in mehreren, auch in ihren ökologischen Ansprüchen unterschiedlichen Unterarten.

Wissenswertes Die Nominatrasse lebt auf Sandböden in Heidegesellschaften, eine andere Unterart mit breiteren Blättern und etwas abweichender Struktur der Blüte lebt in feuchterem Milieu in Sümpfen. Gemeinsam ist allen Flaschenputzern die große Zahl der langen, die Kronblätter weit überragenden Staubgefäße. Auch die Flaschenputzer gehören wegen ihrer auffälligen Blüten und ihres Pollen- und Nektarreichtums zu den bevorzugten Blüten für Insekten, nektarfressende Vögel und Kleinsäuger.

4 **Jarrah** Jarrah *Eucalyptus marginata (Myrtaceae)*

H 40 m

Merkmale Eine der häufigsten Baumarten in den Waldgebieten Südwestaustraliens; erkennbar an der dunklen, gefurchten und nicht abblätternden Borke.

Vorkommen In Südwestaustralien.

Wissenswertes Jarrah ist das wichtigste und am meisten verarbeitete Nutzholz im Südwesten Australiens. Unter optimalen Bedingungen, etwa in der Darling Range im Hinterland von Perth, wächst es in fast reinen Beständen, die allerdings in den letzten Jahren stark zurückgegangen sind. Dies geht auf die Schädigung durch einen Pilz zurück, der die Bäume absterben läßt oder sie sehr schwächt.

5 **Bergesche** Mountain Ash *Eucalyptus regnans (Myrtaceae)*

H 100 m

Merkmale Gewaltige, unter normalen Umständen 60–70 m große Bäume mit in langen Bahnen abblätternder Rinde.

Vorkommen Im südöstlichen Victoria und auf Tasmanien.

Wissenswertes Gemeinsam mit dem westaustralischen Karri, der südostaustralischen Alpine Ash und den kalifornischen Küstenmammutbäumen einer der höchsten Bäume der Welt. Die Bergesche gedeiht in relativ feuchten, geschützten Gebieten.

1

2

3

4

5

1 **Eukalyptus** Eucalypt *Eucalyptus* spec. *(Myrtaceae)*

Merkmale Obwohl sich die zahlreichen Arten in anderen Merkmalen enorm unterscheiden, gleichen sich die Blüten **(1b)** aller Eukalyptusarten sehr. Es fehlen immer auffällige Blütenblätter und deutliche Kelchblätter. Dafür besitzen sie eine Vielzahl von Staubblättern. Der Name *„Eucalyptus"* bedeutet „wohlverhüllt" und beschreibt die Entwicklung der Blüte sehr treffend. Die Blütenhülle ist zu einer verholzten Kappe verwachsen, die bei der Entfaltung der Blüte abgeworfen wird. Die glocken- oder becherförmigen, stark verholzten Früchte **(1a)** sind in Trauben angeordnet. Die Basis besteht aus dem stark verholzten ehemaligen Blütenbecher. So kann die Frucht längere Trockenperioden überdauern, ohne Schaden zu nehmen.

Vorkommen Eukalypten sind heutzutage die Charakterbäume Australiens, und nur wenige Arten sind nach Neuguinea und in den indonesischen Raum vorgedrungen.

Wissenswertes Der Erfolg der Eukalypten beruht einerseits auf den vielseitigen Umweltansprüchen der einzelnen Arten, andererseits aber auch auf der großen Widerstandsfähigkeit gegenüber den in Australien häufigen Buschfeuern. Obgleich die Eukalypten durch den Besitz des leicht entflammbaren Eukalyptusöls gut brennen, machen ihnen die Buschfeuer nur wenig aus. Denn ihre Rinde ist ein sehr schlechter Wärmeleiter und bietet daher einen ausgezeichneten Hitzeschutz. Außerdem besitzen sie eine erstaunliche Regenerationsfähigkeit.

2 **Mallee-Eukalyptus** Mallee Eucalypt *Eucalyptus* spec. *(Myrtaceae)*

H 10 m

Merkmale Eine typische Mallee-Wuchsform mit zahlreichen dünnen Stämmen, die aus einem gemeinsamen, kurzen Wurzelstock, dem Lignotuber, entsprossen.

Vorkommen Im „Mallee-belt", einer Zone geringen Niederschlags, die vom Südwesten Westaustraliens durch das südliche Südaustralien bis ins westliche Victoria und südwestliche New South Wales reicht.

Wissenswertes Mallee wächst im allgemeinen auf sandigen Böden und zeichnet sich durch seine Wuchsform und seine Widerstandsfähigkeit gegenüber Trockenheit und Feuer aus. Dies ist vor allem auf den teils im Boden vergrabenen Lignotuber zurückzuführen, der auch nach fast völliger Vernichtung der Sprossen wieder ausschlagen kann. Häufig ist Mallee ein Gemisch aus nicht näher miteinander verwandten Arten.

3 **Geistereukalyptus** Ghost Gum *Eucalyptus papuana (Myrtaceae)*

H 25 m

Merkmale Ein mittelgroßer Baum mit charakteristisch weißem, normalerweise fast völlig von den äußeren Rindenschichten entblößtem Stamm. Die Farbe und die oftmals recht verkrüppelte Form verlieh ihm seinen Namen.

Vorkommen In der gesamten nördlichen Hälfte Australiens.

Wissenswertes Einer der am weitesten verbreiteten Eukalypten, der eine Vielzahl von Vegetations- und Bodentypen besiedelt, sowohl ebene Savannen im Osten als auch Felsenhügel im Landesinneren und im Nordwesten. Die äußere Rindenschicht schält sich jedes Jahr sehr schnell in kleinen Stückchen ab, so daß nur der kahle, kalkweiße Stamm mit der inneren Rindenschicht übrigbleibt.

4 **Flußeukalyptus** River Red Gum *Eucalyptus camaldulensis (Myrtaceae)*

H 30 m

Merkmale Ein mittelgroßer, stark verzweigter Baum mit weißlichem, aber noch mit Stücken der äußeren Rindenschicht bedecktem, meist mächtigem Stamm.

Vorkommen Ganz Australien außer in einem schmalen Streifen entlang der Ostküste, im Südwesten und in der Nullarbor Plain.

Wissenswertes Mit Ausnahme der genannten Gebiete überall an ständigen oder temporären Wasserläufen, aber in New South Wales auch weitab vom Wasser. In vielen Trockengebieten des Landesinneren und des Westens bilden die von Flußeukalypten gesäumten, nur sehr selten wasserführenden Flußläufe Oasen für die Tierwelt.

1a

1b

2

3

4

1 **Papierrindenbaum** Paperbark *Melaleuca* spec. *(Myrtaceae)*

H 30 m

Merkmale Die Gattung ist erkennbar an der aus zahlreichen dünnen Lagen bestehenden, papierartigen Rinde. Die einzelnen Arten sind nur schwer unterscheidbar.

Vorkommen Papierrindenbäume kommen im tropischen Norden und im tropischen und subtropischen Osten vor, wo sich stehendes Wasser oder jedenfalls feuchter Untergrund findet bzw. wo der Boden saisonal überschwemmt wird. Die abgebildete Art stammt aus dem Nordterritorium.

Wissenswertes Diesen mit den Eukalypten nahe verwandten Bäumen macht es nichts aus, zuweilen oder auch ganzjährig „nasse Füße" zu bekommen. Sie bevorzugen einen hohen Grundwasserstand, und ihr Vorkommen zeigt an, daß das Gebiet zur Regenzeit überschwemmt sein wird, wie es für ausgedehnte Flächen in Nord- und Ostaustralien zutrifft. Besonders Lagunen, zur Regenzeit Wasser führende Flußläufe oder Senken, sogenannte „Floodways", sind meist von diesen Bäumen gesäumt.

2 **Mulga** Mulga *Acacia aneura (Mimosaceae)*

H 6 m

Merkmale Ein mittelgroßer, gelegentlich auch fast baumartig hoher Strauch mit sehr harter, rissiger Borke und langgestreckten, leuchtend gelben Ähren.

Vorkommen In ganz Inneraustralien in Gebieten mit weniger als 500 mm jährlichem Niederschlag.

Wissenswertes Die am weitesten verbreitete Akazie, die – oftmals sehr großflächig auftretend – einer ganzen Vegetationsform den Namen „Mulga" verliehen hat. Mulga ist jedoch meist ein Gemisch aus verschiedenen strauchartigen Pflanzen. Entsprechend den sehr variablen Klimabedingungen im Inneren Australiens, die von unregelmäßigen, oftmals lange ausbleibenden Regenfällen gekennzeichnet sind, kann die Blüte zu jeder Jahreszeit stattfinden. Trotz der sparrigen, stacheligen Wuchsform wird die Mulga als Weideland für die extensive Rinderzucht Zentralaustraliens genutzt. Aus dem harten Holz werden von den Ureinwohnern Schnitzereien und Bumerangs hergestellt.

3 **Akazie** Wattle *Acacia* spec. *(Mimosaceae)*

H 12 m

Merkmale Nur sehr wenige australische Akazien besitzen Fiederblätter. Die allermeisten haben statt dessen Phyllodien, das heißt, bei ihnen sind die eigentlichen Blätter verkümmert, dafür sind die Blattstiele blattartig verbreitert.

Vorkommen In ganz Australien.

Wissenswertes Unter den über 800 australischen Akazienarten findet sich eine Vielzahl von Wuchsformen: Es können große Bäume **(3a)** oder kleine Büsche sein. Akazien besiedeln alle Klima- und Vegetationszonen und eine Vielzahl von Bodentypen. Am häufigsten sind sie aber in den trockenen und halbtrockenen Gebieten des Landesinneren, wo sie an manchen Stellen bestandsbildend vorkommen.

Die Blüten der meisten australischen Akazien sind gelb gefärbt **(3b)**. In der Tat gehören die leuchtend hellgelben oder goldgelben Blüten einiger Akazienarten zu den schönsten Blüten, die das Landesinnere Australiens zu bieten hat. Die Blüten sind meist in Köpfchenform angeordnet, bei einigen Arten bilden sie aber auch eine langgestreckte Ähre. Akazienblüten sind immer aus mehreren Einzelblüten zusammengesetzt. Die langen Staubgefäße überragen die Blüte bei weitem und sind besonders auffällig. Wegen ihres Nektarreichtums, aber wohl auch infolge der leuchtenden Farben gehören Akazienblüten zu den am meisten geschätzten Nahrungspflanzen für blütenbesuchende Insekten. Blühende Akazien werden zuweilen von Hunderten von Bienen und Käfern der verschiedensten Arten umschwärmt, so daß man das Gesumme schon von ferne hören kann. Aber auch für nektar- und pollenfressende Vögel bilden die Akazienblüten einen beliebten Treffpunkt. Die Akazienfrüchte sind Schoten von ganz unterschiedlicher Form, die mehrere Samen enthalten. Die Samen vieler Akazienarten werden von den Ureinwohnern als Gemüse gegessen oder zu Mehl zermahlen.

1

2

3a

3b

1 Würgefeige Curtain Fig Tree *Ficus virens (Moraceae)*

H 30 m

Merkmale Als erwachsener Baum leicht an den zahlreichen Luftwurzeln zu erkennen, die wie ein Vorhang aussehen.

Vorkommen An der Ostküste Australiens bis ins mittlere New South Wales; außerdem in Neuguinea und ganz Südostasien.

Wissenswertes Die Würgefeige ist ein bemerkenswertes Element der Regenwälder Ost- und Nordostaustraliens. Im allgemeinen beginnt sie ihr Wachstum, indem sie sich auf anderen Bäumen ansiedelt und mit ihren Wurzeln um die Stämme windet. Im Lauf der Zeit umrankt sie die Bäume mehr und mehr und erwürgt sie schließlich, so daß sie absterben. Es entsteht ein eigener Stamm, der häufig Brettwurzeln hat. Durch weiteres Wurzelwachstum kann der ganze Baum schließlich mit einem Gewirr von herabhängenden Luftwurzeln umgeben sein. Die ovalen, etwa 10 cm langen Blätter sind ledrig und stark glänzend.

2 Brennesselbaum Stinging Tree *Dendrocnide moroides (Urticaceae)*

H 15 m

Merkmale Ein niedriger bis mäßig hoher Baum mit tellergroßen, seitlich gesägten, brennesselähnlichen Blättern.

Vorkommen In den Regenwäldern Ostaustraliens bis ins mittlere New South Wales.

Wissenswertes Den Brennesselbaum sollte jeder kennen, der die Regenwälder Ostaustraliens betritt. Ihn nicht zu kennen, kann starke und über Wochen andauernde Schmerzen bedeuten. Als Angehöriger der Brennesselfamilie ist der Baum in allen seinen Teilen mit kleinen, steifen Brennhärchen besetzt, deren Spitze sehr leicht abbricht. Dann ergießt sich die darin enthaltene, außerordentlich stark brennende Flüssigkeit über die Haut. Selbst abgefallene und halb verrottete Blätter können noch sehr schmerzhaft sein und über Wochen wiederkehrendes Jucken verursachen. Am häufigsten findet man den Baum an Lichtungen, entlang von Wegen oder Bachläufen.

3 Australischer Baobab Boab *Adansonia gregorii (Bombacaceae)*

H 15 m

Merkmale Leicht erkennbar an dem dicken, kurzen Stamm, der einen Durchmesser von über 4 m erreichen kann, und an den gefingerten Fiederblättern.

Vorkommen Im Nordwesten Australiens in den Kimberleys und im angrenzenden Teil des Nordterritoriums.

Wissenswertes Der Charakterbaum der Kimberleys, der zuweilen kleine Haine aus Bäumen verschiedenen Alters bildet. Der tonnenförmige Stamm kann in seinem schwammigen Gewebe mehrere hundert Liter Wasser speichern. Während der Trockenzeit wirft der Baum seine Blätter ab, die Blühperiode liegt kurz vor der Regenzeit im November und Dezember. Daher blüht der Baum im allgemeinen bereits, bevor er Blätter treibt. Seine nächsten Verwandten leben in Ostafrika und auf Madagaskar. Es ist deshalb unklar, wie der Baum nach Australien gelangt ist. Er breitet sich immer noch nach Osten aus, scheint also ein junger Ankömmling in Westaustralien zu sein.

4 Wüstenkasuarine Desert Oak *Casuarina decaisneana (Casuarinaceae)*

H 15 m

Merkmale Unverkennbar mit seinen hängenden Zweigen und den nadelförmigen Sprossen, an denen man die winzigen, schuppenförmigen Blättchen kaum erkennen kann.

Vorkommen In Zentralaustralien.

Wissenswertes Die Wüstenkasuarine ist ein Charakterbaum der Sandebenen und Dünen in Zentralaustralien, etwa in der Gegend um den Ayers Rock. Daß der große Baum unter der hier herrschenden Trockenheit überhaupt existieren kann, hat er seinen sehr tiefen Wurzeln zu verdanken, die das Wasser noch aus Tiefen heraufholen, in die andere Pflanzen kaum vorzudringen vermögen. Aber auch seine nadel- oder schachtelhalmförmigen Sprossen und die winzigen Blättchen, die wegen ihrer sehr geringen Oberfläche die Verdunstung stark herabsetzen, ermöglichen ihm das Überleben.

1

2

3

4

1 **Südbuche** Negrohead Beech *Nothofagus moorei (Fagaceae)*

H 40 m

Merkmale Ein mächtiger Baum mit relativ kleinen, buchenähnlichen Blättern, an denen man auch die Verwandtschaft mit unseren einheimischen Buchen erkennen kann. Die schwarzgrüne Färbung der Blätter unterscheidet ihn von anderen Arten.

Vorkommen In Hochländern des südlichen Queenslands und des angrenzenden New South Wales. Eine sehr nahe verwandte Art kommt im Süden Victorias und in Westtasmanien vor.

Wissenswertes Die Südbuche ist ein Baum des kühlgemäßigten Regenwaldes. In ihrem Verbreitungsgebiet gedeiht sie nicht unterhalb von 600 m und findet sich nur auf den obersten Plateaus, wo sie einen feuchten, kühlen, sehr moosigen „Nebelwald" bildet. Das Wachstum geht sehr langsam vonstatten, und man datiert einige alte Bäume auf bis zu 3.000 Jahre zurück. Vielleicht ist diese Langlebigkeit auch der Grund für die geringe Fortpflanzungsfähigkeit der Südbuche, denn man findet kaum Jungwuchs.

2 **Berg-Südbuche** Tanglefoot *Nothofagus gunnii (Fagaceae)*

H 5 m

Merkmale Eine meist buschartige oder als kleiner, kurzstämmiger Baum wachsende Südbuche, die als einzige Art im Winter ihre Blätter abwirft.

Vorkommen Bergländer Tasmaniens.

Wissenswertes Diese verzwergte Art kommt nur in höheren Lagen Tasmaniens vor, wo sie sehr harte Winter überstehen muß. Der winterliche Laubabwurf ist daher sicher eine Anpassung an diese harschen Verhältnisse: Einerseits wird dadurch die Verdunstung herabgesetzt, andererseits kann der Frost einem Baum ohne Blätter weit weniger anhaben. Die Früchte sind wie bei den verwandten Arten kleine Nüßchen.

3 **Mangrove** Grey Mangrove *Avicennia marina (Avicenniaceae)*

H 10 m

Merkmale In ihrem Lebensraum unmittelbar erkennbar an den zahlreichen, aufrecht aus dem Schlamm herausragenden, oft große Flächen rings um den Stamm bedeckenden Luftwurzeln.

Vorkommen An allen Küsten der nördlichen Hälfte Australiens; auch in Neuguinea und dem gesamten indoaustralischen Raum.

Wissenswertes Als Mangroven bezeichnet man verschiedene Arten, die zu nicht näher miteinander verwandten Familien gehören, die aber auf die gleichen Standortbedingungen mit ähnlichen Anpassungen reagieren. So besitzen alle Mangroven Luftwurzeln, die ins freie Wasser hineinragen, weil der Schlammgrund nicht ausreichend Sauerstoff für die Atmung enthält. Außerdem pflanzen sich alle Mangroven auch vivipar fort, das heißt, sie bilden bereits weit entwickelte, schon bewurzelte Jungpflanzen, die sofort im Schlamm Wurzel schlagen können. Viele Mangrovengesellschaften setzen sich aus mehreren Arten zusammen.

4 **Stelzenmangrove** Small-stilted Mangrove *Rhizophora stylosa (Rhizophoraceae)*

H 25 m

Merkmale Leicht an den zahlreichen, bogenförmigen Stelzwurzeln zu erkennen.

Vorkommen An allen Küsten der Nordhälfte Australiens; auch in Neuguinea.

Wissenswertes Die Stelzenmangrove kann man überall an schlammigen Stränden finden. Sie geht die Flußmündungen sogar so weit aufwärts, wie sich die Gezeiten und das Brackwasser bemerkbar machen. Oft bildet sie dichte und manchmal auch recht ausgedehnte Bestände, die fast undurchdringlich sind. Die zahlreichen, bei Ebbe aus dem Wasser herausragenden Stelzwurzeln verankern die Pflanze in dem lockeren Schlammgrund. Außerdem dienen sie der zusätzlichen Atmung. Sie bilden einen beliebten Schutzraum für allerlei Kleintiere und für viele Jungfische, die sich nur ungern ins offene Wasser wagen. Die fertigen Keimlinge besitzen eine lange, schwere und am Ende zugespitzte Wurzel, mit deren Hilfe sie sich – wenn sie herabfallen – tief und gerade in den Schlamm einbohren.

1

2

3

4

1 **Alexandrapalme** Alexandra Palm *Archontophoenix alexandrae (Arecaceae)*

H 20 m

Merkmale Eine große Palme mit langem, dünnem, an der Basis kaum verdicktem Schaft und großen, bis zu 3 m langen, gefiederten Blättern.

Vorkommen Küstennahe Gebiete im nordöstlichen Queensland.

Wissenswertes Die Alexandrapalme kommt nur in feuchten Flachlandgebieten vor, aber manchmal in so dichten und großen Beständen, daß sich im Unterwuchs keine anderen Pflanzen als die jungen Schößlinge halten können. Sie besitzt ein sehr ausgedehntes Wurzelgeflecht. Gern findet sich die Palme an Waldrändern, in Bachtälern und auch in der Nähe von Flußufern. Die Blütenstände sind bis zu 40 cm lange Rispen aus zahlreichen kleinen, weißen Blüten. Die kleinen, nur zentimetergroßen Früchte fallen durch ihre leuchtend rote Farbe auf.

2 **Zentralaustralische Gemüsepalme** Finke River Palm *Livistonia mariae (Arecaceae)*

H 15 m

Merkmale In ihrem Gebiet die einzigen Palmen weit und breit; mit weniger regelmäßiger Krone als bei der Alexandrapalme sowie breiteren und kürzeren Wedeln.

Vorkommen In Zentralaustralien.

Wissenswertes In einigen Schluchten des Finke River in den MacDonnell Ranges und vor allem im berühmten Palm Valley stellt diese Palme ein Relikt aus früheren Zeiten dar, als auch Zentralaustralien noch ein feuchtes Savannen- und Waldgebiet war. Die nächsten Verwandten kommen heute über 1.000 km östlich in Queensland vor sowie 1.500 km westlich in der Millstream-Oase im Gebiet des Fortescue River. Diese kleinen Bestände stellen ähnliche Reliktvorkommen dar. In den Schluchten des Finke River können die Palmen nur überleben, weil dort ganzjährig Wasser zu finden ist. Zwar fließt der Finke River nur, wenn ergiebiger Regen gefallen ist. In einigen Schluchten jedoch gibt es permanente Wasserstellen, „waterholes" genannt.

3 **Rotangpalme** Lawyer Vine *Calamus australis (Arecaceae)*

H 100 m

Merkmale Eine lianenartige Palme, von der der Wanderer im Regenwald meist nur die dünnen, stacheligen, leicht zu übersehenden Ruten zu spüren bekommt.

Vorkommen Tropische und subtropische Regenwälder der Ostküste; auch in Neuguinea und ganz Südasien.

Wissenswertes Die gesamte Pflanze ist mit rückwärts gekrümmten Stacheln bedeckt, mit deren Hilfe die Palme auch in die höchsten Bäume hinaufklettern kann und manchmal ausgedehnte Dickichte bildet. Weil sie gern an etwas sonnigen Stellen wächst – an Waldrändern, auf Lichtungen, an Wegen und Bachläufen –, sollte man sich beim Wandern im Regenwald vorsehen. Die Rotangpalme trägt ihren Namen „wait a while" nämlich durchaus zu recht: Die kleinen Widerhaken halten den Wanderer um so fester, je mehr er sich zu befreien versucht, und es nützt nur das langsame Zurückweichen und das geduldige Ablösen der Widerhaken.

4 **Schraubenpalme** Pandanus *Pandanus* spec. *(Pandanaceae)*

H 8 m

Merkmale Erkennbar an dem Schopf schraubig angeordneter, langer, an den Rändern gesägter Blätter. Der Schaft sitzt am Ende des meist verzweigten Stammes.

Vorkommen Schraubenpalmen finden sich überall in den feuchteren Teilen der Nordhälfte Australiens an Gewässern, an der Meeresküste und in Gebieten mit hohem Grundwasserstand.

Wissenswertes Die Schraubenpalmen sind feuchtigkeitsliebend. Sie kommen selbst auf den kleinen Koralleninseln des Great Barrier Reef vor. Häufig besitzen sie Stelzwurzeln, die der besseren Verankerung im Boden dienen. Die Bäume sind zweihäusig, das heißt, männliche und weibliche Blüten befinden sich auf verschiedenen Pflanzen. Die kugeligen, großen, meist roten Früchte bestehen aus zahlreichen Einzelfrüchten.

1

2

3

4

1 **Hoop-Schmucktanne** Hoop Pine *Araucaria cunninghami (Araucariaceae)*

H 60 m

Merkmale Ein mächtiger Baum mit auffallend regelmäßiger Wuchsform, nach oben gerichteten Zweigen und breiten, blattartigen, sehr harten Nadeln.

Vorkommen In Ostaustralien bis nach Nordqueensland; außerdem in Neuguinea.

Wissenswertes Die Araukarien stellen eine altertümliche Gruppe innerhalb der Nadelbäume dar, was man etwa an der Struktur ihrer Nadeln erkennen kann. Sie sind in mehreren Arten über das südliche Südamerika, Australien und Neuseeland verbreitet. Außerdem kommt eine Art auf Norfolk Island vor der Ostküste Australiens vor. Das ist eine „antarktische" Verbreitung, wie sie für viele ursprüngliche, nur auf den Südkontinenten heimische Gruppen typisch ist. Die Hoop-Schmucktanne kommt im subtropischen Regenwald vor, sie wird auch als Schmuckbaum in Gärten und Alleen angepflanzt. Außerdem wird sie von der Holzindustrie genutzt.

2 **Australische Zypresse** White Cypress Pine *Callitris glauca (Cupressaceae)*

H 20 m

Merkmale Ein mittelgroßer Nadelbaum mit stark verzweigten, fast rechtwinklig abstehenden Ästchen.

Vorkommen In Südqueensland, New South Wales, zerstreut auch in Victoria, Südaustralien und Westaustralien.

Wissenswertes Ein recht trockenresistenter Baum, der an vielen Stellen in kleinen Beständen in offene Eukalyptuswälder oder Savannen eingestreut ist. Im Süden von Queensland und im zentralen New South Wales bildet er aber auch große, fast reine Bestände. In diesen Wäldern hält sich wegen der Nadelstreu am Boden fast kein Unterwuchs. Das Holz dieser Zypresse wird hoch geschätzt, denn es enthält ein aromatisches Harz, das es hochgradig fäulnis- und termitenresistent macht. Wegen der vielseitigen Verwendbarkeit des Harzes und der Nutzbarkeit des Holzes wurde die Zypresse in manchen Gegenden fast restlos abgeholzt.

3 **Weicher Baumfarn** Manfern *Dicksonia antarctica (Dicksoniaceae)*

H 15 m

Merkmale Der hohe, außen sehr zähe Stamm trägt am Schopf die langen, dreifach gefiederten Wedel.

Vorkommen In Südostaustralien von Südostqueensland bis nach Tasmanien.

Wissenswertes Dieser Baumfarn liebt es kühl und findet sich im kühlgemäßigten Regenwald an schattigen Plätzen im Unterwuchs und in tief eingeschnittenen Bachtälern. Er verträgt aber auch Sonne und kann in subalpinen Verhältnissen gedeihen.

4 **Geweihfarn** Elkhorn Fern *Platycerium alnicorne (Polypodiaceae)*

D 2 m

Merkmale Typische geweihartige Blätter; epiphytisch lebend.

Vorkommen In den tropischen und subtropischen Regenwäldern Ostaustraliens; auch in Neuguinea und Südasien.

Wissenswertes Große Exemplare des Geweihfarns bilden einen eigenen Lebensraum: Der aus dem großen Tragblatt bestehende Trichter hat so viel Humus aus Fallaub gesammelt, daß andere Pflanzen und zahlreiche Tiere darin existieren können.

5 **Nestfarn** Bird's Nest Fern *Asplenium nidus (Aspleniaceae)*

D 3 m

Merkmale Erkennbar an den zahlreichen langgestreckten, ganzrandigen, leicht gewellten Wedeln, die sich zu einem Trichter zusammenlegen.

Vorkommen In den tropischen und subtropischen Regenwäldern Ostaustraliens; auch in Neuguinea und auf vielen pazifischen Inseln.

Wissenswertes Der Farn siedelt auf hohen Bäumen. Seine Nährstoffe bezieht er mit Hilfe seines dichten Geflechts aus Rhizomen aus dem organischen Material, das sich in dem großen Blatttrichter ansammelt.

1
2
3
4
5

A

Anreise

Die meisten großen internationalen Fluggesellschaften fliegen Australien von Deutschland, der Schweiz und Österreich aus an. Die Mehrheit von ihnen benützt die sogenannte Ostroute über Südostasien. Internationale Flughäfen in Australien sind Sydney, Melbourne, Adelaide, Perth, Darwin, Cairns und Brisbane. Die Flugzeit (ohne Zwischenstop) beträgt je nach Zielflughafen zwischen 21 und 25 Stunden. Zwischenstop auf dieser Route ist meist in Bangkok oder in Singapur. Etwas länger, aber nicht wesentlich teurer ist der Flug auf der Westroute.
Die australische Fluggesellschaft Quantas bietet ein günstiges Flugpaket an, das neben dem internationalen Flug zwei Inlandsflüge in Australien beinhaltet. Lauda Air bietet zusammen mit der australischen Fluggesellschaft Ansett einen ähnlichen Service gegen einen geringen Aufpreis auf das Hauptticket.

Auto

Niederlassungen der großen Mietwagenfirmen wie Hertz, Budged, Avis usw. gibt es praktisch in jeder größeren Stadt und in allen Touristenzentren. Die meisten großen Firmen haben auch Niederlassungen an den internationalen Flughäfen. Auf dem Land finden sich kleinere, lokale Unternehmen, die oft eine günstige Alternative zu den großen Firmen darstellen. Es ist zu empfehlen, den Mietwagen bereits in Deutschland zu buchen. Gelegentlich ist der Preis dann günstiger als in Australien selbst (z. B. bei Brits). Außerdem gilt in diesem Fall der deutsche Gerichtsstand. Sollte es zu Problemen kommen, ist das von Vorteil.
Die Preise für Mietwagen schwanken je nach Fahrzeugmodell und Mietdauer zwischen 50 A$ und 180 A$. Bei den meisten Vermietern sind Einwegmieten möglich, d. h., man kann das Auto am Zielort zurückgeben und muß nicht mehr zum Ausgangsort zurückkehren. Im Mietpreis inbegriffen sind bei den meisten Vermietern unbegrenzte Freikilometer (unlimited milage), eine Vollkaskoversicherung und eine Haftpflichtversicherung. Weitere Versicherungen sind freiwillig. Nicht im Preis enthalten, ist der Kraftstoff. Zum Anmieten eines Fahrzeugs reicht der nationale Führerschein, ein internationaler Führerschein kann aber nicht schaden.
Die AAA (Australian Automobile Association) hat ein Abkommen mit dem ADAC und übernimmt für ADAC-Mitglieder in Australien kostenlos die Pannenhilfe und den Abschleppdienst. Die regionalen Automobilclubs sind bei Pannen in ganz Australien unter der Telefonnummer 13 11 11 zu erreichen. Gegen die Vorlage der ADAC-Mitgliedskarte bekommt man zudem kostenlos bei allen Club-Geschäftsstellen umfangreiches Informations- und Kartenmaterial.
Um Karambolagen mit Känguruhs und anderen nachtaktiven Tieren zu vermeiden, sollte man nach Möglichkeit keine Nachtfahrten unternehmen. Es empfiehlt sich, den Tag so zu planen, daß ein Aufbruch vor dem Morgengrauen nicht nötig ist und man sein Ziel noch vor Dämmerung erreicht. Sind Nachtfahrten unvermeidbar, sollte man vor allem in ländlichen Gebieten oder im Bereich der Nationalparks äußerst vorsichtig und langsam fahren.

B

Banken

Banken haben Mo–Do von 9.30–16 Uhr und Fr von 9.30–17 Uhr geöffnet.

Behinderte

Australien ist ein behindertenfreundliches Land. Überall finden sich Einrichtungen, die auf die Belange von Rollstuhlfahrern, Blinden oder anderweitig Behinderten ausgerichtet sind. Die meisten öffentlichen Einrichtungen im Land, seien es Kinos, Restaurants oder Hotels, verfügen über eine behindertengerechte Ausstattung. Auch einige Nationalparks haben Wege zu Sehenswürdigkeiten rollstuhltauglich angelegt. Ampelanlagen sind zum großen Teil mit einem akustischen Signal oder einem fühlbaren Pulsieren für Blinde ausgestattet. Taxis, die für Rollstuhlfahrer zugeschnitten sind, können jederzeit angefordert werden.

Benzin

Benzin ist in Australien wesentlich billiger als in Deutschland. Die Preise pro Liter bleifrei betragen etwa 72 Cents, verbleites Benzin kostet etwa 74 Cents pro Liter. Diesel gibt es für etwa 76 Cents. Die Preise können je nach Region und Bundesstaat um einige Cents schwanken.

Bus & Bahn

Neben dem Flugzeug spielen Busse im australischen Überlandverkehr eine wichtige Rolle. Sie stellen – setzt man Zeitaufwand und Kosten in Relation – ein günstiges Angebot dar. Vor allem zwischen den Großstädten bestehen sehr gute Busverbindungen, aber auch alle anderen größeren Orte des Kontinents werden regelmäßig angefahren. Die be-

quemen Expreßbusse sind mit Klimaanlage, Toilette und verstellbaren Sitzen ausgestattet. Das Gepäck ist in der Regel auf 20 kg beschränkt.
Die großen Busgesellschaften haben Buspässe wie z. B. 7-, 10- und 15-Tage-Tickets im Angebot. Greyhound etwa bietet eine ganze Reihe von attraktiven Buspässen an, die den großen Touristenrouten folgen und alle wichtigen Sehenswürdigkeiten miteinander verbinden. Gegen Aufpreis können Ausflüge mit lokalen Veranstaltern mitgebucht werden.
Informationen über die Angebote bekommt man in Deutschland bei:
Ansett Pioneer
c/o Ansett Airlines
Luginsland 1
60313 Frankfurt/Main

Greyhound International
Eschersheimer Landstr. 297
60320 Frankfurt/Main

Zwar sind alle Hauptstädte mit Ausnahme von Darwin mit dem Zug erreichbar, aber im Vergleich zum Straßennetz spielt das australische Schienennetz eine eher untergeordnete Rolle. Da die Bahn sicher nicht zu den schnellsten Transportmitteln gehört, bleiben lange Zugreisen eher den Eisenbahnfans oder jenen, die Komfort und Bequemlichkeit der Schnelligkeit vorziehen, vorbehalten.
Als die interessantesten Zugreisen gelten die Fahrt mit dem Ghan von Adelaide nach Alice Springs und die Fahrt mit dem Indian Pacific von Sydney nach Perth.
Rail Australia bietet für Besucher aus Übersee eine ganze Reihe attraktiver und günstiger Bahnpässe an. Informationen über die aktuellen Angebote bekommt man bei:
Rail Australia
1 Richmond Road
Keswick, South Australia 5035
Tel. (08) 2 17 43 21
Fax (08) 2 17 45 67
oder
Rail Australia
Plinganserstr. 12
81396 München
Tel. (089) 7 46 00 57

C

Camping

Fast jeder nennenswerte Ort in Australien ist mit einem Campingplatz ausgestattet. Hier kann man entweder sein Zelt aufstellen, eigene Wohnwagen und -mobile mitbringen oder sogenannte „on site vans", fest installierte Wohnwagen, und gelegentlich auch Hütten mieten. Die Preise beginnen bei etwa 8 A$ pro Nacht für ein Zelt, für on site vans muß man etwa 20–25 A$ bezahlen, und Hütten für 4–6 Personen kosten ab 45 A$.
Besonders schön sind die Campingplätze in den Nationalparks. Sie sind meist mit Dusche und WC sowie Grill- und Feuerplätzen ausgestattet. Gelegentlich können sanitäre Einrichtungen auch fehlen. In den meisten Nationalparks ist freies Campen gestattet, wenn man sich an die Regeln hält. Zelten an Wasserläufen und neben Wanderwegen ist verboten.

D

Diplomatische Vertretungen

Deutsche Botschaft
119 Empire Court
Yarralumla, Canberra, ACT 2601
Tel. (06) 2 70 19 11
Fax (06) 2 70 19 51

Deutsches Generalkonsulat in Sydney
13 Trelawney Street
Woollahara, NSW 2000
Tel. (02) 3 28 77 33
Fax (02) 3 27 96 49

Deutsches Generalkonsulat in Melbourne
480 Punt Road
South Yarra, VIC 3141
Tel. (03) 98 28 68 88
Fax (03) 98 20 24 14

Österreichisches Generalkonsulat
897 High Street
Armadale (Melbourne), VIC 3143
Tel. (03) 95 09 03 60

Schweizer Botschaft
7 Melbourne Avenue
Forrest, Canberra, ACT
Tel. (06) 2 73 39 77
Fax (06) 2 73 34 28

Schweizer Generalkonsulat
420 St. Kilda Road
Melbourne, VIC 3004
Tel. (03) 98 67 22 66
Fax (03) 98 66 59 07

Schweizer Generalkonsulat
500 Oxford Street
Suite 2301, Plaza II Tower
Bondi Junction, NSW 2022
Tel. (02) 3 69 42 44
Fax (02) 3 69 13 34

Australische Botschaft in Deutschland
Godesberger Allee 105–107
53175 Bonn
Tel. (0228) 8 10 31 60
Fax (0228) 37 31 45
Öffnungszeiten: Mo–Fr 9–12 Uhr

Australische Botschaft in Österreich
Mattielli Str. 2–4
1040 Wien
Tel. (01) 5 12 85 80
Fax (01) 5 13 29 08
Öffnungszeiten: Mo–Fr 9–12.30 Uhr

Australische Botschaft in der Schweiz
Alpenstr. 29
3006 Bern
Tel. (031) 3 51 01 43
Öffnungszeiten: Mo–Do 10–12.30 Uhr und 13–15 Uhr, Fr 10–12.30 Uhr.

E

Einkaufen
Offizielle Geschäftszeiten sind Mo–Fr 9–17 Uhr und Sa 9–13 Uhr. Supermärkte in den großen Städten haben aber oft an allen Tagen der Woche bis Mitternacht (außer So) geöffnet.

Einreise
Für die Einreise nach Australien, sei es als Geschäftsreisender oder als Urlauber, benötigt man ein Visum und einen Reisepaß, der nach dem Einreisetag noch mindestens sechs Monate gültig ist. Das Touristenvisum erlaubt den Aufenthalt in Australien bis zu einer Dauer von drei Monaten. Antragsformulare bekommt man bei:
Australia-Service
Dachauerstr. 103
80335 München.
Den ausgefüllten Antrag schickt man zusammen mit dem Reisepaß, einem Paßfoto neueren Datums und einem frankierten Rückumschlag per Einschreiben an die Australische Botschaft in Bonn. Die Bearbeitungszeit schwankt zwischen zehn Tagen und zwei Wochen. Das Touristenvisum schließt jede Arbeit in Australien aus.

Essen & Trinken
Australische Restaurants lassen sich grob in drei Kategorien einteilen: Restaurants, in denen Alkohol ausgeschenkt werden darf (licenced restaurants), Restaurants, in denen grundsätzlich kein Alkohol ausgeschenkt und konsumiert werden darf (not licenced restaurants), und sogenannte BYO-Restaurants (Bring Your Own). In BYO-Restaurants darf der Alkohol selbst mitgebracht werden. Gegen eine kleine Gebühr (corkage) von etwa 1 A$ stellt man den Gästen Gläser zur Verfügung. Vor allem in den Großstädten ist die Auswahl an Restaurants sehr groß und – dank der ethnischen Vielfalt – äußerst abwechslungsreich. Fast alle Küchen der Welt sind hier vertreten.
Das Preisniveau – besonders in der gehobenen Klasse – ist etwas höher als in Deutschland. Preiswert sind vor allem asiatische Restaurants (Hauptgericht ca. 12 A$), die meist ausgezeichnete und authentische Küche bieten. Auf dem Land wird in den Pubs ein sogenanntes „Counter Lunch" angeboten. Man bestellt am Tresen ein meist deftiges Mittagessen, das in der Regel aus Steak, Grillwürsten, gebratenem Speck und Spiegeleiern besteht.
Grundsätzlich gilt in allen australischen Restaurants: Man wartet am Eingangsbereich – meist gekennzeichnet durch ein Schild mit der Aufschrift „Wait to be seated" – auf den Ober, der einen dann zum Tisch führt. Einfach in das Restaurant marschieren und sich selbst einen Tisch aussuchen, gilt als äußerst unhöflich und wird nicht toleriert.
Alkohol wird in Australien nur in Getränkemärkten, sogenannten „Liquer Shops" oder „Bottle Shops", verkauft. Das gesetzliche Mindestalter, ab dem Alkohol ausgegeben werden darf, schwankt je nach Bundesstaat zwischen 17 und 21 Jahren.

F

Feiertage
An den gesetzlichen Feiertagen bleiben Banken, Postämter und öffentliche Gebäude geschlossen. Die meisten Geschäfte, vor allem Supermärkte und Getränkemärkte, haben bis auf wenige Ausnahmen geöffnet.
New Year's Day (Neujahr): 1. Januar; Australia Day (erinnert an die Landung der First Fleet): 26. Januar; Good Friday (Karfreitag); Easter Sunday (Ostersonntag); Easter Monday (Ostermontag); Anzac Day: 25. April; Queens Birthday (außer Westaustralien, dort feiert man am 30. September): 10. Juni; Christmas Day: 25. Dezember; Boxing Day (2. Weihnachtsfeiertag): 26. Dezember. Hinzu kommt noch der Labour Day, der in jedem Bundesstaat an einem anderen Tag gefeiert wird: erster Montag im März (Westaustralien), zweiter Montag im März (Victoria), dritter Montag im März (Australian Capital Territory), erster Montag im Mai (Queensland und das Nordterritorium), erster Montag im Oktober (New South Wales), zweiter Montag im Oktober (Südaustralien).

Fernsehen & Radio
Zwei staatliche Sender, ABC (Australian Broadcasting Commission) und der ethnische SBS (Special Broadcasting Service), sowie die kommerziellen Fernsehsender Channel 7, 9 und 10 bilden zusammen das TV-Angebot.
Das Radio spielt besonders auf dem Land und in abgelegenen Regionen Australiens eine wichtige Rolle. Beliebt ist besonders das sogenannte „talk back radio". Hier können Zuhörer beim Sender anrufen und ihre Meinung zu den verschie-

densten Themen kundtun. Die Moderatoren haben einen großen politischen Einfluß und können – im positiven wie im negativen Sinne – die öffentliche Meinung beeinflussen.

Feuer

Regelmäßig verheeren in den trockenen Sommermonaten aus der Kontrolle geratene Buschfeuer ganze Landstriche Australiens. Aufgrund der Feuergefährlichkeit und der möglichen Auswirkungen auf die Vegetation wurden viele Nationalparks zu „fuel stove only areas" erklärt. Das trifft z. B. auf fast alle Parks auf Tasmanien zu. Hier ist das Entfachen von Lagerfeuern grundsätzlich verboten, Essen und warme Getränke müssen auf einem Kocher zubereitet werden.
Auf Campingplätzen innerhalb der Nationalparks ist das Feuermachen normalerweise nur in den vorgesehenen Feuerplätzen und Grilleinrichtungen erlaubt. Zu Zeiten eines „total fire ban", eines absoluten Feuerverbots, ist das Entfachen von Feuer grundsätzlich verboten, auch das Betreiben von Kochern ist dann untersagt. Während dieser Zeit sollte man auf mehrtägige Wanderungen in Nationalparks besser verzichten. Radiostationen, lokale Zeitungen oder Ranger geben Auskunft über die momentane Situation. In den meisten Regionen weisen Tafeln auf die aktuelle Feuergefahr hin.

Fotografieren

Australien ist ein Paradies für Fotografen. Atemberaubende Landschaften laden geradezu zum Fotografieren ein, und die Menschen sind dem Fotoapparat gegenüber aufgeschlossen (trotzdem immer vorher fragen!). Die meisten Aborigines allerdings wollen nicht fotografiert werden, eine Tatsache, die man respektieren sollte. Sonst gibt es keine generellen Einschränkungen.
Das Licht in Australien ist tagsüber sehr hart, und zwischen 11 und 16 Uhr wird man kaum gute Resultate erzielen. Hitze, Staub, Sand, hohe Luftfeuchtigkeit und die salzhaltige Luft am Meer können die Kamera ziemlich beanspruchen. Alle gängigen Filmsorten sind in Australien erhältlich, die Preise liegen aber über denen in Deutschland, Österreich und der Schweiz. Zahlreiche kleine Entwicklungslabors sind im Preis günstig und entwickeln die Filme (nur Negativfilme) innerhalb einer Stunde.

G

Gays & Lesbians

Vor allem Sydney mit seiner großen, einflußreichen Homosexuellen-Gemeinde und seiner liberalen Einstellung gilt als Traumziel für Schwule und Lesben aus aller Welt. Besonders die Pubs und Restaurants entlang der Oxford Street sind ein beliebter Treffpunkt von Homosexuellen. Hier liegt auch der auf die Interessen von Homosexuellen zugeschnittene Sydney-Führer „The Pink Passport" aus. Informationen und Unterstützung bekommt man in Sydney vom Gay & Lesbian Counselling Service of NSW, Tel. (02) 92 07 28 00 (16–24 Uhr).

Gefahren

Angesichts zahlreicher potentieller Gefahren mag Australien als Reiseland unsicher erscheinen. Das Gegenteil ist der Fall: Die Wahrscheinlichkeit etwa, von einer Schlange gebissen zu werden, ist verschwindend gering. Grundsätzlich aber gilt: Gefahr erkannt, Gefahr gebannt.

Baden im Meer
Viele Badestrände werden von freiwilligen Lebensretterinnen und -rettern beaufsichtigt. Die bewachten Strandabschnitte sind mit zwei Flaggen gekennzeichnet. Aus Sicherheitsgründen sollte man über diese Markierung nicht hinausschwimmen. Bevor man an abgelegenen und menschenleeren Stränden, z. B. in Nationalparks, baden geht, sollte man sich der Gefahren in Form von Strömungen und Rücksog bewußt sein. Man kann die in Australien „rips" genannten Strömungen, die mit zunehmender Brandung stärker werden, an dem sandfarbenen Wasser erkennen, das einen starken Kontrast zum umgebenden Wasser bildet. Sollte man von so einer Strömung erfaßt werden, heißt es in erster Linie, ruhig bleiben und nicht dagegen ankämpfen. Sobald die Strömung weiter draußen nachläßt, kann man zum Strand zurückschwimmen.
Auch vor plötzlich auftretenden großen Wellen sollte man sich in acht nehmen.
Eine andere Gefahr stellt die Seewespe dar, eine bläulich schimmernde Würfelqualle. Das Gift ihrer bis zu 3 m langen Tentakel kann in wenigen Minuten zum Tod führen. In der Zeit von September bis Mai sollte man daher lieber nicht in den tropischen Küstengewässern Australiens schwimmen. Entsprechende Hinweisschilder sind auf jeden Fall zu beachten.
Schlangen
Die Gefahr, in Australien von einer Schlange gebissen zu werden, ist äußerst gering. Trotzdem ist im Busch immer Vorsicht geboten. In den südlichen Landesteilen (New South Wales, Victoria, Südaustralien, Teile von Westaustralien und Tasmanien) sind Schlangen be-

sonders an warmen Frühlingstagen aktiv. Dann findet man sie häufig an sonnigen Plätzen auf Wegen und an Wegrändern. In den tropischen Bereichen sind Schlangen das ganze Jahr über aktiv, besonders gefährlich sind die ersten Nachtstunden. Es besteht also durchaus die Chance, aus Versehen auf eine Schlange zu treten oder dem Tier den Fluchtweg abzuschneiden und dadurch einen Verteidigungsangriff zu provozieren. Der beste Schutz ist deshalb, grundsätzlich mit Schlangen zu rechnen. Es sollte zur Angewohnheit werden, den Weg ein paar Meter im voraus mit den Augen abzusuchen. Ein weiterer Schutz sind feste Schuhe. Schlangen sind normalerweise nicht aggressiv, obwohl zahlreiche Geschichten, die in Australien über Schlangen kursieren, das Gegenteil behaupten. Einen besonders schlechten Ruf haben vor allem die Tigerotter und der seltenere Taipan. Sie gelten als angriffslustig. Meist aber reagieren die Tiere scheu und entfernen sich, ehe man sie überhaupt erreicht. Eine Ausnahme bildet die Todesotter. Sie verläßt sich ganz auf ihre Tarnung und flüchtet bei Annäherung nicht. Ihr Gift ist sehr stark.

Spinnen
Von den zahlreichen Spinnenarten, die in Australien zu Hause sind, können vor allem zwei dem Menschen gefährlich werden: die Trichterspinne und die Rotrückenspinne. Die Verbreitung der aggressiven und hochgiftigen Trichterspinne beschränkt sich auf einen Umkreis von etwa 160 km rund um Sydney. Sie lebt in Erdhöhlen, die mit einem trichterförmigen Netz ausgekleidet sind. Als besonders gefährlich gelten die Männchen, die deutlich kleiner sind als die Weibchen, durch ihre Aggressivität aber die meisten Bisse verursachen. Sollte man von einer Trichterspinne gebissen werden, muß der Biß wie ein Schlangenbiß behandelt werden. In den meisten Fällen muß ein Gegengift gespritzt werden. Die weitverbreitete Rotrückenspinne ist dagegen nicht aggressiv, und Bisse sind äußerst selten.

Zecken
In manchen Gegenden Australiens stellen Zecken ein oft unterschätztes Problem dar. Das Hauptverbreitungsgebiet der zu der Gruppe der Spinnentiere zählenden Tiere beschränkt sich auf die Küstengebiete von Queensland, New South Wales und Victoria.
Zecken werden, etwa bei einem Spaziergang, von Pflanzen abgestreift, bohren sich in die Haut, saugen sich mit Blut voll und fallen dann ab. Mit dem Speichel können sie nicht nur verschiedene toxische Substanzen, sondern auch Krankheitserreger übertragen. Ein wirksamer Schutz gegen Zecken sind z. B. langärmelige Kleidung und lange Hosen.

Geld und Geldwechsel

Offizielle Landeswährung ist der australische Dollar. Im Umlauf sind Banknoten zu 5 A$, 10 A$, 20 A$, 50 A$ und 100 A$. Münzen gibt es zu 1 A$, 2 A$ und 50, 20, 10 und 5 Cents. Geldwechsel (Banknoten und Reiseschecks) ist in allen Banken und in Wechselstuben problemlos möglich. Banken verlangen für das Einlösen von Reiseschecks zum Teil hohe Gebühren. Euroschecks werden grundsätzlich nicht akzeptiert. Die gängigen Kreditkarten werden überall angenommen.

Gesundheitsvorsorge

Für Reisen nach Australien sind keinerlei Impfungen notwendig. Obwohl ein Teil des Kontinents in den Tropen liegt, gibt es hier keine tropischen Krankheiten. Der Norden Australiens gilt zwar als Malaria-gefährdetes Gebiet, bisher sind allerdings keine Malariafälle aufgetreten, und eine Malaria-Prophylaxe ist nicht erforderlich.

I

Informationen

Australian Tourist Commission
Neue Mainzer Str. 22
60311 Frankfurt/Main
Tel. (069) 27 40 06 20
Fax (069) 27 40 06 40

Tourism Victoria
Bertold-Brecht-Str. 5
64354 Reinheim
Tel. (0 61 62) 8 55 50
Fax (0 61 62) 8 55 59

Queensland Tourist & Travel Cooperation
Neuhauser Str. 16
80331 München
Tel. (089) 2 60 96 93
Fax (089) 2 60 35 30

Northern Territory Tourist Commission
Bockenheimer Landstr. 45
60325 Frankfurt/Main
Tel. (069) 72 07 14 oder 72 07 15
Fax (069) 72 36 51

Western Australian Tourist Commission
Käferstr. 8
60311 Frankfurt
Tel. (069) 28 88 68
Fax (069) 28 88 75

Inlandsflüge

Den geographischen Verhältnissen entsprechend ist das Binnenflugnetz in Australien vorzüglich ausgebaut. Zwischen allen großen Städten Australiens bestehen tägliche

Flugverbindungen, die von den beiden großen Fluglinien Ansett Airlines und Quantas versorgt werden. Darüber hinaus werden fast alle größeren Orte des Kontinents von kleinen regionalen Fluggesellschaften angeflogen. Die großen Fluggesellschaften bieten oft Sondertarife an, die aber mindestens zwei oder drei Wochen im voraus gebucht werden müssen. Das Rauchen auf Inlandsflügen ist in Australien grundsätzlich nicht gestattet.

L

Literaturhinweise

Belletristik

Chatwin, Bruce: Traumpfade
Hansa Verlag

Hall, Rodney: Gefangen
Fischer Verlag

Malouf, David: Die große Welt
dtv

White, Patrick: Im Auge des Sturms
Piper Verlag

Wood, Barbara: Traumzeit
Fischer Verlag

Sachbücher

Fuchs, Donatus: Australien Nationalparks
Bruckmann Verlag

Fuchs, Donatus: Australien, Abenteuer Trekking
Bruckmann Verlag

M

Maße, Gewichte & Strom

In Australien ist das dezimale System offiziell eingeführt. Allerdings halten sich in manchen Fällen immer noch hartnäckig die alten englischen Maße: Höhenangaben, vor allem wenn von der Körpergröße einer Person die Rede ist, werden nach wie vor in Fuß (1 foot = 30,48 cm) angegeben. Während Entfernungsangaben in Meilen inzwischen unüblich sind, ist die Einheit Yard (1 yard = 91,44 cm) immer noch gebräuchlich. Die Stromspannung in Australien beträgt 240/250 Volt. Deutsche Elektrogeräte kann man bedenkenlos verwenden, sie erleiden durch die höhere Voltzahl keinen Schaden. Da die australischen Stecker anders gestaltet sind als die deutschen, benötigt man für seine Elektrogeräte allerdings einen Adapter. Sie sind in jedem Elektrogeschäft erhältlich.

Medizinische Versorgung

Die medizinische Versorgung in Australien hat einen sehr hohen Standard. Sollte man auf einer Reise erkranken, stehen einem hochqualifizierte Ärzte und moderne Krankenhäuser zur Verfügung. Selbst in den Weiten des menschenleeren Outbacks wird man medizinisch nicht alleingelassen. Hier sind die Fliegenden Ärzte im Einsatz.
Zwischen Deutschland und Australien besteht kein Sozialversicherungsabkommen. Da ärztliche Hilfe, Krankenhausaufenthalte und -behandlungen, Krankentransporte sowie Medikamente in Australien sehr teuer sind, empfiehlt sich der Abschluß einer privaten Reisekrankenversicherung, wie sie von zahlreichen Versicherungsgesellschaften angeboten wird. Medikamente sind in den sogenannten Pharmacies erhältlich. Für leichte Krankheiten wie Erkältungen, Durchfall usw. bekommt man rezeptfreie Medikamente auch in Supermärkten.

N

Nacktbaden

Oben-ohne-Baden und -Sonnen wird an einigen Stadtstränden von Sydney und auch sonst fast überall geduldet, Nacktbaden ist in Australien allerdings verpönt und wird bestraft. Nur an wenigen, meist abgelegenen Stränden, darf man bedenkenlos seine Hüllen fallen lassen.

Notruf & Polizei

In ganz Australien erreicht man über die Notrufnummer 000 die Polizei, die Feuerwehr und den Notarzt.

P

Post

Kennzeichen der Postämter ist ein weißes P auf rotem Grund. Die Postämter sind Mo–Fr von 9–17 Uhr geöffnet. Anders als in Deutschland präsentieren sich die Postämter in Australien nicht als reiner Servicebetrieb, sondern auch als attraktive Verkaufsläden. In den sogenannten Post Shops bekommt man neben Briefmarken, Verpackungsmaterial wie Kuverts und Paketen in allen Größen auch Postkarten, Glückwunschkarten, Souvenirs, Bücher, Geschenkartikel und Schreibwaren aller Art.

R

Rauchen

Raucher haben einen schweren Stand in Australien. Auf öffentlichen Plätzen, in Büros, Ämtern, Flughäfen, Bahnhöfen usw. ist Rauchen nicht gestattet. Auch auf Inlandsflügen herrscht Rauchverbot, auf Bahn- und Busreisen ist das

Rauchen ebenfalls untersagt. Momentan überlegt man sogar, das Rauchen in Pubs und Bars zu verbieten.

S

Sonne

Die schädlichen Auswirkungen der UV-Strahlen der Sonne – bedingt durch das Ozonloch – bescheren Australien die höchste Hautkrebsrate der Welt. Mit dem Wetterbericht im Fernsehen wird die Nation deshalb allabendlich über die zu erwartende Stärke der UV-Strahlung informiert.

Vorsichtsmaßnahmen sind durchaus angebracht: An wolkenlosen Tagen kann sich die ungeschützte Haut bereits nach zehn Minuten röten, und mit jedem Sonnenbrand steigt die Gefahr, später an Hautkrebs zu erkranken. Sonnenhut, Sonnenbrille und eine großzügige Portion Sonnencreme sind Pflicht, bevor man ins Freie geht. Der Sonnenschutzfaktor sollte mindestens 15 betragen. Es empfiehlt sich, Sonnenschutzmittel in Australien zu kaufen. Sie sind abgestimmt auf die Bedingungen im Land. Beim Schwimmen und Schnorcheln sollte man ein T-Shirt tragen.

T

Taxis

Taxis sind mit einem Taximeter ausgestattet, und eine Lizenz mit dem Foto des Fahrers muß gut sichtbar im Fahrzeug befestigt sein. Die Preise sind im Vergleich zu Deutschland recht günstig, der Service ist gut. Das Anhalten eines Taxis ist überall erlaubt.

Telefonieren

Ortsgespräche (local calls) von öffentlichen Fernsprechern kosten in der Regel 40 Cents. Zahlreiche Firmen, Hotels, Autovermietungen sowie Fluggesellschaften haben sogenannte „toll free numbers“. Diese Telefonnummern beginnen mit 1-800 und sind gebührenfrei. Für Ferngespräche in deutschsprachige Länder wählt man zuerst die 0011, dann die Ländervorwahl, anschließend die Ortsnetzkennzahl (ohne die 0) und die Rufnummer. Ländervorwahlen: Deutschland 49, Österreich 43, Schweiz 41. Für Faxe gibt es eine spezielle „fax line“, bei der man zuerst 0015 wählt. Man kann von allen öffentlichen Fernsprechern auch in den abgelegensten Orten direkt ins Ausland telefonieren. Da die meisten Telefone in Australien inzwischen Telefonkarten akzeptieren, empfiehlt es sich, eine sogenannte „Phonecard“ zu kaufen. Es gibt sie im Wert von 5, 10 oder 20 A$. Die Karten werden in jedem Zeitschriftenladen, nicht aber in den Postämtern verkauft. In den großen Städten und an den Flughäfen gibt es auch Kreditkarten-Telefone.

Trampen

Trampen ist offiziell in Australien nicht verboten, aber wegen der großen Distanzen und dem geringen Verkehrsaufkommen gilt Australien nicht gerade als Tramperparadies. Oft müssen lange Wartezeiten in Kauf genommen werden. Frauen sollten nicht alleine trampen.

Trinkgeld

In Australien ist es nicht üblich, Trinkgeld zu geben. Ausgezeichneter Service in Restaurants, im Taxi oder von Gepäckträgern im Hotel sollte aber mit 1–2 A$ honoriert werden.

U

Unterkunft

Es ist nicht schwierig, in Australien eine Unterkunft zu finden. In fast jedem Ort gibt es ein Motel oder einen Pub, oft auch Hotel genannt.

Backpacker-Hostels

Australien verfügt über ein dichtes Netz an Backpacker-Hostels, die sich vor allem bei jüngeren Leuten großer Beliebtheit erfreuen. Es gibt jedoch keine Altersbeschränkung. Die Qualitätspalette dieser Hostels reicht von einfachen bis hin zu sauberen, gut geführten Herbergen. Backpacker-Hostels findet man oft an den erstaunlichsten Plätzen, sei es in ehemaligen Leuchtturmgebäuden oder auf abgelegenen Cattle Stations. Grundsätzlich stellen die Hostels eine billige Alternative zu Motels dar, offerieren aber selten Ruhe und Privatsphäre.

Youth Hostels

Über ganz Australien verstreut findet man etwa 150 Jugendherbergen, wobei sich die meisten entlang der Ostküste und auf Tasmanien konzentrieren. Um hier zu übernachten, benötigt man einen gültigen Jugendherbergsausweis. Allerdings werden gegen eine Gebühr auch Gastkarten ausgestellt.

Pubs (Hotels)

Praktisch jeder Ort in Australien hat seinen Pub. Neben dem obligatorischen Ausschank bieten diese Pubs meist auch eine beschränkte Anzahl von Gästezimmern an. Zwar darf man hier nur einfachste Unterkünfte erwarten, das Erlebnis aber ist Australien pur. Die Preise pro Person liegen bei etwa 15 A$ pro Nacht.

Bed & Breakfast

Kleine Pensionen, die ein sauberes Zimmer, ein kräftiges

Frühstück und gelegentlich Familienanschluß bieten, sind auch in Australien auf dem Vormarsch. Besonders in den Bundesstaaten Tasmanien und Victoria findet man zahlreiche Frühstückspensionen. Die Preise liegen zwischen 45 und 90 A$ pro Zimmer.

Selfcontained Units

Apartments für Selbstversorger (mit voller Küchenausstattung) sind vor allem in den Ferienzentren entlang der Küste eine preisgünstige Alternative. Die Apartments, die auch oft als „holiday units" oder „holiday flats" angepriesen werden, haben meist zwei Schlafzimmer. Preise beginnen ab etwa 50 A$, können aber je nach Ausstattung auch teurer sein.

Motels

Fast jeder nennenswerte Ort in Australien, vor allem wenn er an einer der Hauptrouten liegt, verfügt über ein oder mehrere Motels. Die Zimmer sind meist mit Dusche, WC und Fernseher ausgestattet. Die Preise pro Nacht beginnen bei 45 A$.

Hotels

Moderne Hotels findet man vor allem in den Ferienregionen des Landes und in den großen Städten. Sie haben zum Teil einen hohen Standard und sind recht teuer. Wer in der Hochsaison verreisen möchte, sollte im voraus buchen.

Resorts

Auf zahlreichen Inseln, aber auch auf dem Festland – und dort bevorzugt in Queensland – gibt es große Resorts. Es handelt sich dabei um Ferienanlagen, die neben oft recht teurer Unterkunft auch zahlreiche Aktivitäten anbieten. Man wohnt meist in schön ausgestatteten Bungalows.

V

Verkehrsregeln

Wegen der unterschiedlichen Gesetzgebung in den einzelnen Bundesstaaten und Territorien Australiens unterscheiden sich die Verkehrsregeln geringfügig voneinander. In ganz Australien herrscht Linksverkehr. Trotzdem gilt rechts vor links! Das Anlegen von Sicherheitsgurten (auch auf dem Rücksitz) ist überall obligatorisch.

Außerhalb geschlossener Ortschaften beträgt die allgemeine Höchstgeschwindigkeit 100 oder 110 km/h. Innerhalb von Ortschaften, also dort, wo es Straßenbeleuchtung gibt, beträgt die Geschwindigkeit generell 60 km/h. Auf den Überlandstraßen im Nordterritorium gibt es keine Geschwindigkeitsbegrenzung – vom Rasen wird trotzdem dringend abgeraten.

In New South Wales, Südaustralien, im Nordterritorium und auf Tasmanien darf man an manchen Kreuzungen auch dann links abbiegen, wenn ein Schild mit der Anweisung „Turn Left at any Time with Care" angebracht ist und es der Verkehr zuläßt.

Z

Zeit

Wegen seiner enormen Ausmaße ist der australischen Kontinent in drei Zeitzonen unterteilt: Eastern Standard Time (MEZ + 9 Std.) gilt für die Bundesstaaten Queensland, New South Wales, Victoria und Tasmanien, Central Standard Time (MEZ + 8,30 Std.) für Südaustralien und das Nordterritorium, Western Standard Time (MEZ + 7 Std.) für Westaustralien. Im Sommer, wenn in New South Wales, Victoria und Tasmanien die Uhren um eine Stunde vorgestellt werden, beträgt der Zeitunterschied zu Deutschland, Österreich und der Schweiz (Winterzeit) zehn Stunden.

Zeitungen & Zeitschriften

Zeitungen und Zeitschriften sind in den sogenannten News Agencies erhältlich. Das Angebot vor allem an Zeitschriften ist sehr groß. Die wichtigsten australischen Tageszeitungen sind „The Australian", „Sydney Morning Heral" und „The Age".

Deutschsprachige Zeitungen und Zeitschriften wie „Spiegel", „Focus", „Stern" usw. werden nur gelegentlich in den Großstädten angeboten. „Die Woche" nennt sich eine in Sydney herausgegebene deutschsprachige Wochenzeitung. Das viktorianische Pendant dazu trägt den Titel „Neue Heimat und Welt" und erscheint in Melbourne.

Zoll

Gegenstände des persönlichen Bedarfs können zollfrei eingeführt werden. Devisenbeschränkungen bestehen nicht, allerdings müssen Beträge über 5.000 A$ bei der Ein- und Ausreise deklariert werden.

Um das Land vor Schädlingen und Seuchen zu schützen, ist die Einfuhr von Lebensmitteln, Früchten, Gemüse, Samen, Tieren und Tierprodukten strengstens verboten. Das Gepäck wird von Schnüffelhunden kontrolliert.

Register

Die fett gedruckten Zahlen verweisen auf Abbildungen im Reiseteil.

Bildnachweis

A. N. T./Silvestris 17, 147/4, 149 alle, 151/1, 151/3, 151/4, 153/1, 153/2, 153/4, 155/1a, 155/1b, 155/3, 157/2, 159/1, 163/5, 165/2, 167/1, 189/5, 191 alle, 193/3, 197/5, 199/1, 205/1, 215/2, 217/3, 223/1, 233/3, 235/1a, 243/1, 243/4, 251/3, 251/4, 255/4, 259/5, **Aitken/Silvestris** 221/4, **AKG** 7, **Baehr** 215/3, 269/3, **Berger/Angermayer** 171/3, **Bittmann** 235/1b, 271/1, **Breiter/Silvestris** 211/3, 225/3, **Brockhaus/Silvestris** 235/1c, **Clyne/Okapia** 231/4, **Cramm** 155/2, 167/2, 169/2, 185/1, 185/2, 187/2, 187/3, 205/4, 209/2, 215/4, 235/2, 237/1, 237/3, 239/2, **Danegger** 173/2, 173/3, **Dossenbach** 163/3, 167/5, 169/1b, 171/4, 175/3, 175/4, 201/4, 209/1, 219/3, 227/1a, 227/1b, 227/2, 229/2, 231/2, 239/4, 239/5, 267/4, **Dusik** 76 u. 77, 205/2, **Fleetham/Silvestris** 167/3, **Fuchs** 1, 4 u. 5, 11, 13, 23, 26, 28, 31, 36, 40 u. 41, 43, 46, 49 beide, 52, 58 u. 59, 65, 69, 70, 81, 82, 87, 90, 95 beide, 96 u. 97, 102 beide, 108, 111 u, 118, 124, 128, 130, 131, 132 u. 133, 135, 137, 138, 143, 145, 179/1, 249/3a, 257/3a, 261/1b, **Fugger** 269/2, **Gerstmeier** 151/2, 207/1, 207/2, 207/3, 209/4, 217/5, 229/1, 229/3, 229/4, 231/1, 265/2, **Gremblewski-Strate** 221/3, **Haeupler** 257/4, 259/4, **Hecker/Silvestris** 189/2, **Hofmann** 16, 165/4,179/4, 189/1, 189/3, 189/4, 195/3, 245/3, 249/4, 253/1, 257/1, 261/3, 263/3, **Hosking/Silvestris** 257/3b, **Hubacher** 159/4, 167/4, 179/3, **Keller/Silvestris** 171/2, 195/5, 203/3, 225/2b, 269/1, **König** 157/1, 161/3, 173/4, 185/4, 193/2, 197/4, 203/1, 203/4, 209/3, 211/1, 211/2, 211/4, 211/5, 213/1, 213/3, 215/1, 215/5, 217/2, 219/2, 219/4, 221/1, 221/2, 223/3, 223/5, 231/3, 241/2, 245/2, 247/1, 247/2, 247/3, 249/3b, 253/2, 259/3, 261/1a, 265/1, 269/4, **Körtner** 227/3, **Köster/Angermayer** 237/2, 241/3, **Kreutzkamp** 2 u. 3, 8, 19, 33, 51, 57, 61, 64, 74, 79, 93, 99, 105, 110, 115, 120, 127, **Kunz/Juniors** 165/3, 187/4, 201/3, **Lange/Angermayer** 201/1, 265/3, **Lenz** 153/3, 157/3, 169/3, 205/3, 213/2, 235/3, 255/1, **Lenz/Silvestris** 193/1, **Leue** 112 u. 113, **Manits/Okapia** 217/1, 217/4, 223/4, 233/2, **Mayall** 233/1, **McHugh/Okapia** 199/2, 219/1, **Neukampf/Juniors** 161/2, **Pfletschinger/Angermayer** 225/1, **Pott** 155/4, 159/3, 161/1, 171/1, 177/1, 177/4, 181/4, 183/1, 195/1, 197/3, 233/4, **Prenzel/Silvestris** 181/5, 197/1, 259/1, **Rebmann** 175/2, 179/2, 181/2, **Reinhard** 111 o, 147/1, 147/2, 147/3, 157/4, 163/1, 163/2, 169/1a, 199/3, 199/4, 201/2, 243/2, 245/1, 245/4, 251/2, 253/4, 255/2, 259/2, 267/1, **Sandved/Okapia** 255/3, **Schaefer** 181/3, 247/4, 267/2, **Schimmelpfennig** 197/2, 249/2, 257/2, 263/1, 267/3, 271/4, 271/5, **Schmidt** 177/3, 183/2, **Schneidermayer/Okapia** 185/5, **Schulz/Juniors** 183/3b, **Schunck** 20 u. 21, **Sohns/Geduldig** 173/1, **Sohns/Silvestris** 159/2, **Späth/Juniors** 163/4, 165/1, 187/1, **Vogt/Juniors** 195/4, **Voigtmann** 181/1, 239/1, 239/3, 241/1, 241/4, **Welß** 243/3, 251/1, 263/2, 263/4, **Wisniewski** 171/5, 175/1, 177/2, 177/5, 261/2, 261/4, 265/4, **Wörz** 253/3, 271/2, 271/3, **Wothe** 183/3a, 185/3, 249/1, **Zobel** 195/2, 203/2, 207/4, 223/2, 225/2a.

Mit 5 Farbtafeln und einer Zeichnung (S. 272 ff.) von Marianne Golte-Bechtle.

344 Farbfotos, 96 Farbzeichungen und 25 Karten

Umschlaggestaltung von Atelier Reichert, Stuttgart, und Friedhelm Steinen-Broo, Pau (Spanien), unter Verwendung von sieben Aufnahmen von Dressler/Look: Regenbogenloris (kl. Bild oben), Fuchs: Remarkable Rocks (Titelbild), Opernhaus Sydney (kl. Bild ro), Twelve Apostles (kl. Bild ru), Pinnacles (Umschlagrückseite unten), Bunyeroo Valley (Klappe) und Keller/Silvestris: Banksie (Umschlagrückseite oben).

Die Deutsche Bibliothek –
CIP-Einheitsaufnahme

Australien : Reisen und erleben ; Tiere und Pflanzen entdecken /
Donatus Fuchs ; Martin Baehr.
[In Zusammenarbeit mit FTI-Froschtouristik und Natur-Studienreisen]. –
Stuttgart : Kosmos, 1998
(Kosmos-Naturreiseführer)
ISBN 3-440-07666-0

ISBN 3-440-07666-0
Grundlayout: Atelier Reichert, Stuttgart
Friedhelm Steinen-Broo, Pau (Spanien)
Seitenlayout: Guido Schlaich, München
Kartographie: Jochen Fischer, Fürstenfeldbruck
Lektorat: Angelika Holdau, Astrid Hälbich
Herstellung: Lilo Pabel
Printed in: Germany / Imprimé en Allemagne
Satz: Typomedia Satztechnik GmbH, Ostfildern
Druck und Buchbinder: Westermann Druck Zwickau GmbH, Zwickau

Legenden zu den doppelseitigen Abbildungen:
S. 4 u. 5 Eukalypten und Spinifex im Karijini National Park
S. 20 u. 21 Die Three Sisters im Blue Mountains National Park
S. 40 u. 41 Die Twelve Apostles im Port Campbell National Park
S. 58 u. 59 Flinders Ranges
S. 76 u. 77 Purnululu National Park
S. 96 u. 97 Kata Tjuta im Uluru National Park
S. 112 u. 113 Das Great Barrier Reef
S. 132 u. 133 Mt. Ossa im Cradle Mountain-Lake St. Clair National Park

Wir danken dem Staatl. Museum für Naturkunde, Stuttgart, für die freundliche Unterstützung bei der Erstellung der Farbtafeln, insbesondere für die fachliche Beratung und die Leihgabe von Bildvorlagen.

Verwendete Abkürzungen und Symbole:

B	Breite
D	Durchmesser
G	Gewicht
H	Höhe
KL	Körperlänge
KR	Kopf-Rumpf-Länge
L	Länge
♀	Weibchen
♂	Männchen
juv.	juvenil
ad.	adult

Die Zeichnungen auf den Farbtafeln entsprechen nicht den exakten Größenverhältnissen, wie sie in der Natur vorzufinden sind.